CUENTAN LAS PIBAS

LITERATURE AND CULTURE SERIES
General Editor: Greg Dawes
Series Editor: Ana Forcinito
Copyeditor: Gustavo Quintero

Cuentan las pibas

Narrativas infanto-juveniles de la generación posdictadura en Argentina

Carolina Añón Suárez

Raleigh, North Carolina

Copyright © 2024
All rights reserved for this edition copyright © 2024 Editorial A Contracorriente

Complete Library of Congress Cataloging-in-Publication data is available at
https://lccn.loc.gov/2024021608

ISBN: 978-1-4696-8394-2 (paperback)
ISBN: 978-1-4696-8395-9 (EPUB)
ISBN: 978-1-4696-8396-6 (UPDF)

This is a publication of the Department of World Languages and Literatures at North Carolina State University. For more information visit http://go.ncsu.edu/editorialacc.

Distributed by the University of North Carolina Press
www.uncpress.org

ÍNDICE

Agradecimientos vii

Introducción. Tramas narrativas de la posdictadura 1
*Generación (de las pibas de la) posdictadura:
desglosando la complejidad del nombre* 2
*Narrativas culturales de memoria: el pasado traumático
como mancha temática* 9
Nuevos marcos poéticos: tres sobregiros disensuales de memorias 14

Capítulo I. Memoria homenaje: consensos y tensiones en la oficialización de una narrativa hegemónica 21
El lenguaje patriarcal de las emociones familiares en la esfera cultural 30
*La lógica de los héroes y traidores: otro de los códigos
patriarcales de la memoria homenaje* 37
Punto de partida 43

Capítulo II. Narrativas infanto-juveniles feministas 44
¿Quién(es) habla(n) al narrar? 46
Tramas infanto-juveniles que devienen feministas 47
*La invención de la niñez según la Convención sobre los Derechos del Niño y
el silenciamiento de sujetos niñes y adolescentes* 53
Las voces infanto-juveniles como agentes de memoria 58
La subalternidad de la infancia y sus tretas narrativas 64
Las insumisiones narrativas entre los espacios públicos y privados 67

Capítulo III. Voces Clandestinas y agencias
narrativas infanto-feministas 70
La imaginación de nuevos espacios de memorias 70
I. Albertina Carri y un espacio de memoria en el presente 73
"En la casa de Pinocho sólo cuentan..." 80
II. Paula Markovitch y un espacio solitario de memoria 86
El insilio maternal: una maternidad desromantizada 87

El lenguaje del juego: reescritura agentiva del silencio 90
III. Laura Alcoba. La búsqueda de la voz narradora en La casa de los conejos *91*
Compañerismo entre pares y microviolencias intergeneracionales 97

Capítulo IV. Denuncias del silenciamiento y la inacción: voces de resistencia al interior de las zonas grises 103
Ni genio maligno, ni víctima indefensa 105
Narrativas privadas de la niñez y juventud familiar 109
I. Paula Tomassoni, la escala del golpe 110
II. Mariana Enríquez, la memoria que brota del cuerpo 115
III. Lola Arias y las memorias intra-generacionales de Mi vida después *121*
Jugar con la ropa de los setenta 125
Voces corales y melódicas 128
Lola y/o Pablo 130
Melancolía y manifestaciones 132
El caleidoscopio auditivo de Arias 133
Reescrituras de las tibiezas genealógicas 134

Capítulo V. Las hijas de genocidas, un coro de Antígonas. Del silencio debido al grito de-vida 136
El plano del parentesco 142
El plano del lenguaje 144
Narrativas de hijas de genocidas 147
I. Discurso feminista 149
II. Contra las genealogías patriarcales: la etiqueta de "hija de genocida" 154
III. Lazos políticos de sororidad 160

Conclusiones. Continuidades e irrupciones de la memoria 167

Bibliografía 175
Filmografía 182

AGRADECIMIENTOS

"¿Y cómo se te ocurrió la idea?", curioseó mi sobrina cuando le comenté de este libro. Su pregunta, tan simple y tan compleja, me deja pensando y me ayuda a darle forma a esta sección de agradecimientos porque me recuerda que las ideas aquí presentadas no se me ocurrieron a mí sola, distintas contribuciones ayudaron a darles forma. Me refiero a aportes de personas concretas que fueron pacientes escuchadoras, cuestionadoras, refutadoras y transformadoras de pensamientos. Y como este libro aborda reconstrucciones de voces de infancias y juventudes, invito a les adultes a tomar las preguntas de las infancias como invaluables puntos de partida para que la memoria del Nunca Más siga viva, re-interpelada por voces curiosas como la de mi sobrina y como las de las pibas que se escucharán contando en las páginas que siguen.

Innumerables expectativas rodean el prospecto de la tesis doctoral que un día podría volverse libro. *Cuentan las pibas* fue primero eso, una tesis doctoral escrita para terminar mi posgrado en Literaturas y Culturas Hispánicas en la Universidad de Minnesota, aunque no fue ese ni el principio ni el final de la enunciación y transformación del texto. Parte matriz de ese recorrido que va desde la imaginación del proyecto hasta la publicación de este libro habría sido intransitable sin el acompañamiento incondicional de mi profesora, Ana Forcinito. A ella, referente intelectual e inspiración, mi más profundo agradecimiento por sus clases magistrales, su interés genuino en cada instancia de mis trabajos, su intuitiva escucha, sus devoluciones afectivas y críticas, sus múltiples invitaciones a proyectos, sus cenas caseras. Y, sobre todo, por, en cada una de sus incontables lecturas, seguir invitándome a reescribirme, ahí hasta en mis propios silencios. Que sean quince años más (al menos) de escuchas, lecturas y *advising*.

Agradezco también a las profesoras, profesores, colegas, trabajadoras y trabajadores del Departamento de español y portugués de la UMN por apoyarme a lo largo de significativas instancias de mi carrera graduada. Sus voces resuenan, de distintas formas, en los entramados argumentativos de cada capítulo. Guardo la calidez familiar de las clases de Ofelia Ferrán y su sincero entusiasmo ante mis propuestas. También me quedo con los laberintos teóricos de William Viestnez, tan desafiantes como útiles a la hora de proyectar mis propios marcos teóricos. Un gracias mayúsculo a Francisco y Alicia Ocampo, por el legado de las letras, la tierna exigencia, el compromiso profesional de sus múltiples lecturas, y los versitos en los márgenes. También agradezco a mi colega Megan Corbin, por acompañarme y comprender la precipitación de mis tiempos en épocas de puerperio y de defensas doctorales.

No me olvido de mi paso fundacional por la carrera de Letras cursada en la Universidad Nacional de La Plata. Ni de mi querida escuela primaria, la Anexa. A quienes acompañaron desde aulas y pasillos mi formación, académica y humanística, mi agradecimiento. Y un especial reconocimiento a la Educación Pública y Gratuita de mi país, Argentina, que lo hizo posible. Porque siempre lo siga siendo.

Ninguna idea hubiese surgido si en mi camino no me hubiera encontrado con tantos libros-amigos que, desde estantes virtuales y materiales, alimentaron mi admiración y curiosidad por la temática de las voces de la infancia en la reconstrucción de la memoria. Mi especial mención a la literatura de Laura Alcoba, a quien tuve el placer de conocer en una conferencia y con quien casi resultamos familia proviniendo ambas de esa ciudad-pañuelo que es La Plata. *La casa de los conejos* se transformó en mi pilar literario, y teórico, que dio lugar a muchas preguntas sobre la búsqueda de esas voces.

Los aportes políticos, feministas, culturales y literarios de Analía Kalinec fueron otro momento de viraje y redefinición del proyecto. Admiro tanta valentía y entereza para contar una historia que sacudió a la sociedad, fortaleciendo los reclamos de Memoria, Verdad y Justicia en tiempos donde los embates de los gobiernos derechistas intentaban volver a otorgar impunidad a los genocidas. Mi agradecimiento a Analía por estar siempre dispuesta a colaborar, compartiendo sus reflexiones en correos y audios. Tu cuento suena fuerte en *Cuentan las pibas*.

Otras de las voces provenientes de libros-amigos, y académicas amigas, vienen de los teclados de Verónica Estay Stange y Teresa Basile, a quienes tanto leí y resalté antes, durante y después de la investigación, y que me honraron con su interés y apoyo en mi proyecto.

Agradezco la amabilidad crítica y fineza de lectura de las evaluaciones anónimas del manuscrito. Sus largas listas con pertinentes recomendaciones bibliográficas fueron puntapié central a la hora de afianzar planteos argumentativos del marco teórico principal. Dejo mi agradecimiento y celebración a todo el equipo de la *Editorial A Contracorriente*.

Las etapas finales de revisión y edición de este libro fueron apoyadas por los esfuerzos del Humanities Institutes, el College of Arts & Sciences y el departamento de Modern Languages and Literatures de Fairfield University. Mi agradecimiento por todas las becas otorgadas, el apoyo para realizar viajes internacionales de investigación y dar presentaciones en congresos, sumado a la invaluable concesión de un semestre sabático que me permitió el tiempo y garantizó el sostén financiero necesario para concretar este proyecto.

A mis colegas del programa de español les agradezco su compañerismo y acompañamiento en mis primeros pasos como *faculty* y, sobre todo, por hacerme sentir en casa desde el día uno. Mi profundo agradecimiento a Michelle Farrell, directora del departamento, por demostrarme a diario un compromiso genuino con mi carrera profesional. Y por, entre la vorágine cotidiana de los cursos, entusiasmarme con invitaciones a clases avanzadas y contagiarme su pasión por el diálogo y la construcción de comunidad. Gracias por alentar, auspiciar y celebrar este proyecto de libro cuando era solo eso, un proyecto.

Gracias infinitas a mis amigas, de los mejores regalos que me dejaron las carreras de letras, por acompañarme con lecturas y opiniones en largos audios de whatsapp a deshoras, haciéndome sentir y sentirlas siempre cerca.

A mis sobris por multiplicarme infancias.

Mi más profundo cariño a mi mamá y a mi papá por, desde chiquita, apoyar y valorar con orgullo hiperbólico mi escritura. Su amoroso aliento asoma en cada frase que redacto.

No hubiera querido atravesar el casi infinito proyecto de un libro sin las risas, los besos, los abrazos, las peleas y las sanas interrupciones de mis hijos, Bastian y Tiago. Y gracias Dani, por entender tan bien mi necesidad de esos otros ratos de silencio. A los tres los vuelvo a elegir.

INTRODUCCIÓN

Tramas narrativas de la posdictadura

EN ARGENTINA, DESDE LA última apertura democrática hasta el presente (1983-2023), las narrativas de memoria del ámbito cultural que interpelan diversos ángulos del pasado dictatorial argentino (1976-1983) han sido objeto de revisiones y reelaboraciones.¹ En las mismas, pasado

---

1. Al escribir este libro incorporando los aportes del lenguaje inclusivo (no binario) encontré distintas incompatibilidades difíciles de resolver: por un lado, la aproximación al marco de mi investigación desde una lente feminista; y por otro, la articulación de esa realidad por medio de un código semiótico marcado *a priori* en forma binaria para la categoría gramatical de género. En las últimas décadas se han propuesto variadas soluciones de lenguaje de género inclusivo; por ejemplo, el recurso de la "X" en lugar de un morfema específico para femenino o masculino, pero cuando se trata de mantener concordancia entre numerosas palabras de distintas categorías gramaticales en posición no inmediata, la tarea se dificulta. Visibilizando y reivindicando los reclamos del lenguaje de género, elijo hacer uso libre de la escritura inclusiva aplicándola simbólicamente a sustantivos ("hijes", "niñes"), adjetivos calificativos ("nietes *desaparecides*") y artículos (les). Cuando el lenguaje inclusivo sea necesario, la vocal *e* sustituirá la marca específica femenina o masculina. Mi intención inclusiva también se extiende al plano léxico, por ejemplo, al reemplazar la forma sintetizada en masculino "los padres" por una palabra que marca la síntesis al combinar dos lexemas (*ma* y *pa*): "mapadres". En los casos en los que uso específicamente la marca gramatical femenina, apunto a enfatizar el reclamo de género articulado por los sujetos enunciadores, por ejemplo, en "las pibas". Por otra parte, en los casos en que deliberadamente uso la marca masculina, enfatizo el matiz patriarcal de la maquinaria genocida

y presente son explorados y reconstruidos por una variedad de propuestas estéticas enunciadas por distintos sujetos de memoria que se suman a las batallas político-conceptuales en sus intentos de definición de una historia común marcada por el trauma colectivo que significó el terrorismo de Estado. Respuestas artísticas de la literatura, el cine, el teatro, el periodismo, e incluso de las redes sociales, enuncian reapropiaciones y reinterpretaciones de ese pasado traumático. Una aproximación memorialista contemporánea, protagonizada por las pibas de la generación posdictadura, indaga la poética de *contar* el recuerdo a través de la mirada y la voz infanto-juvenil feminista, donde irrumpen narrativas de memoria enunciadas desde nuevos espacios discursivos que disputan relatos consensuales, denunciando nuevas problemáticas y haciendo visibles aspectos de un pasado-presente antes imperceptibles.

Este libro analiza un corpus de trabajos de la memoria, siguiendo la terminología de Elizabeth Jelin; es decir, producciones culturales de agentes que transforman simbólicamente los sentidos de las memorias del pasado traumático de la dictadura militar. Se trata de obras artísticas recientes llevadas a cabo por las pibas de la generación posdictadura que crecieron en los años del golpe y escribieron sus narrativas en la posdictadura, agitando las aguas y promoviendo el debate estético y político, escenificando formas disensuales de contar el pasado dictatorial, dando cuenta de una particularidad en la modalidad de experiencias infanto-juveniles vividas entre los espacios públicos y privados de la escuela y la casa. Las dos acepciones del verbo *contar* del título apuntan tanto al carácter narrativo de cuentos cuyas tramas devienen feministas, como al aspecto disensual de pasar a ser tenidas en cuenta.

Generación (de las pibas de la) posdictadura: desglosando la complejidad del nombre

Pensando los legados de las dictaduras, los procesos de redemocratización y los nuevos signos de las democracias neoliberales latinoamericanas, entre las clausuras del siglo pasado y los albores del nuevo milenio, distintas voces intelectuales provenientes de los llamados *estudios culturales* han elaborado sus miradas críticas en torno a las implicaciones, alcances y limitaciones del

---

desplegada por los militares y su círculo durante la dictadura. Agradezco las discusiones y explicaciones lingüísticas de Alicia Ocampo.

término "posdictadura",[2] principalmente comparándolo con el más lineal y uniforme término de la "transición", cuya racionalización discursiva apunta un pasaje casi lógico entre autoritarismo y democracia (Richard 2001, 9); pasaje que generalmente fue enmarcado por los pactos del olvido (Gutiérrez Mouat 142).[3] En estos ejercicios críticos se ha aludido reiteradamente a un acuerdo tácito entre los escenarios de la redemocratización y la expansión del neoliberalismo (Richard 2001, 9) y sus condicionantes del capitalismo multinacional, la globalización y las normas del mercado y el consumo.

En la colección de ensayos *Pensar en/la postdictadura*, Nelly Richard describe una característica determinante de nuestros tiempos neoliberales y sus lógicas mercantilistas "hostiles a un ejercicio intelectual que se quiere autorreflexivo y denunciante a la vez" (2001, 20). Por ende, y "reivindica[ndo] los nudos de complejidad de una palabra" (20), se inclina a delinear su pensamiento teórico desde el vocablo de "posdictadura" frente a la alternativa del de "transición", rescatando núcleos de sentido no lineales, no consensuales, de "temporalidad[es] irresuelta[s] (fisurada[s], abismada[s]) de la memoria en suspenso" (11). A pesar de que en este libro no analizo los tiempos posdictatoriales y sus lógicas mercantiles aisladamente, sino centrada en el estudio de obras artísticas, producidas en estos contextos por quienes identifico (retomando los trabajos de Drucaroff y Ros, entre otras) como la *generación*

---

2. Sobre la ortografía del término "posdictadura", en una apropiación localizada (como lo es toda operación de nombrar), elijo la forma más cercana a la pronunciación coloquial generalizada ("posdictadura" y no "post-dictadura"), que no desdeña pero sí se distingue del rasgo globalizado de otros *post* (ver Richard 2001). Nombro dos textos en los que ya figura esta ortografía regional: *Los umbrales del testimonio: entre las narraciones de los sobrevivientes y las señas de la posdictadura* de Ana Forcinito (2012) y *El desarme de Calibán. Debates culturales y diseños literarios en la posdictadura uruguaya* de Teresa Basile (2018). En el caso de las citas directas, respeto la ortografía elegida por cada voz autorial que incluyo.

3. En Argentina, tal proceso político-institucional de la transición a la democracia de la presidencia de Raúl Alfonsín (1983–1989) estuvo marcado, por un lado, por el histórico Juicio a las Juntas y la condena a las cúpulas militares, y, por otro, por la sanción de las leyes de impunidad conocidas como Punto Final y Obediencia Debida (en los años 1986 y 1987) que interrumpieron la continuación de los juicios a los responsables por los crímenes de lesa humanidad cometidos durante la dictadura.

posdictadura, con esta denominación sí retomo esa temporalidad irresuelta que menciona Richard para abordar los anacronismos de las memorias narrativas sobre un pasado dictatorial traumático que no deja de acontecer y transformarse en cada presente posdictatorial de la enunciación donde se rastrean distintas continuidades de la violencia y sus nuevas expresiones.

Citando la teoría del sociólogo Karl Mannheim y la centralidad de los hitos históricos en el surgimiento de *nuevas entelequias generacionales,* para Elsa Drucaroff, en Argentina "la evidencia de que [el retorno a] la democracia no reparaba ni desvanecía la abrumadora derrota del campo popular, ni impedía que se desarrollaran hasta la pesadilla sus dolorosas consecuencias, es un golpe lo suficientemente fuerte y novedoso como para crear una nueva generación" (2011, 159). En el plano social nacional, la euforia por el retorno de la democracia en los años ochenta cedió sitio rápidamente frente a lo que, en la década del noventa, se pasa a percibir como una "democracia corrupta y decepcionante que (...) se tolera porque (...) [es] mejor que lo único que pareciera estar realmente atrás" (2011, 26). En ese sospechoso paquete de democracia menemista al que refiere Drucaroff (y que esta autora marca como contexto temporal del surgimiento de la producción de las obras de las generaciones posdictadura) es donde se da "la continuidad de la violencia (...) a través de una precarización que se incrementa con las políticas neoliberales en los años 1990" (Forcinito 2023, 203–04).

Repito, antes que los tiempos de la posdictadura en su amplitud social, económica y política, lo que este libro aborda es una selección de producciones literarias y artísticas de la generación posdictadura, la cual, lógicamente, recibe su nombre del contexto sociopolítico de enunciación y divulgación (la posdictadura) desde el que se articulan sus obras.[4] Ana Ros, al comienzo

---

4. Sobre la discusión de los nombres dados a esta generación en América Latina ("segunda generación" es uno de ellos) y a sus particulares memorias ("posmemoria" ha sido el más difundido y a la vez el más controversial en su exportación desde el marco de transmisión generacional de las memorias de sobrevivientes del Holocausto) ver: "Introducción" en *Generación hijes: memoria, posdictadura y posconflicto en América Latina.* Eds. Carolina Añón Suárez y Ana Forcinito (2023). Aunque hablo de *memorias* para abordar las narrativas de la generación posdictadura que estudio en *Cuentan las pibas,* no se pueden pasar por alto los debates en torno a la aplicación o a la impertinencia del término posmemoria (*postmemory*), introducido por Marianne Hirsch, para abordar las memorias de

de su estudio *The Post-dictatorship Generation in Argentina, Chile and Uruguay: Collective Memory and Cultural Production*, presenta la siguiente aplicación del término: "The term 'post-dictatorship generation' refers to those who grew up under militar regimes" (2012, 4). En un intento de precisar este recorte y los usos que en este libro hago del concepto de "generación posdictadura", como de las variantes a las que apelo de "pibas de la generación posdictadura" y "generación de las pibas de la posdictadura", quiero retomar la siguiente definición orientativa del concepto de *generación*, propuesta por Drucaroff:

> (...) entiendo a la generación como grupo humano dinámico y coetáneo, particularmente sensible a su tiempo histórico, conjunto de personas que intentan protagonizarlo en algún aspecto, en este caso, el de la producción literaria. La entiendo también como espacio cronotópico de pertenencia: un tiempo-espacio construido por gente de sociedad, en el cual estos autores y autoras están constituyendo su ciudadanía, viven experiencias comunes, producen saberes relativamente compartidos y se plantean problemas relativamente similares. Una generación es un lugar de pertenencia histórica y, sobre todo, social, en el que lo biológico

---

quienes integran la generación posdictadura en Argentina. La principal llamada de atención crítica sobre los problemas de la importación académica del término *posmemoria* la hace Mariana Eva Perez. En su argumento, Perez señala el estatus de *víctimas directas* de quienes se etiquetan como "hijes de desaparecidos" ya que, en muchos casos (compilados por la CONADEP), fueron víctimas del secuestro, la detención, la tortura, el abuso sexual o incluso el asesinato (Perez 9). Alertando sobre estas experiencias traumáticas vividas de primera mano, Perez no intenta negar la pertinencia de estudiar la transmisión generacional de las memorias en Argentina, sino poner en primer plano las memorias propias de la generación de hijes de desaparecidos hasta entonces ensombrecidas por un foco adultocentrista centrado en las memorias de la generación mapaternal de militantes. Teniendo en cuenta estas y otras consideraciones sobra las posibilidades y restricciones en el uso del término *posmemoria*, retomo el trabajo de Hirsch en el Capítulo IV para analizar los casos de quienes no fueron víctimas directas de los crímenes del terrorismo de Estado, pero también reconstruyeron una narrativa de memoria dando cuenta de su peculiar forma de recordar experiencias infanto-juveniles de los tiempos dictatoriales.

apenas impone ciertos límites, condiciones de posibilidad. En ese espacio se intercambian experiencias públicas o privadas, hábitos, modas, consensos, debates, conflictos (...) Mi propuesta no pone en el centro en abstracto la edad de los protagonistas de una generación sino que piensa cada vez su edad en relación con el hito histórico, y sólo la hace significar en ese contacto. (169–70)

Me interesa retomar esta descripción en mi propio uso del concepto de generación posdictadura (pero específicamente de las variantes mencionadas) por los siguientes motivos. Primero, por el énfasis que se hace en la entrada de nuevas voces y sensibilidades (articuladas en narrativas infanto-juveniles feministas), enunciadas por nuevos sujetos de memoria (las pibas de la posdictadura) y sus reclamos de protagonismo (de ser tenidas en cuenta). Segundo, por la referencia a la acción ciudadana (las nuevas propuestas estéticas son a la vez políticas) en el plano social público, desde donde se articulan y denuncian nuevas problemáticas (como las exclusiones y violencias de un adultocentrismo hegemónico), a la vez que se construyen nuevas significaciones del pasado, el presente y el futuro. Tercero, por la atención a la interacción entre los planos públicos y privados (como la escuela y la casa) como tropos donde se presentan insumisiones críticas ante la *habitualización* de consensos (insumisiones que conforman los distintos giros disensuales de memoria). Por último, por la sutileza con la que se considera el componente biológico de la edad, no como determinante de la inclusión o exclusión generacional, sino como un factor que se tiene en cuenta desde la significación que adopta en contacto con un escenario cronotópico social específico (en este caso, la estética infanto-juvenil que reconstruye experiencias de la niñez y la adolescencia como modalidad narrativa para abordar los tiempos dictatoriales se debe pensar en conjunción con un presente posdictatorial de la enunciación adulta).

Las obras de las pibas de la generación posdictadura son agrupables porque presentan un rasgo novedoso en sus poéticas del recuerdo, rasgo que sería desencadenado por un "'nuevo ciclo' histórico marcado por el recuerdo de un crimen devenido de algún modo en 'originario'" (Hugo Vezzetti citado en Dufays 4). El crimen originario al que Hugo Vezzetti alude es el del golpe del 24 de marzo de 1976 (vuelto efeméride): "el único comienzo, allí empieza la tragedia y la pesadilla" (Drucaroff 26). Drucaroff, en su meticuloso y extensivo análisis literario de lo que llama Nueva Narrativa Argentina y, a la vez, "narrativa de las generaciones postdictadura" (17),[5] enfatiza también el rasgo novedoso (diferencial respecto a las obras anteriores) de las producciones de la generación posdictadura, que se relaciona "con un trauma que afecta a la sociedad argentina y proviene, como todo trauma, de un pasado negado y doloroso" (17). Del mismo modo, Ros señala la dictadura como evento histórico que marca a la "generación posdictadura" (donde ella misma se ubica), sin importar el posicionamiento político familiar respectivo: "the crimes perpetrated by the military, and the way society deals with them, had shaped my generation (...) moulded and constrained our ways of thinking and interacting" (3). Y en esto punto quiero hacerme eco de las palabras de Drucaroff, ya que no busco afirmar que los rasgos que me interesa analizar de la generación posdictadura –generación marcada por los crímenes de los tiempos dictatoriales– abarquen a todas las personas adultas de la posdictadura, sino a una selección de protagonistas específicas (las pibas de la posdictadura), la cual representaría "una pequeña minoría que tiene la lucidez para criticar y la voluntad para resistir, en este caso de un modo artístico" (160).

Si el nudo histórico (o el único comienzo posible) es el golpe militar de 1976, el contexto de producción artística desde el que ese nudo temático se aborda es el de las políticas neoliberales de la posdictadura. Estas últimas implicaron una especie de complicidad tácita entre la hegemonía de la nueva democracia, las normas del mercado y el auge de los medios de comunicación. En este marco, la generación posdictadura que nace y/o crece orbitando la

---

5. Nótese el plural de "generaciones" que usa Drucaroff y que más adelante en su análisis subdivide en primera y segunda generación de posdictadura: "Si la generación se hace con conciencia histórica de sí, intención de ser protagonistas y de plantear ideas en cierto proceso social, hablaremos de una primera generación de postdictadura relativamente inconsciente de sí (...) y de una segunda que se está constituyendo desde otra postura, con intención de hegemonizar y activar el campo cultural" (162). Las narrativas estudiadas en *Cuentan las pibas* podrían enmarcarse de forma más cercana (aunque no estrictamente, ya que, por ejemplo, Laura Alcoba es listada como escritora de la primera generación posdictadura (ver Drucaroff 211) en lo que Drucaroff identifica como la segunda generación de posdictadura.

efeméride del 24 de marzo de 1976 produce sus obras desde un presente, que, como describe Richard criticando la función amnésica de los medios durante la transición chilena, se encuentra dividido entre, por un lado

> la recordación fija del pasado (la contemplación nostálgica de un recuerdo petrificado en el tiempo: monumental) y, por otro lado, la completa disipación de las huellas de ese pasado histórico hoy sometido a la borradura electrónica de los flujos comunicativos de la actualidad mediática que operan en sintáctica complicidad con la globalización capitalista. (Richard en Gutiérrez Mouat 144)

Pero las narrativas de la generación posdictadura que estudio rebaten, muchas veces, ese flujo amnésico-tecnológico de los símbolos de los medios masivos de comunicación del que desconfía Richard, recurriendo a los códigos posmodernos para articular desde allí disidencias estéticas y políticas en sus ejercicios de memoria. Al respecto de estas articulaciones mediadas por las nuevas tecnologías, Drucaroff distingue la potencia del uso de los *blogs* (sitios de internet de alto contenido autobiográfico) por personalidades literarias de la generación posdictadura que en esas tecnologías "encontraron posibilidades (...) de resistir el entorno sociopolítico" (178). En este libro estudio el caso de un actor clave contemporáneo de la generación posdictadura que surge como respuesta a las políticas neoliberales negacionistas del gobierno macrista, aportando a la tarea de redefinición crítica de los debates en torno a la memoria: me refiero a la formación del colectivo Historias Desobedientes, que se articula en el año 2017, precisamente valiéndose de las posibilidades y los condicionamientos de una plataforma tecnológica (Facebook).

Cuando me refiero a las narrativas de pibas de la generación posdictadura hablo de un corpus formado por producciones de una selección de artistas que nacieron o crecieron durante los años de la dictadura y que fueron afectadas, de diversos modos y en distintos grados, por la violencia y el terrorismo de Estado de los años 1970. Ese impacto de los eventos históricos marcó de modo decisivo sus obras; me refiero a que "las condiciones sociohistóricas de la biografía de quienes escriben imprim[ieron] acentos ineludibles en la sensible materia semiótica" (Drucaroff 29). Y, a pesar de que estos acentos sensibles no son los únicos rastreables en sus obras, son los que quiero rescatar en los capítulos que seguirán a esta introducción.

Narrativas culturales de memoria: el pasado traumático como mancha temática

Si tradicionalmente el psicoanálisis ha centrado su estudio de la memoria, en tanto facultad psíquica, en el rol del inconsciente y en los efectos del trauma, desde la sociología surgirá la pregunta por el peso de lo social en los procesos de desarrollo de la memoria (Jelin 2002, 19). En el año 1925, Maurice Halbwachs propone el concepto de los "marcos sociales de la memoria" (prestando atención a la familia, la religión y la clase social) y, más tarde, plantea su teoría de la memoria colectiva, frente a la que surgen cuestionamientos sobre el espacio que queda (o que falta) para la expresión de las memorias individuales. Según esta perspectiva sociológica, si bien "las memorias personales son únicas y singulares (...) [,] esos recuerdos personales están inmersos en narrativas colectivas, que a menudo están reforzadas por rituales y conmemoraciones grupales" (Ricœur en Jelin 2002, 21). Partiendo de la aporía de que el pasado ya fue de-terminado, Jelin retoma la filosofía de Paul Ricœur, proponiendo una intersección con la teoría de Halbwachs, y apunta que el carácter aprehensivo de ese pasado reside en el "fenómeno de la reinterpretación" (Ricœur en Jelin 2002, 39). Partiendo del entrecruzamiento de la historiografía y la ficción (Ricœur 155), Ricœur recurre a la categoría de *narratividad* – retomando el concepto de *emplotment* de Hayden White, quien aborda las narrativas históricas en tanto "ficciones verbales" (White 42) – para resaltar la cuestión del sujeto narrativo de memoria. Para Jelin, las interpretaciones del pasado, en tanto "procesos subjetivos de construcción de significaciones" (Jelin 2017, 140), contribuyen a la formación de un relato histórico oficial (memoria colectiva) y van cargadas de intencionalidad y expectativas desde el presente político que se enuncian, y en vistas a un futuro próximo.

Jelin se enfoca en estas disputas de sentido donde el Estado, las instituciones, los medios y el mercado cumplen un rol central y, en el proceso de consolidación de una narrativa oficial, algunos relatos silencian otros, convirtiéndose en hegemónicos (2002, 40). Como resultado de las pugnas simbólicas que guían la interpretación social del pasado histórico, Jelin registra voces acalladas por los ámbitos oficiales –narrativas alternativas– que, en el espacio íntimo familiar, encontrarían refugio y un lugar de supervivencia. En determinadas circunstancias, dichas narrativas no-oficiales (no-hegemónicas, no-monumentales) "se integran en prácticas de resistencia más o menos clandestinas" (Scott en Jelin 2002, 41), que apelan a mecanismos estéticos de subversión discursiva empleados para enfrentar al poder desde una posición de subalternidad, fomentando el disenso.

Las narrativas de memoria que estudio provienen de distintos contextos de clandestinidad y silenciamiento de voces infanto-juveniles que estallan por medio de la enunciación agentiva en tanto treta narrativa. Esos contextos de silenciamiento se dieron en torno de los espacios íntimos-familiares[6] y los espacios públicos-escolares. Sin haber sido todas las narrativas de memoria resguardadas en estos recintos (o incluso en la situación opuesta de haber sido explícitamente silenciadas por las normas de los mismos), los sujetos narrativos vuelven a ellos para re-explorarlos críticamente y (re)significarlos. Su lugar íntimo y social de supervivencia se torna tropo de enunciación donde se articulan actos de disidencia-resistencia. Mediada por estas jerarquías narrativas, la versión oficial de la memoria de un pasado dictatorial va cobrando forma desde un presente posdictatorial. Frente a esta versión oficial, las narrativas de memoria que estudio se atreven a una reformulación de los relatos consensuales, vueltos hegemónicos. Las voces (y los cuentos que esas voces articulan) se suman a la cuenta *ranceriana* (Jacques Rancière) desafiando el consenso promovido por otras versiones históricas de enclaves monumentales (en términos de Richard) que estudio en el Capítulo II. Semejantes disputas de sentido acontecen en el plano narrativo, y las abordo a partir de su trama (poética) discursiva.

Con respecto a la conformación de un relato histórico hegemónico, hay que apuntar un doble movimiento en cuanto a la discursividad del pasado en las narrativas de memoria. Por un lado, el de los organismos de derechos humanos que encuentra representación en la esfera de las políticas estatales kirchneristas de conmemoración de las víctimas, sumado al juicio y castigo

---

6. El ámbito íntimo de la familia era considerado por Halbwachs como uno de los marcos sociales de la memoria. En mi estudio, los espacios de la familia (sobre todo la casa familiar) son abordados menos a partir de su materialidad que a partir de las textualidades que los reconstruyen afectivamente, en donde la casa puede volverse territorialidad psicológica y socio-geográfica (que no siempre implica refugio) y a la vez encerrar vínculos no siempre logocentristas y racionales. Para una reflexión fina sobre la casa como espacio clave en las infancias, ver Jones Owain (2022).

a los responsables de los crímenes de lesa humanidad y genocidio.[7] Por otro, el que sucede en el ámbito social y cultural con los trabajos artísticos de la memoria que salen a la luz a partir de la reapertura democrática y siguen hoy irrumpiendo los espacios, renovando (o reiterando) las perspectivas de abordaje. Si bien este libro se concentra en las narrativas culturales de la memoria, las mismas no permiten ser tratadas de forma aislada con respecto a las narrativas gubernamentales, ya que muchas veces se ven facilitadas, impedidas o propulsadas por estas últimas. Desde la coyuntura política específica de cada contexto de enunciación se dispara la habilidad narrativa de problematizar y promover disenso en el plano estético y político.

En este libro, siguiendo a Ana Forcinito y la propuesta de Jelin al rescatar a Ricœur, me interesa pensar las memorias y sus *narratividades* en tanto producciones creativas, rescatando la memoria desde una perspectiva estética que genera confrontaciones políticas. Retomo uno de los puntos de partida de Forcinito de problematizar la memoria en tanto colección de *cohesividades* narrativas (individuales o colectivas), para enfatizar en cambio "las ondulaciones" (2018, 11) promovidas mediante la articulación de memorias hasta entonces excluidas, cuyas nuevas tramas agentivas permean y disrumpen relatos hegemónicos. De allí mi énfasis en las consecutivas reconfiguraciones (en tanto ondulaciones anti-cohesivas) y los giros disensuales de memoria que, en sus gestos poéticos, desafían críticamente (políticamente) otras enunciaciones estáticas, monumentales de las versiones consensuales.

Agrupo una selección de producciones artísticas de memorias de la generación posdictadura, dadas a conocer exponencialmente desde el inicio del nuevo milenio, rastreando lo que Drucaroff (retomando el trabajo de David

---

7. Gobiernos kirchneristas de Néstor Kirchner (2003-2007), Cristina Fernández de Kirchner (2007-2015), y Alberto Fernández (2019-2023). Las políticas que se inician en el año 2003, cuya máxima expresión es la inmediata reapertura de los juicios a los responsables de los crímenes de lesa humanidad y genocidio perpetuados durante la última dictadura militar, buscan revertir largos años de impunidad y silenciamiento del proceso de redemocratización. Políticas suspendidas, incluso revertidas, por el gobierno negacionista de Mauricio Macri (2015-2019) que promulgó leyes que otorgaron beneficios y sacaron de la cárcel a genocidas ya condenados.

Viñas[8]), caracteriza como *mancha temática*, en tanto presencia (a veces explícita y central, a veces connotada de modo menos protagónico) recurrente en textualidades que "sueña[n] de muchos modos el pasado traumático" (27). Y con el verbo "soñar" apunto, en este caso, menos a los mecanismos del inconsciente que al valor estético del carácter (auto)ficcional de las narrativas de memoria.

En torno a las discusiones sobre el trauma y sus (im)posibilidades de representación, se suele contrastar la raíz griega del término que refiere a una herida causada en el cuerpo, a su uso extendido en los campos de la literatura psiquiátrica (liderados por los trabajos de Freud) donde el término es entendido como "a wound inflicted not upon the body but upon the mind" (Caruth 3). Desde el pensamiento filosófico, Catherine Malabou refiere tanto a los impactos físicos y psíquicos, apuntando que en ambos casos el trauma "names a shock that forces open or pierces a protective barrier" (6). Ese efecto de *shock* del evento traumático es lo que trastoca la posibilidad de darle significado (Forcinito 2018, 94).[9] Jelin habla de las *heridas de la memoria* para describir situaciones donde ocurre una disociación entre la vivencia y la capacidad de narrarla, donde la significación se ve directamente afectada. El trauma que hiere la memoria interfiere la acción de significación de "dar sentido al acontecimiento (...) incorporarlo y elaborarlo" (Jelin 2017, 151). Pero como toda herida, el trauma deja marcas que, anacrónicamente, habilitarían interpretaciones posibles. Según Jelin, las heridas de la memoria pueden rastrearse tanto

---

8. Drucaroff retoma la categoría de "mancha temática" de David Viñas (1971) y su lectura de textos argentinos de los siglos XIX y XX en *Literatura argentina y realidad política. De Sarmiento a Cortázar:* lo que Viñas estudia allí como mancha temática es "el viaje a Europa del intelectual, que deja su tierra ('salvaje') (...) [y dicha mancha] presupone la famosa antinomia civilización-barbarie que nace al mismo tiempo que la literatura argentina" (Drucaroff 477).

9. Malabou propone el concepto de *new wounded* para describir la aparición de un nuevo sujeto que, después del *shock* del evento traumático, surge como resultado de su propia destrucción previa (Forcinito 96) mediante lo que describe con la noción de *plasticity* –una plasticidad que se ubica en los extremos paradójicos de la creación y destrucción de la forma previa– (Malabou 17). En diálogo con Malabou, Ana Forcinito plantea su argumento de la destrucción incompleta del sujeto traumatizado, apuntando las posibilidades de los trabajos de la memoria y sus intermitencias (Forcinito 2018, 96).

a nivel del sujeto, como a nivel de la sociedad, como sucede en las experiencias de pasados de violencia política y represión estatal (2017, 174). Más allá del debate en torno a la individualidad o colectividad de las memorias traumáticas, planteándose la pregunta por la posibilidad misma de representación del evento traumático, Cathy Caruth señala a la literatura y sus estrategias narrativas como medio de posibilidades de expresión de lo irrepresentable de la experiencia traumática (5).

En este libro, las narrativas culturales (literarias y artísticas) son las que potencian las posibilidades de expresión de lo incomunicable de un pasado traumático que se hace presente en los tiempos posdictatoriales de la enunciación. Las *memorias dolientes* (Dufays 3) de las pibas de la generación posdictadura se articulan mediante un *discurso doliente* (Gutiérrez Mouat 137) cuya marca distintiva es su *tonalidad afectiva* (Richard 2003, 287). Si el trauma, como ha sido entendido generalmente desde Freud y el psicoanálisis, se vincula a la imposibilidad de asimilar por completo la experiencia traumática y a la inhabilidad de poder hablar de la misma (Laub 67), la mancha temática generacional que tiñe estas obras, por el contrario, resulta "semióticamente productiva" (Drucaroff 493).[10] Que las entonaciones dolientes de las voces apelen al lenguaje de los afectos en las narrativas de memoria (que reelaboran distintas vertientes del recuerdo de la niñez y la adolescencia vivida bajo la dictadura militar), hace mucho sentido al tener en cuenta la dimensión particular de la experiencia infanto-juvenil que matiza y atraviesa estas narraciones. Cuando las heridas de la memoria se remontan al pasado de la niñez y la juventud, la significación adulta se posibilita a partir de un viaje discursivo que se emparenta con los lenguajes infanto-juveniles. Se trata de procesos

---

10. Como una de las posibilidades semióticamente productivas de las memorias traumática, Teresa Basile habla de la resiliencia de la generación de hijes de militantes en tanto sujetos niñes que transitaron contextos extremadamente vulnerables donde reinaba el miedo, la persecución, la amenaza constante, la ausencia de las figuras maparentales (Basile 2019, III). Las narrativas de memoria que surgen desde los años noventa, enunciadas por la generación de hijes de desaparecides, reconstruyen agentivamente esos escenarios de adversidad de su experiencia infantil-juvenil desde la narratividad. También al respecto de esa productividad artística, Ros refiere a la generación posdictadura describiendo a quienes heredaron el dolor del pasado dictatorial –las heridas de la memoria–, y propusieron una reformulación de esa marca colectiva a partir de proyectos artísticos activistas (2).

de significación que recurren a narrativas infanto-juveniles para contar un acontecimiento pasado traumático, en una compleja acción anacrónica (ver Capítulo 1).

Nuevos marcos poéticos: tres sobregiros disensuales de memorias

La construcción discursiva del pasado político, social y cultural en la Argentina posdictatorial ha sido modelada, desde 1983 hasta el presente, por diferentes estéticas narrativas visibilizadas a lo largo de ese período que abordaron de diversas maneras las memorias de un pasado colectivo traumático. En este libro exploro una de las reconfiguraciones contemporáneas de las narrativas de memoria que acontece en el plano de la generación posdictadura bajo el giro estético que identifico como *narrativas infanto-juveniles feministas*. En este giro, nuevos sujetos de memoria (las pibas) se (auto)visibilizan, ofreciendo nuevas formas (feministas, anti-adultocentristas) de seguir explorando un pasado violento que repercute en el presente de la sociedad argentina posdictatorial con la continuación de la violencia en los gobiernos neoliberales y sus graves retrocesos en políticas de memoria, justicia y derechos humanos.

Para abordar el giro estético de las narrativas infanto-juveniles feministas conceptualizo una agrupación ternaria y defino tres *sobregiros disensuales*. En cada una de las tres instancias de enunciación consecutivas se crean espacios de memoria a partir de propuestas artísticas hasta entonces no formuladas. En cada sobregiro se percibe una redistribución de: los espacios y los tiempos; de los sujetos y las subjetividades; de la palabra y el ruido; de lo visible y lo invisible; conjunto que Jacques Rancière definió como el reparto artístico y político de lo sensible.

Estos sobregiros disensuales dialogan críticamente con el giro subjetivo que definió Beatriz Sarlo en su polémico libro *Tiempo pasado. Cultura de la memoria y giro subjetivo*, publicado en el año 2005, alertándose sobre "la actual tendencia académica y del mercado de bienes simbólicos que se propone reconstruir la textura de la vida (...) [a partir de] la revaloración de la primera persona como punto de vista, [y] la reivindicación de una dimensión subjetiva" (21). Teorizando su malestar ante la proliferación de las narrativas testimoniales (que se pasa a conocer como el *boom* de la memoria de principios de siglo), Sarlo apunta el problema de la orientación introspectiva del sujeto narrador que fuerza un pacto de lectura en clave de identificación moral, condicionando o imposibilitando el distanciamiento crítico. En cambio, el modelo testimonial que Sarlo valora es uno que busque "principios explicativos más allá de la experiencia (...) [uno que] se aparte de una reconstrucción sólo narrativa y de la simple noción consoladora de que la experiencia por sí produce conocimiento" (96). La crítica propone una serie de ejemplos y contraejemplos valorando acercamientos narrativos testimoniales permeados por la distancia teórica, la cual se asume objetiva. Problematizando estos recelos académicos-policíacos que parecen indicar recetas para recordar de modo pertinente, los sobregiros abordados en *Cuentan las pibas* colocan en el centro de la escena relatos de memoria contados por la primera persona narrativa, minados por la subjetividad del recuerdo y los afectos. Desde ese lugar afectivo de la voz narrativa, que no disfraza su subjetividad, se enuncian las tres propuestas disensuales que redistribuyen sujetos, voces y espacios. La intimidad de la enunciación y su tono afectivo es su estética y su política.

El arte y la política son ámbitos centrales al abordar el giro estético de las narrativas de memorias infanto-juveniles. Rancière define la paradoja central de la relación entre arte y política:

> No hay tal cosa como un mundo real que vendría a ser el afuera del arte (...) Lo real es siempre el objeto de una ficción, es decir, de una construcción del espacio en el que se anudan lo visible, lo decible y lo factible (...) Tanto la acción artística como la acción política socavan ese real, lo fracturan y lo multiplican de un modo polémico. Las prácticas del arte (...) contribuyen a diseñar un paisaje nuevo de lo visible, de lo decible y de lo factible. Ellas forjan contra el consenso otras formas de *sentido común*, formas de un sentido común polémico. (2010, 77)

Arte y política acontecen no como esferas opuestas e independientes, sino íntimamente entrelazadas. Ambas son construcciones –ficcionales en tanto tales– enunciadas en un espacio y tiempo determinado. Allí manifiestan nuevas variantes de lo visible, lo decible y lo factible. Esta calidad de novedad caracteriza la experiencia estética y la experiencia política como experiencias de disenso ("forjan contra el consenso otras formas de *sentido común*"): ambas llevan a cabo polémicas operaciones que reconfiguran la partición de lo sensible. Este reordenamiento de lo sensible consiste en: "traer a escena nuevos objetos y sujetos, en hacer visible lo que no lo era, en transformar en seres hablantes y audibles a quienes sólo se oía como animales ruidosos" (Rancière 2006, s/p). Se retoma aquí la fórmula aristotélica que distingue a los seres humanos como entidades políticas que poseen la palabra –el logos–; y a los animales, que únicamente tienen una voz no articulada –el ruido– (Rancière 2011, 16). En el marco de mi estudio, la palabra articulada es la que enuncian nuevos sujetos de memoria cuyas voces se atreven a *contar* y exigen ser *contadas*.

Mi investigación se ocupa de la producción narrativa de la palabra articulada por aquellas voces de la argentina posdictatorial que comienzan a *contar* otros cuentos. Las pibas de la generación posdictadura, en tanto nuevos sujetos de memoria, escenifican una redistribución de lo sensible indagando los recovecos de infancias y/o juventudes experimentadas bajo el golpe de Estado. Sin escapar a las exclusiones de todo corpus, mi recorte de obras literarias y artísticas fue tomando forma al advertir que cada uno de los giros disensuales era propulsado por entidades narradoras adultas que, mediante un proceso de autoconstrucción narrativa, *se hacen pibas* al contar sus cuentos. Con el vocablo coloquial, afectivo y plural de "pibas" más que remarcar el género[11]

---

11. Según la teoría sociológica de la "socialización diferencial" de Stephen Walker y Len Barton del año 1983, que analiza la reproducción de los estereotipos de género en los ámbitos educativos, el género es una de las construcciones del modelo patriarcal que, a pesar de sus modificaciones y adaptaciones históricas, conserva características centrales en los modos binarios y heteronormativos de socialización. Es decir que, en función del sexo biológico de las personas, se definen masculinidades y feminidades estableciendo determinados valores, prácticas, derechos y obligaciones aprendidas y naturalizadas que suponen roles diferenciados y asimétricos, asignados, respectivamente, a las mujeres y los hombres, generando privilegios, desigualdades, exclusiones y violencias. Kate Millet apunta en su obra *Política sexual* que, durante la infancia y la juventud, es la familia, unidad básica y funcional del patriarcado, la principal garante y reproductora de los roles y mandatos de género (83). Rita Segato, retomando a Kaja Silverman, se refiere a esa primera escena familiar de socialización patriarcal como "ficción dominante" y apunta un "hecho enmascarado por una ideología que presenta los géneros como condenados a reproducir los papeles relativos previstos para ellos en la "ficción dominante" o escena original, y fijados, adheridos, grampeados a lo que en verdad son nada más y nada menos que posiciones y lugares en una estructura de relaciones abierta y disponible para ser ocupada por otros significantes" (56). Segato nos alerta aquí sobre la naturaleza ficcional de aquellos mandatos que incorporamos como sentido común de lo que es ser mujer y ser hombre, pero que

de las personas autoriales, busco señalar la potencia estética de cuentos cuyas tramas devienen feministas (retomando a Sara Ahmed) y anti-adultocentristas en mi lectura. Me refiero puntualmente a los trabajos artísticos de memoria de Albertina Carri, Lola Arias y Analía Kalinec en, respectivamente, *Los rubios*, *Mi vida después* y Llevaré *su nombre*, donde se elabora un discurso crítico del patriarcado. Esta crítica aparece de forma explícita, denunciando la violencia patriarcal de la familia militar, como en el caso de Kalinec; o de forma estilística, en la adopción del lenguaje infantil del juego que impugna el adultocentrismo patriarcal hegemónico, tal cual se da en Carri y Arias bajo la estética de los muñequitos *playmobils* y los juegos con la ropa adulta. El arte es político (y estas narrativas lo son también), siguiendo a Rancière, no sólo porque representa conflictos sociales, sino principalmente porque incorpora nuevas formas de visibilidad. Las narrativas infanto-juveniles feministas que analizo colocan en el centro de la escena a nuevos sujetos de memoria (las pibas de la generación posdictadura), nuevas vertientes de las experiencias dictatoriales (los ámbitos familiares y escolares atravesados por la niñez y la juventud), y nuevos códigos para transmitir esas experiencias (el lenguaje lúdico, el virtual de las redes sociales, los códigos inclusivos del lenguaje de género), estableciendo un diálogo crítico constante con las narrativas de memoria hegemónicas y denunciando su sesgo patriarcal.

En las subsiguientes narrativas de memoria enunciadas en cada sobregiro disensual, van entrando en juego marcos poéticos transgresores a través de los cuales se indaga el pasado y el presente. Las insumisiones de cada propuesta estética-política habilitan redistribuciones de lo sensible que permiten pensar cada sobregiro desde su potencia disensual. Las memorias y los cuentos de estas pibas de la generación posdictadura, que englobo en el giro estético de

---

en verdad responden a ciertas combinaciones limitadas, simbólicas y empíricas, del patriarcado, tal cual lo son las combinaciones sintácticas finitas de una gramática (62). En el marco de *Cuentan las pibas*, el sentido común o la ficción dominante pasa a ser el relato consensual adultocentrista de la memoria hegemónica y patriarcal, mientras que las resistencias y disidencias de las propuestas narrativas anti-adultocentristas y feministas que estudio (donde, en algunos casos, veremos escenificaciones de otras formas de vivencias de los géneros por fuera de la "matriz heterosexual") se atreven a ocupar esa ficción narrativa del pasado dictatorial a partir de otros significantes críticos posibles: sus propios cuentos estéticos y políticos.

narrativas infanto-juveniles feministas, en diferentes momentos, invaden los lugares comunes de los discursos de memoria disponibles en cada contexto de producción, generando y visibilizando nuevos espacios de memoria, y promoviendo controversiales formas de ocuparlos. En cada uno de los sobregiros disensuales de memoria se lleva a cabo una apuesta narrativa explorando instancias biográficas íntimas, valiéndose de la mirada y la voz infanto-juvenil en tanto modalidades de la experiencia. El recurso estilístico para abordar el pasado toma la forma narrativa del *cuento de piba*, cuento que cuenta en tanto relato y porque se suma a la cuenta. Los ejemplos artísticos de mi corpus provienen del complejo conjunto de quienes fueron pibas en los años de la dictadura (y que *se hacen pibas* en sus textos), que, pese a sus disímiles experiencias, comparten la coincidencia de haber transcurrido su infancia y/o juventud durante los años del terrorismo de Estado.

Para analizar esta redistribución de lo sensible, trazo un mapa temporal (que estructura tres de los capítulos de este libro), organizando los sobregiros disensuales de la memoria que fueron impugnando una memoria de tipo consensual, fija y atemporal, habilitando nuevas formas disidentes de un sentido común polémico. Las tres instancias disensuales se enuncian desde un espacio transgresor de narrativas paternas fundacionales: la elaborada por mapadres militantes de izquierda, por integrantes de zonas grises de la sociedad, y por genocidas. La centralidad de la figura de la piba reside en erigirse contrarrestando el adultocentrismo de la memoria hegemónica. La piba es quien *cuenta* y *hace contar* su versión del pasado dictatorial. Las narrativas enunciadas por la generación de las pibas de la posdictadura se entrelazan en un giro estético como interceptadas por un caleidoscopio auditivo que apunta a una totalidad coral, sin por ello proyectar voces armónicas definitivas, pero sí fomentando las reconfiguraciones críticas de la memoria.[12]

---

12. Pilar Calveiro propone la metáfora del caleidoscopio para pensar las posibles formas de la memoria, la cual: "se dice entre muchas voces, que no son siempre afines pero que pueden articularse. El asunto es ése: no acallar a las voces discordantes con la propia, sino sumarlas para ir armando, en lugar de un puzzle en que cada pieza tiene un solo lugar, una especie de calidoscopio que reconoce distintas figuras posibles" (2005, 19). Retomando a Calveiro, hablo de un caleidoscopio auditivo para apuntar el carácter coral que enfoco y rescato de las memorias de la generación de las pibas de la posdictadura.

En el Capítulo I identifico algunas de las características patriarcales, adultocentristas y heteronormativas de lo que defino como memoria homenaje, que son puntos de partida frente a los que las narrativas infanto-juveniles feministas presentarán sus insumisiones. Mediante un recorrido por una selección de textos claves en la consolidación de la narrativa monumental del pasado colectivo ejemplifico distintas tendencias, cohesivas y anticohesivas, que atravesaron los procesos de construcción de la memoria hegemónica; memoria que pasará a ser revisada, problematizada y reescrita en las propuestas estéticas y políticas que el corpus de este libro agrupa en tres sobregiros disensuales de memoria.

En el Capítulo II estudio los procesos de atribución de sentidos hilvanados en las que defino *narrativas infanto-juveniles feministas*, abordando matices, particularidades e (im)posibilidades en la representación de las experiencias de la niñez y la adolescencia en dictadura, entre los espacios patriarcales y adultocentristas domésticos (la casa familiar) y públicos (la escuela-Estado). Puntualizo mis intenciones en el uso del coloquialismo *pibas* en tanto identidad narrativa, explorando el cuestionamiento de la autoridad de la voz infanto-juvenil presente en la Convención sobre los Derechos del Niño (particularmente respecto a los derechos de las infancias y juventudes a *contar* y a ser tenidas en cuenta). Argumento sobre las tretas narrativas, en tanto *tramas feministas*, de los relatos infanto-juveniles en sus denuncias del silenciamiento social y político de niñeces y adolescencias y del desafío que presentan a los convencionalismos de la lengua adulta en que se articula el discurso de memoria hegemónico.

El Capítulo III analiza el primero de los sobregiros disensuales de memoria, el más antiguo de aparición, enunciado por hijas de militantes de izquierda (desaparecides o sobrevivientes). Exploro transmedialmente las narrativas de Albertina Carri, Paula Markovitch y Laura Alcoba. Estas pibas de la posdictadura, volviéndose nuevos sujetos de enunciación de sus propias memorias, invaden y desafían el discurso hegemónico al contar sus versiones del pasado dictatorial. Sumándose a la cuenta, irrumpiendo en el escenario social, político y cultural y desestabilizando la selectividad y la significación del relato consensuado del pasado, estos cuentos, leídos en clave infanto-feminista, exponen distintas violencias del adultocentrismo patriarcal y denuncian agentivamente experiencias de infancias clandestinas relegadas a la mudez.

En el Capítulo IV estudio el segundo de los sobregiros disensuales de memoria enunciado por hijas de mapadres que se ubicaron entre zonas grises de la sociedad, adoptando posiciones de silenciamiento, inmovilidad o complicidad frente al accionar represivo y genocida de los militares. Las narrativas de pibas que crecieron en estos entornos, reescribiendo las tibiezas políticas de sus progenitores, enuncian sus cuentos desde miradas críticas que condenan la parálisis social del núcleo familiar. Analizo las propuestas cuentísticas y teatrales de Paula Tomassoni, Mariana Enríquez y Lola Arias.

En el Capítulo V me ocupo del tercer sobregiro disensual, el último y más reciente, que enuncian quienes se identifican como hijas de genocidas, condenando públicamente los crímenes perpetrados por sus padres biológicos. Modificando la propuesta metodológica, abordo transversalmente una selección de narrativas feministas de pibas que transgreden la ley machista del recinto familiar, impugnando públicamente la perpetuación de las violencias patriarcales del Estado dictatorial dentro y fuera del hogar. Centro mi análisis en el funcionamiento del plano del parentesco normativo y el plano del lenguaje, analizando las narrativas de Vanina Falco, Analía Kalinec y Liliana Furió, entre otras. En el caso de Falco, me baso en sus intervenciones en la obra teatral de Arias. Los textos de Kalinec y Furió provienen de las redes sociales, presentaciones en congresos y notas periodísticas, y se publican en distintos formatos de libro.

CAPÍTULO I

Memoria homenaje: consensos y tensiones en la oficialización de una narrativa hegemónica

La instancia contemporánea de reformulación de los sobregiros disensuales de memoria de la que me ocupo en este libro es parte de un entramado narrativo mucho más amplio en el cual tuvieron lugar distintos giros estéticos-representativos que fueron consolidando un relato hegemónico del pasado dictatorial. Dado que resulta más enriquecedor abordar la instancia contemporánea de reformulación sin perder de vista el diálogo y las disonancias establecidas para con el discurso que emerge del establecimiento de la memoria hegemónica, este primer capítulo presenta un recorrido por una selección de textos claves en la consolidación de la narrativa monumental del pasado colectivo,[1] incluyendo: el reporte oficial de la CONADEP (Comisión Nacional sobre la Desaparición de Personas), propuestas artísticas (visuales, literarias, performativas) y textos teóricos y críticos, por medio de los cuales busco ejemplificar distintas tendencias, cohesivas y anticohesivas,

---

1. Como contracara a la imagen del monumento, Cecilia Macón trae a escena el concepto de *contramonumento* de James Young. Impugnando el didactismo de los monumentos memoriales, explica la autora: "el objetivo del contramonumento no es consolar sino provocar; no está orientado a mantenerse fijado al pasado sino a expresar el cambio constante de su relación con el presente y el trauma de la presencia misma de ese abismo. Se trata, en definitiva, de desmitificar el monumento como una suerte de fetiche e incitar a la audiencia a colocarse fuera del control del hacedor" (46). Las propuestas que agrupo en los sobregiros disensuales de memoria se pueden ver emparentadas a este objetivo crítico y provocador de los contramonumentos.

que caracterizaron los procesos de construcción de la memoria hegemónica (patriarcal, adultocentrista, machista, heteronormativa); memoria que pasará a ser revisada, problematizada y reescrita en las propuestas estéticas y políticas que el corpus de este libro agrupa en tres sobregiros disensuales de memoria.

Distintos actores entraron en juego en el intrincado proceso de pactar y construir el llamado primer "piso de consenso" social (Hilda Sábato en Guglielmucci 103), es decir, un relato fundacional, consensuado desde el presente democrático posdictatorial, acerca de cómo recordar los crímenes del terrorismo de Estado. Los principales actores tenidos en cuenta en estos debates fueron militantes y organizaciones de derechos humanos vinculadas a las víctimas directas,[2] especialistas en los estudios de la memoria, y representantes y entidades gubernamentales. Demarcando un relato dominante acerca del pasado dictatorial, las interacciones y tensiones entre estos actores legitimaron voces narrativas, delineando autoridades y jerarquías que colateralmente silenciarían otras memorias y otros actores.

El concepto que propongo de *memoria homenaje* intenta servir como marco general para pensar comprehensivamente dos momentos de los debates memoriales en torno a definición de la memoria hegemónica donde prima el tono nostálgico de la pérdida y una muestra suprema de veneración hacia les desaparecides. El primer momento corresponde al delineamiento de una "memoria emblemática" (Emilio Crenzel, Steve Stern) característica del primer consenso promovido por el informe del *Nunca más*, apenas clausurada la dictadura, donde se oficializa la responsabilidad de las fuerzas armadas en el terrorismo de Estado. En el segundo momento, ubicado a mediados de los años noventa, comienza a gestarse una "memoria conmemorativa" (retomando a Guglielmucci), más cercana a un segundo consenso, donde se revisa

---

2. Respecto al movimiento de derechos humanos en Argentina, las primeras organizaciones, conocidas como los "organismos históricos", fueron formadas entre 1975 y 1979 y sus demandas se alinearon siguiendo el marco de la Declaración Universal de Derechos Humanos, buscando reconocimiento estatal, principalmente en la esfera judicial. Entre ellas: Abuelas de Plaza de Mayo, Asociación de Madres de Plaza de Mayo, Asamblea Permanente por los Derechos Humanos (APDH), Centro de Estudios Legales y Sociales (CELS). Para un listado más extenso, ver Guglielmucci, 13–14. A mediados de los años noventa surgirá otro actor central, la organización Hijos por la Identidad y la Justicia contra el Olvido y el Silencio (H.I.J.O.S.).

la inclusión de las víctimas listadas en el informe de la CONADEP, reincorporando el central componente político de la lucha de les desaparecides, en vistas al desarrollo de políticas públicas y culturales conmemorativas.

Varias voces provenientes de la academia y los estudios de la memoria marcan como el inicio de este recorrido narrativo del discurso fundacional de la memoria colectiva al informe de la CONADEP, que preparó el terreno para el Juicio a las Juntas. En conjunto, el *Nunca más* y la instancia judicial civil que juzga y sentencia a parte de las cúpulas militares se erigen como la base de un primer consenso sobre el pasado dictatorial, tal cual argumenta Hugo Vezzetti (2023) en *Pasado y presente. Guerra, dictadura y sociedad en la Argentina*. En el informe de la comisión se reconstruye la década del setenta apelando a la teoría de los dos demonios, postulando dos bandos enfrentados en el escenario de una guerra: la extrema derecha y la extrema izquierda. Dicha teoría no era un acercamiento novedoso, la cúpula militar del autonombrado Proceso de Reorganización Nacional había recurrido a ella en su retórica del reclamado salvataje y restablecimiento del orden. A las "dos fuerzas en pugna", el *Nunca más* le suma el tercer actor, el Estado represor: "A los delitos de los terroristas, las Fuerzas Armadas respondieron con un terrorismo infinitamente peor que el combatido (...)" (*Nunca más* 7). Si el informe repudia los "delitos terroristas" cometidos por "ambos bandos", enseguida marca una gradación; los perpetrados por las fuerzas estatales califican como crímenes de lesa humanidad organizados por un plan sistemático que incluyó el secuestro, la tortura, el exterminio y el robo de bebés –y el informe se ocupa exclusiva y pormenorizadamente de estos casos–. Por sobre la imagen social previa de les militantes-combatientes de izquierda, el *Nunca más* inaugura un viraje en la representación pública del período dictatorial a partir de la canonización de la figura de les desaparecides. La etiqueta de "desaparecide" es la que permite enfatizar la categoría jurídica de víctima –categoría fundamental en la arena judicial a la que apunta el informe–.

El riguroso trabajo de Emilio Crenzel se ocupa de indagar en la intricada historia política que rodeó la redacción del informe de la CONADEP, marcada por una variedad de alianzas con el movimiento de derechos humanos, frustración de expectativas iniciales, acompañamientos y también impugnaciones de su tarea asignada de reconstrucción de una versión dominante del entonces inminente pasado dictatorial. Formada por un decreto presidencial, poco después de la asunción de Raúl Alfonsín (primer presidente electo democráticamente en la posdictadura), asignándole la tarea exclusiva de indagar el destino de les desaparecides y localizar a les hijes ilegalmente apropiados, un punto de partida que defendía la administración de Alfonsín fue la despolitización de la comisión, que garantizaría obstrucciones en vistas al objetivo principal de alcanzar la esfera judicial (Crenzel 39).

Si bien en un comienzo hubo reacciones encontradas desde las organizaciones de derechos humanos, donde muchas se mostraron reticentes a la formación de una comisión no parlamentaria; finalmente, con la excepción de Madres de Plaza de Mayo,[3] el resto de las organizaciones validaron el trabajo de la comisión y unieron sus fuerzas en una alianza tácita con el gobierno. Dicha alianza implícita derivó en un proceso de legitimación social tanto de la comisión, como de las organizaciones, les familiares de desaparecides y también de les aparecides[4] y sus testimonios (Crenzel 74). Mientras estas voces ganaban reconocimiento y autoridad social, entra ellas se iría hilvanando el relato de una memoria hegemónica: "the commission stopped being an intermediary that merely gathered reports and 'immediately' referred them to the courts, as had been stipulated in the decree that created it. It also set about constructing a general truth about the disappearances (...)" (Crenzel 45–46). Las interacciones entre estos agentes de memoria dieron lugar a lo que después se conocería como el primer piso de consenso, que en este capítulo identifico como correspondiente a la "memoria emblemática".

Al referir a la narrativa del *Nunca más* en términos de fundadora y propagadora de una verdad acerca de las desapariciones y de una "memoria emblemática", Emilio Crenzel retoma la conceptualización del término de Steve Stern. Estudiando el caso chileno, Stern define la memoria emblemática más como

---

3. El notable rechazo que estudia Emilio Crenzel es el del sector liderado por Hebe de Bonafini, desde donde primero se cuestionó la falta de poderes de la CONADEP para hacer testificar a los militares (40), y más tarde se criticó el documento final debido a la exclusión de los nombres de los perpetradores. Para un detallado análisis de los conflictos e interacciones con esta y otras organizaciones del movimiento de derechos humanos, ver *La historia política del Nunca Más. La memoria de las desapariciones en Argentina* de Emilio Crenzel (2008).

4. Graciela Daleo propone el término *aparecidos* articulando "la diferencia entre los sobrevivientes y los desaparecidos dejando percibir su continuidad" (Forcinito 2012, 22).

marco interpretativo que como contenido concreto. Antes que una memoria sustantiva, la memoria emblemática se entiende como

> una gran carpa en que hay un show que se va incorporando y dando sentido y organizando varias memorias, articulándolas al sentido mayor. Este sentido mayor va definiendo cuales son las memorias sueltas que hay que recordar, dándoles la bienvenida a la carpa y su show, y cuáles son las cosas que mejor es olvidar o empujar hacia los márgenes. (Stern 14)

En esta explicación del concepto de Stern son centrales la esfera pública y la cultural, mediante una cierta espectacularización narrativa, una memoria selectiva es la que se convierte en oficial y hegemónica. Crenzel retoma para el caso argentino las memorias emblemáticas hegemónicas articuladas en la esfera pública en tanto generadoras de un marco selectivo e interpretativo que prescribió estilos narrativos y discursivos a la hora de realizar el ejercicio de memoria (6). Según Crenzel, el *Nunca más* introdujo y oficializó una "memoria emblemática" de la violencia política que enmarcó las memorias personales de les afectades por las desapariciones, cuyas voces fueron las legitimadas mediante esta narrativa oficial de la comisión que se convirtió en hegemónica (Crenzel 95).

¿En qué consistió la selección de memorias que fueron "bienvenidas en la carpa" en el marco interpretativo del discurso oficial del *Nunca más*? En el reporte de la CONADEP, rara vez se mencionan las afiliaciones políticas o la militancia en organizaciones revolucionarias; la descripción demográfica de las víctimas se hace en términos etarios, sexuales y laborales. Vezzetti, en *Pasado y presente*, estudia en detalle la imagen de las "víctimas purificadas" que se presenta en el *Nunca más*, donde figura diluido el componente de activismo político, en conjunto con la vida previa de las personas que fueron ilegalmente privadas de su libertad. Uno de los objetivos de esta despolitización de las víctimas fue enfatizar la idea de que "cualquiera, por inocente que fuese, (...) [hubiera podido] caer en aquella infinita caza de brujas (...)" (*Nunca más* 9). Si se señalan "víctimas inocentes" es porque un argumento implícito sostiene que hubo "víctimas culpables". Mientras se insinúa que algunas víctimas desaparecidas eran responsables de "crímenes terroristas", se remarca que los alcances de la represión dictatorial abarcaron a la totalidad del entramado social –y allí se ubican a las "víctimas inocentes"–. Las primeras (las "víctimas culpables") son a las que se busca "purificar" –desplazando el componente político, desinvolucrándolas de la violencia insurgente–.

Esa sociedad que se buscaba conmover era la misma que se había mantenido inmóvil ante el accionar genocida[5] de los militares, de allí la importancia

---

5. Sobre los debates en torno a la pertinencia o impertinencia del uso del término *genocidio* en el caso de la dictadura argentina, dos voces de argumentos opuestos son centrales. Resumo aquí sólo los puntos principales de estos argumentos. Hugo Vezzetti presentó sus reservas frente a lo que describe como un mecanismo despolitizador del trabajo militante de las víctimas, mecanismo que iría de la mano de la narrativa fundacional del *Nunca más* (ver: Vezzetti 2003, 157–64). Vezzetti elige hablar de masacre o exterminio planificado, destacando la significación política de la tragedia de les desaparecides y su activismo, contra la pasividad que aplica a las víctimas de genocidio (163) –punto más cuestionable de su argumento, en mi lectura–. Por su parte, el contra-argumento del sociólogo Daniel Feierstein es que objetar sobre la despolitización de la dictadura argentina al referirse a ella como genocidio es a la vez negar la profunda naturaleza política de todos los genocidios (206). En una interesante lectura enfocada en los impactos sociales del exterminio planificado llevado a cabo por el gobierno de facto y las continuidades de la violencia en la posdictadura, Feierstein apunta que en las décadas de 1980 y 1990 las prácticas del terror como "distrust of others, and competition rather than cooperation among members of society" (206) se volvieron hegemónicas. Según Feierstein, aplicar el término *genocidio* en el caso argentino reduciría el cuestionamiento de las víctimas y los testigos, y esto, agrego, funcionaría como barrera frente a los embates de los gobiernos de derecha y sus políticas negacionistas. Sin desatender las distintas cuestiones que pone sobre la mesa este debate conceptual, en mi trabajo, empleo el término *genocidio* y sus derivaciones léxicas principalmente retomando el lenguaje del colectivo Historias Desobedientes formado por quienes se identifican como hijas y familiares de genocidas denunciando tanto los crímenes de secuestro, tortura, exterminio y apropiación de bebés nacidos en los centros clandestinos de los que fueron víctimas la generación de militantes y su círculo, como la complicidad y el silencio de sus familiares biológicos, poniendo en el centro de la escena las diferentes formas que la violencia patriarcal (de género, adultocentrista) adoptó (y sigue adoptando) al interior de las familias militares. Feierstein ha acompañado la consolidación de este colectivo, participando en el año 2018 del Primer Encuentro Internacional en las Jornadas Desobedientes. Sobre los alcances del término "genocidio", Vezzetti

de no dejar lugar al menor cuestionamiento de su actuación. Si "todos caían en la redada" (*Nunca más* 9), todes eran igualmente "víctimas inocentes". El consentimiento tácito presentado por un amplio sector social de la población –compuesto en su mayoría por las clases medias y altas– no entra en la discusión de esta narrativa hegemónica que necesita del apoyo de este grupo para alcanzar un primer piso de consenso. En la narrativa del informe del *Nunca más*, este sector social también se rescata como una "víctima inocente" del accionar genocida de los militares.

A las "víctimas inocentes" se les suma la otra imagen que apela a conmover la sensibilidad pública y promover el consenso de repudio al accionar de las fuerzas represoras. Mediante otro recorte selectivo, el reporte privilegia "aquellos casos que más golpeaban la moral colectiva" (Vezzetti 2003, 119). Es decir, los casos de las "víctimas plenas", léase niñes, adolescentes, mujeres embarazadas, personas ancianas y lisiadas. A cada una de estas "víctimas plenas" el informe de la CONADEP les dedica una sección. Pasándose por alto particularidades diferenciales de marginalización de cada sector, se agrupa a estos subalternos sociales y se argumenta su incuestionable inocencia. Siguiendo una lógica patriarcal y adultocentrista, el enfoque humanitario del *Nunca más* se asienta sobre las bases de la familia normativa. En la sección "Niños desaparecidos y embarazadas" se lee: "En ellos se ha golpeado a lo indefenso, lo vulnerable, lo inocente (...)" (*Nunca más* 299). En el apartado titulado "Adolescentes", se les describe desde su conocimiento político parcial y su incompletud intelectual: "No saben mucho de los complejos vericuetos de la política ni han completado su formación cultural" (*Nunca más* 323).[6] Seguido a la sección "Personas mayores de 55 años que permanecen

---

menciona su aplicación por historiadoras feministas para referir a formas milenarias de la dominación masculina (159–60). Y vale una nota de atención (expandiendo la mención de Vezzetti) sobre los términos de *genocidio* y *género* que están emparentados por su raíz etimológica griega y latina (*génos* y *genus*) refiriendo a "estirpe" y "origen de una estirpe", respectivamente (ver: *Diccionario de la lengua española* y *Diccionario latín-español Vox*).

6. Al respecto de un sector etario correlativo a la juventud, es significativa la omisión de una sección dedicada a estudiantes universitarios desaparecides (Crenzel 82). Dicha omisión responde a los mismos intereses establecidos desde el prólogo del *Nunca más* que buscaron enfatizar la vulnerabilidad y la inocencia de les desaparecides, antes que sus vinculaciones políticas.

desaparecidas", concluye el informe: "Es muy difícil, en el marco de una lucha contra la subversión, encontrar una razón válida para la detención y tortura de personas de la edad de quienes hemos citado" (*Nunca más* 341). De lo que se desprende, reafirmando la teoría de los dos demonios del prólogo, que sí podrían encontrarse razones válidas para la detención y torturas de otras personas (las víctimas culpables de "crímenes terroristas").

La indiscutible inocencia y vulnerabilidad atribuida a los subalternos sociales enumerados (las "víctimas plenas"), se equiparaba, por extensión, a la garantía de inocencia del grueso de la sociedad amedrantada por la política del terror impuesta por la dictadura militar (*Nunca más* 341).

> En ese desborde del horror sobre personas comunes y corrientes se favorecía una identificación clara y directa por parte de una sociedad que en el mismo momento en que recibía el impacto dramático de los acontecimientos reducía la posibilidad de interrogarse sobre su propia participación en ellos. (Vezzetti 2003, 119)

Con "personas comunes y corrientes", Vezzetti parece querer decir "personas despolitizadas". Niñes, adolescentes, mujeres embarazadas, personas ancianas y lisiadas se colocan al margen del plano público de la política. Englobando lo infantil, lo femenino y lo incapaz de estos cuerpos subalternizados, se enfatiza una correspondencia al recinto de lo íntimo y lo privado. Este es uno de los rasgos patriarcales de la memoria homenaje que se delinea desde el primer consenso de la narrativa hegemónica del *Nunca más*, y que no perderá vigor en los debates en torno al segundo momento de consenso. En el discurso del informe, el argumento de la vulnerabilidad física, mental y social de estos grupos es utilizado para acentuar su inocencia plena, al mismo tiempo que apunta a la condena social absoluta a los militares perpetradores que arremetieron contra personas inocentes, vulnerables e indefensas.

Extendiendo temporalmente el análisis de Vezzetti y Crenzel sobre el momento del primer consenso, Ana Guglielmucci pone en foco las políticas públicas llevadas a cabo principalmente desde la presidencia de Néstor Kirchner, quien instala "el tema de la memoria sobre el terrorismo de Estado en la escena pública como una responsabilidad del Estado nacional" (18). Guglielmucci estudia extensivamente la consagración de una memoria hegemónica consensuada, apelando a las nociones de institucionalización y estatización del recuerdo de los crímenes del terrorismo de Estado. Su trabajo se enfoca en el rol del Estado y los organismos gubernamentales en tanto agentes de memoria cuyas políticas públicas otorgan a la memoria dominante un espacio privilegiado que se plasma en la resignificación de espacios militares claves del engranaje genocida (como la Escuela de Mecánica de la Armada, hoy Museo Sitio de Memoria ESMA ex Centro Clandestino de Detención, Tortura y Exterminio), la creación de museos, monumentos y memoriales, la celebración de actos oficiales, la sanción de leyes reparatorias, la implementación de programas educativos, el establecimiento de un feriado nacional el 24 de marzo (Día Nacional de la Memoria por la Verdad y la Justicia), entre otras políticas de carácter público. Lo que en el prólogo del libro de Guglielmucci, Ludmila da Silva Catela llama la "estatización de la memoria" (11), fue fruto del trabajo en conjunto (no exento de encuentros y desencuentros) con representantes de las organizaciones de derechos humanos cuyas conceptualizaciones fueron las privilegiadas en el delineamiento de lo que en este libro me refiero como memoria homenaje.

Indagando en los diálogos y debates en torno a las políticas de memoria y la imaginación de proyectos conmemorativos en la Ciudad de Buenos Aires a finales la década del noventa, Guglielmucci analiza lo que podría marcarse como un segundo momento o segundo consenso de la memoria dominante, que se distancia del primer piso de consenso que planteaba el informe del *Nunca más* y su apelación democratocéntrica a la teoría de los demonios (a la que Vezzetti refiere como el *mito democrático*). Muchos de los debates a los que refiere Guglielmucci en torno a la conformación de una segunda instancia consensual rondaron la polémica cuestión de a quiénes incluir y homenajear en las listas conmemorativas de los proyectos memoriales. Si el *Nunca más* excluía de su informe los casos de aquellas personas que el eufemismo del gobierno dictatorial calificó como muertas "en combate", el segundo consenso, intentando superar la teoría de los dos demonios y los dos supuestos terrorismos enfrentados (el de la extrema derecha y la extrema izquierda), y apostando a revalorar la militancia política setentista,[7] tenderá a incluir en sus

---

[7] Más vinculada temporal e ideológicamente con el contexto del segundo consenso se puede ubicar a la organización H.I.J.O.S., quienes reivindicaron la lucha política y la militancia revolucionaria de la generación mapaternal. Teresa Basile propone pensar a este grupo como "hijos de la revolución", explicando cómo "ellos rescataron la militancia de los padres y los corrieron tanto de la calificación de "terroristas" dada por los militares como de la de "víctimas inocentes" otorgada por los organismos de derechos humanos. Esta maniobra (de víctimas a militantes) exhibe un giro desde el paradigma de los derechos humanos hacia la matriz revolucionaria, un giro que de ninguna manera abandona las luchas por

iniciativas conmemorativas tanto a les desaparecides como a les asesinades por el terrorismo de Estado (Guglielmucci 48–50).

Este segundo consenso será titulado por Vezzetti en un libro posterior como "el crepúsculo de los 'dos demonios'" (2009, 115) y responde a lo que describe como un "cambio en el *régimen de memoria*" (2009, 114) donde va decantando la imagen idealizada de la inocencia y la juventud heroica despolitizada de les desaparecides. Una vez alcanzado el primer piso de consenso que oficializa la responsabilidad directa de los militares en los crímenes de lesa humanidad y genocidio perpetrados, "ya no es posible silenciar ese debate con el argumento de que puede ser usado para reivindicar la masacre criminal desatada por las Fuerzas Armadas" (Vezzetti 114). A pesar de que sabemos, más cerca de nuestros días, que esta segunda instancia no marcará la erradicación del fantasma del negacionismo que continúa ganando terreno en cada embate de las derechas neoliberales. El debate al que se refiere Vezzetti es el de abrir las posibilidades para revisar y discutir críticamente las responsabilidades de la violencia revolucionaria llevada a cabo por las organizaciones guerrilleras, sobre todo en el período previo a 1976 (127). Lo que pasa a ponerse sobre la mesa en esta segunda instancia narrativa es "la buena conciencia de una identidad militante que reproduc[ía] la inocencia asumida por la sociedad" (Vezzetti 129). Acompañando el surgimiento de estos nuevos cuestionamientos, múltiples producciones teóricas y culturales pasan, desde entonces, a poner en tela de juicio la cristalización de una memoria hegemónica instrumental que clausura el debate, antes que fomentar revisiones críticas sobre el pasado traumático que consideren nuevas proyecciones y problemáticas de las sociedades presentes y futuras.

El lenguaje patriarcal de las emociones familiares en la esfera cultural

La narrativa hegemónica y consensual consolidada en la inmediata reapertura democrática, promovida desde los ámbitos oficiales, fue reafirmada por

---

la Memoria, Verdad y Justicia, sino que las reactiva y renueva en el cruce con pulsiones revolucionarias" (Basile 2023, 72). En el contexto de las leyes de impunidad de mediado de los noventa, Basile señala la práctica del *escrache*, promovida desde H.I.J.O.S, como nuevo modo de expresión política y cultural en términos combatientes.

algunas de las producciones de los ámbitos artísticos y culturales que también recurrieron a un lenguaje patriarcal de lo doméstico y las emociones familiares; a pesar de que, sumado a la retórica de la moral cristiana y la exaltación de los valores individualistas, la prescripción de la familia nuclear heteronormativa había sido parte central del discurso de la dictadura. Vezzetti apunta que la reducción del matiz político del pasado dictatorial y la focalización en el ámbito privado (no colectivo) de las historias, en el *Nunca más* se tradujo en términos de *dramas familiares*. Enalteciendo el discurso oficial del informe, la premiada película de Luis Puenzo, *La historia oficial* (1985), recupera el carácter íntimo de las memorias familiares a partir de la ficcionalización de un caso de apropiación de una bebé, hija de mapadres desaparecidos. A tono con mi análisis de los rasgos patriarcales de la memoria homenaje, Vezzetti puntualiza que en el film de éxito internacional se escenifica una "sacralización de los sentimientos maternos" (2003, 120) que termina hermanando a la ingenua protagonista con la causa de las Madres de Plaza de Mayo. A partir del argumento del desconocimiento de "actos inmorales" perpetrados por los militares, especialmente los vinculados a las "víctimas plenas" (mujeres embarazadas y niñes, en este caso), *La historia oficial* impacta la opinión pública a la vez que rescata de culpabilidad al sector de las capas medias-altas.

Ambientada en la época de la consolidación del primer piso de consenso, el año 1985, cuando se lleva a cabo el Juicio a las Juntas, en una de las últimas producciones de la pantalla grande de repercusión internacional, *Argentina, 1985* (Santiago Mitre 2022), figura el testimonio clave de una madre. Adriana Calvo, una sobreviviente, da su testimonio en el juicio y relata las crueldades sufridas durante su parto, detenida en un centro clandestino, donde los militares de turno le hacen limpiar el piso y recoger su placenta antes de permitirle sostener a su bebé recién parida. Calvo ya había testimoniado ante la CONADEP y su caso figura en el informe (*Nunca más* 304–06). En *Argentina, 1985*, su testimonio silencia al jurado y la audiencia, y se presenta como punto de quiebre de la opinión pública, representada en el cambio de postura de otra madre, la madre derechista del fiscal adjunto Luis Moreno Ocampo (mujer que asistía a la misma misa que Jorge Rafael Videla y era afín a su ideología). Antes de demostrar su nueva simpatía por la causa en la búsqueda de justicia y condena a los militares, por teléfono, le dice esta madre a su hijo: "¿Cómo se puede ser tan cruel y ensañarse tanto con una mujer embarazada, no tener sensibilidad ni por un bebé?" (1:20'45"). Vezzetti ya refería al testimonio judicial de Calvo y como ésta contaba que "en la época del Juicio todos querían escuchar el relato terrible de su parto pero nadie se interesaba en las "definiciones políticas" que la habían llevado a sufrir esa suerte (...) ¿Quién no se apiadaría de la desgracia sobrevenida sobre una madre en el momento, de extrema vulnerabilidad, en el que debe dar a luz?" (2003, 119). Ante la dimensión expuesta del horror genocida y la violencia dirigida hacia las "víctimas plenas", la sociedad es conmovida, pasando a aceptar y apoyar la condena a la actuación de los militares. Primer piso de consenso en la apertura democrática.

El lenguaje de las emociones familiares también encauza, en gran parte, la narrativa de las Abuelas de Plaza de Mayo. La reafirmación del vínculo de parentesco biológico (hijes-mapadres-nietes) se da acompañando la desafiliación política. Verónica Garibotto describe esta estética como una poética de la cercanía doméstica que desplaza la representación de la militancia política en la articulación de las historias individualizadas (110). En las producciones culturales vinculadas a las Abuelas, identifico tres escenas emblemáticas: la escena afectuosa de una familia tipo compartiendo el calor del recinto del hogar; la escena que destruye la anterior mediante el siniestro operativo de secuestro ejecutado por las fuerzas armadas encubiertas de civiles manejando un Falcon verde; y la escena de las abuelas que encuentran la casa familiar completamente destrozada, sin sus integrantes. Adaptando el argumento de Vezzetti en su análisis de la narrativa del *Nunca más*, las tres escenas que enumero apelan a la efectividad y al alcance del lenguaje de las emociones familiares, afianzando un relato monumental del pasado traumático.

Para ejemplificar cómo se traduce esta estética de la cercanía doméstica (y la lejanía política) en el plano cultural más reciente, tomo el ciclo *Televisión por la identidad* (2007), apoyado por Abuelas de Plaza de Mayo y por el gobierno kirchnerista, donde los casos ficcionalizados se reconstruyen como dramas familiares. En el capítulo uno ("Tatiana", que narra la historia de la primera nieta recuperada en 1980, todavía bajo el gobierno militar), figuran las tres escenas emblemáticas: el afecto doméstico, el brutal secuestro, y la llegada de las abuelas a la casa "chupada".[8] En este y los otros dos capítulos que componen el ciclo, la referencia a la actividad política está ausente o romantizada. "Tatiana" se abre con la voz en *off* de una abuela hablándole a su nieta,

---

8. "Chupar" en la jerga militar significaba secuestrar. A los centros clandestinos de detención, tortura y exterminio se les llamaba "chupaderos".

mientras se proyectan imágenes de una familia −al estilo de filmaciones de época caseras, un álbum familiar en movimiento− que acompañan el relato:

> Tatiana, (...) tus papás se conocieron en Córdoba, en 1973. Ellos formaban parte de un grupo de titiriteros que visitaba las villas y los barrios más pobres. Tu mamá y tu papá buscaban apasionadamente su lugar en el mundo y, como ese lugar no existía, pensaban que había llegado la hora de imaginar un mundo nuevo. (10")

La abuela describe la militancia política a partir de una representación romántica e idealizada. La década del setenta se traduce por medio del lenguaje de las emociones familiares. Garibotto se refiere a una cristalización de una edad dorada a la cual se le amputa, intencionalmente, su central componente político (110). En el capítulo dos de *Televisión por la identidad* −que cuenta la historia de Juan Cabandié− también hay una referencia simplificada de la militancia de izquierda. La pareja secuestrada, de dieciséis y diecinueve años, "trabajaba[n] en villas de emergencia" (11'). Comentario que se desprende del prólogo del *Nunca más* que describe "adolescentes sensibles que iban a villas-miserias para ayudar a sus moradores" (*Nunca más* 9). Esta referencia se enfatiza en las escenas donde el hijo, inconscientemente hasta entones, reencarna la labor mapaternal realizando la misma labor comunitaria (20').

La siguiente reflexión de Vezzetti sobre el discurso del *Nunca más* resulta aquí pertinente para abordar la narrativa de Abuelas de Plaza de Mayo en *Televisión por la identidad*: "esa extensa apelación a la solidaridad de los sentimientos (...) y la traducción en términos de dramas familiares contribuía a oscurecer una mirada más abierta de la historia" (2003, 119-20). Esa mirada más abierta, es decir más crítica, es la que identifico como gesto característico de las narrativas del corpus que este libro estudia en los capítulos siguientes, donde las propuestas estéticas se enuncian incomodadas por la consagración de una memoria consensual hegemónica (de allí que las defino como propuestas disensuales), e impugnando la cristalización de una única memoria homenaje.

La narrativa de las Abuelas también apela a la sacralización de la maternidad que apuntaba Vezzetti en la narrativa del *Nunca más* y en la película de Puenzo. Continúa la abuela de Tatiana en su carta relatada: "Nunca vi tan feliz a tu mamá como cuando quedó embarazada de vos (...) Cada visita de tu papá era una fiesta, un acto de amor (...) La desaparición de tu papá dejó un vacío muy grande que todos intentamos llenar. Por esos días tu mamá esperaba a Laurita. Pensamos entonces que su nacimiento dejaría el dolor atrás" (59"). El régimen sagrado de la maternidad se presenta como vía de la mujer para sobrellevar toda adversidad. La paternidad también se enaltece, pero permanece relegada a un espacio suplementario en la crianza de les hijes.

Sumado al código sensible del ámbito familiar tradicional, en las narrativas culturales que acompañan la consolidación de una memoria hegemónica figura la exaltación de los lazos de parentescos heteronormativos. En el capítulo "Juan" del ciclo *Televisión por la identidad,* hay dos detalles diferenciales significativos entre la ficcionalización promovida desde Abuelas y el relato que hace del mismo caso Vanina Falco, la hermana de crianza de Juan Cabandié (hija biológica de los apropiadores de Juan, previamente inscripto bajo el nombre de Mariano Andrés Falco). En *Mi vida después*, pieza de teatro documental de Lola Arias (2009), Vanina reconstruye el proceso de recuperación de la identidad de Juan, y cuenta que, a sus veintiún años, algunos años antes de a que su hermano le surgieran dudas sobre su historia y su nacimiento, abandonó "la casa paterna con un ojo morado porque su padre descubre que estaba enamorada de otra mujer" (Arias 45). El motivo del abandono del hogar no está ausente en el capítulo auspiciado por Abuelas, pero sí tergiversado. La decisión del personaje de Vanina se desencadena por la violencia del padre, una recurrente en la vida de los hermanos cuya infancia y juventud estuvo sometida a constantes tormentos ejercidos por la figura de un padre violento. En el capítulo de *Televisión por la identidad*, la noche anterior a marcharse, Vanina, ya estudiante universitaria, regresa de noche a la casa y es atacada por el cuello por el padre, después de que éste la encuentra besándose con un chico.[9] El lesbianismo es excluido en esta representación, el romance de la hermana de Juan se presenta ajustado a expectativas heterosexuales. De la mano de la exclusión del componente político de la vida de les militantes desaparecides, esta narrativa descarta el cuestionamiento al contenido heteropatriarcal de la memoria homenaje.

Un detalle más sutil, que figura en la representación de Vanina en *Mi vida después*, está ausente en el capítulo de *Televisión por la identidad*. Hacia el final de la obra, Vanina comenta sobre el primer encuentro de su hermano con la familia biológica y como Juan pasó a tener: "tres abuelas, un abuelo, cuatro

---

9. Agradezco la fineza de esta sugerencia de lectura propuesta en una de las evaluaciones anónimas del manuscrito.

tíos y siete u ocho primos" (Arias 58). Otro de les hijes en escena, desconcertado, sin imaginar la posibilidad de los vínculos lésbicos entre mujeres mayores (abuelas), le pregunta a Vanina: "¿Cómo que tiene tres abuelas?" (Arias 59). Ausente en la transcripción en libro de la obra de teatro, solamente en la versión en vivo se escucha muy bajo una reafirmación: "sí, tres abuelas", mientras la iluminación se apaga por completo.

En el capítulo de *Televisión por la identidad*, la narración del mismo episodio adopta el punto de vista del personaje de Juan en su caminata por un edificio de Abuelas, cuando se dirige al cuarto en el que se encuentran esperándolo sus familiares biológicos. En un acto de respeto y homenaje, muchas personas allegadas a la organización arman un pasillo humano que, entre aplausos, besos y abrazos, le van dando una triunfal bienvenida que celebra la conclusión de una búsqueda más, la del nieto setenta y siete. Su hermana (de crianza) le pregunta si de verdad prefiere que ella lo acompañe al encuentro, a lo que Juan responde: "Vos sos mi hermana" ('49) y le besa la mano sellando esa hermandad elegida. Vanina sigue a Juan en el emotivo recorrido por el pasillo, pero lo deja liderar la marcha. Vanina parece entender muy bien que la calurosa recibida es exclusiva para Juan, ningún saludo se replica para ella que, en muchas tomas de la escena, o queda fuera del encuadre de la cámara, o se la ve en un segundo plano difuso. Ese segundo plano borroso contrasta con las palabras de Vanina en *Mi vida después*, donde ella enfatiza que luego de haber recuperado a su familia biológica, Juan "sigue diciendo que yo soy su hermana" (Arias 58). Vanina en *Mi vida después* y Juan en *Televisión por la identidad* no dicen "hermana de crianza", dicen "hermana" a secas. Aunque hay que rescatar que, en una escena siguiente del capítulo, Vanina sí recupera el enfoque exclusivo de la cámara: la abuela (sin novia en esta versión) es quien le dirige la atención para agradecerle haber acompañado la búsqueda de Juan, y para expresar comprensión frente al temor de perder a un ser querido, a lo que Vanina responde, confiada y agradecida, que ese nunca fue uno de sus miedos.

La música sentimental empieza cuando, en el capítulo, la segunda puerta del edificio se abre para Juan, y Vanina a la distancia. En un ordenado recibimiento patriarcal, el primer movimiento y las primeras palabras son las del abuelo de Juan, que se presenta como el padre de Damián y extiende la presentación a su esposa, quien besa y abraza, pero casi no emite palabras. La segunda abuela que se acerca, sin pareja, sí habla y se presenta como abuela y como madre de Alicia. No existe en este capítulo una tercera abuela. Así como no cabe en la representación el vínculo lésbico de Vanina y se lo reemplaza por un romance heterosexual con un hombre, en el caso de la abuela biológica de Juan no hay reemplazos posibles, esta mujer mayor aparece sola, sin un esposo y sin una novia.

Puestas en diálogo la narrativa de Abuelas y una de las narrativas de los sobregiros disensuales de memorias (la de Vanina en *Mi vida después*), ambas contrastan tanto en la apelación del ámbito familiar desde tonos diferenciales (el lenguaje de las emociones de *Televisión por la identidad* y el tono lúdico de la obra de Arias), como en la respectiva exaltación de lazos de parentescos heteronormativos y el correspondiente cuestionamiento de estos.

Un aporte fundamental hace Garibotto al abordar la narrativa de las Abuelas avanzada la posdictadura, durante el gobierno kirchnerista, cuyo discurso de la memoria del pasado dictatorial pasa a ser el eje de las políticas públicas. En dicha coyuntura política, "ya existe un consenso extendido de repudio hacia la dictadura (…) ésta que era la 'historia no oficial' se ha convertido en la versión oficial de la historia" (Garibotto 112). Esta versión oficial se afianza desde la narrativa cultural de *Televisión por la identidad* que coloca en el centro de la escena a les familiares de desaparecides, quienes se vuelven el capital simbólico fundamental de la política oficial kirchnerista (Garibotto 110). De hecho, dos hijes que aparecen en el ciclo televisivo pasan a ocupar cargos gubernamentales.[10] El consenso de repudio al accionar genocida de los militares se pone a prueba durante los años del macrismo y sus políticas retrógradas negacionistas que impulsan una ley –el "2 x 1"– para sacar de la cárcel a genocidas ya condenados.[11] Sin embargo, constatándose el peso simbólico

---

10. Aunque este libro, en su primera versión de tesis doctoral, fue escrito entre los años 2018–2021, las múltiples revisiones son posteriores. Es necesario mencionar un hecho reciente, la declaración en el programa televisivo *Duro de domar* de Cristina Fernández de Kirchner de su deseo de que sean "los hijos de la generación diezmada quienes tomen la posta", con una precisión discursiva donde, por un lado, frustra las expectativas del público que esperaba que se señale un candidato concreto para las elecciones nacionales del año 2023. En cambio, la frase, a estas alturas histórica, supera cualquier expectativa ya que quien se señala es una generación entera, apelando a la responsabilidad colectiva en la continuación de la lucha. Ver: https://www.pagina12.com.ar/551848-una-frase.

11. La Ley 23.390 (el "2 x 1") del derecho procesal penal, habilitaba a los condenados por crímenes de lesa humanidad a contar por doble el tiempo pasado en la cárcel

tanto del primer piso de consenso como del segundo momento, la reacción social es inmediata, logrando suspender, al menos en parte, la brecha política (kirchneristas versus anti-kirchneristas), y consiguiendo revertir con rapidez inusitada la sanción del fallo macrista.

Recapitulando, el discurso del *Nunca más,* despolitizando la figura de les militantes-combatientes y acentuando la etiqueta de víctima-desaparecida, propaga el consenso de repudio del terrorismo de Estado y prepara el terreno para la acción judicial contra la cúpula militar, donde algunos de los responsables serán condenados por la justicia civil. En vísperas a ese primer piso de consenso, la narrativa de las Abuelas acompaña la despolitización de la figura de les desaparecides; apelan al impacto de la sensibilidad y las emociones de los lazos familiares (que se presumen biológicos y heteronormativos) para difundir su apasionada y justa búsqueda de les nietes apropiades. Tomo estas narrativas, que conforman el discurso principal de la memoria hegemónica, alineadas en sintonía con lo que en este capítulo describo como *memoria homenaje*. Las narrativas del corpus de este libro que serán analizadas en los capítulos siguientes nunca impugnan la lucha de las Abuelas, ni el piso de consenso de repudio al accionar genocida de los militares. Sin embargo, ancladas en la coyuntura de la visibilidad pública de los movimientos feministas y sus luchas contra el patriarcado, la estética disensual desde la que estas narrativas se enuncian opta por explorar caminos más críticos que problematizan, entre otros aspectos, la sacralización y veneración de los lazos de parentescos patriarcales, adultocentristas y heteronormativos.

La lógica de los héroes y traidores: otro de los códigos patriarcales de la memoria homenaje

También ingresan al entramado de la memoria homenaje las narrativas de la primera generación de les militantes de izquierda, desde la reapertura democrática. La despolitización de les desaparecides impulsada por el *Nunca más* contrasta con el discurso en clave de heroicidad o traición que figura en algunos de los testimonios de cabecillas de las organizaciones guerrilleras,

---

antes de recibir condena, buscando compensar el período de espera del Estado. Esta ley se derogó gracias a la presión social liderada por los organismos de derechos humanos. Se dictó una cláusula que impidió a los jueces su aplicación en los casos que los crímenes cometidos encuadraran en los de lesa humanidad.

acompañado por el de ciertos intelectuales de izquierda, que "se *resistieron* a adoptar el lenguaje de los derechos humanos, quedándose cristalizados en el discurso revolucionario, percibiendo con desencanto la apertura hacia la 'gris' democracia alfonsinista y añorando el fragor y la épica anteriores" (Basile 2023, 71).[12] Ana Longoni extiende esta ausencia de revisión crítica de la derrota del movimiento revolucionario a otros ámbitos sociales, mencionando "las dificultades (de las organizaciones políticas, de la izquierda, del movimiento de derechos humanos, de sectores de la sociedad) para admitir la derrota del proyecto revolucionario y aprender de ella (2007, 1). Esa negativa a "ejercitar un balance (auto)crítico acerca de las formas y el rumbo que asumió la militancia armada en los años '70" (Longoni 2007, 1) que se registra en el interior de los grupos involucrados en la guerrilla, también se materializa en el discurso de las organizaciones de derechos humanos y otros sectores sociales y culturales cuyas narrativas, de distintas formas, consolidan la memoria homenaje. Vezzetti define esta continuación del discurso épico como *memoria montonera* y, siguiendo a Basile, contrasta con un corpus de textos críticos y literarios que desarrollan una *narrativa de la derrota* "explora[ndo] la pérdida de la épica revolucionaria y el desmoronamiento del impulso emancipatorio y de sus macronarrativas (...) al mismo tiempo que hace[n] una autocrítica de la izquierda armada" (Basile 2023, 70).

Concentrándose en los testimonios literarios de Miguel Bonasso y Liliana Heker, integrantes de los sectores guerrilleros e intelectuales, Longoni estudia la representación dicotómica de héroes y traidores en la literatura montonera, apuntando que desde allí irradia una condena social de estigmatización hacia quienes sobreviven al infierno de los centros clandestinos de detención, tortura y exterminio, condena sexista acentuada en el caso de las mujeres sobrevivientes a las que se tilda de putas y traidoras. La traición de las mujeres no apunta tanto a la delación, o a la conversión ideológica (de la que sí se acusará a los hombres), como a la "entrega" del cuerpo que se juzga como traición

---

12. Un camino distinto, más crítico, siguen otras narrativas testimoniales de sobrevivientes que tanto malestar le causan a Beatriz Sarlo y la llevan a teorizar su desconfianza ante lo que define como el giro subjetivo. Estas narrativas exploran irrupciones de lo irrepresentable del centro clandestino. Revirtiendo la condena de "traición" por haber sobrevivido, se exponen variantes de micro-resistencias cotidianas ante el poder concentracionario, enfatizando la voluntad misma de vivir como una de esas formas de resistencia (Calveiro 1998, 114).

sexual o amorosa, suspendiendo por completo la situación de sometimiento de la víctima a la voluntad del victimario.[13]

El discurso épico-revolucionario de la primera generación de militantes, y su lógica bélica de héroes y traidores, es otro de los matices patriarcales que adquiere la memoria homenaje y que será también desafiado por las narrativas disidentes de las que el corpus de *Cuentan las pibas* se ocupa. A modo ilustrativo, menciono brevemente algunas apelaciones al discurso de la *memoria montonera* llevadas a cabo por la segunda generación de hijes de militantes.

La narrativa visual de María Inés Roqué, hija de un padre militante que muere "en combate" y su cuerpo es desaparecido por las fuerzas armadas, da un giro respecto a la narrativa despolitizada del *Nunca más* y las Abuelas. La película documental *Papa Iván* pone en el centro de la cuestión la vida política de la década del setenta y la toma de las armas por parte de las organizaciones de izquierda. Esta hija interpela críticamente a la generación que la antecede, que se encarna en la figura de su padre, Iván Roqué. El cuestionamiento sobre la heroicidad atribuida al militante que muere "en combate", enfrentado sólo a las fuerzas armadas, figura desde el comienzo del film: "Lo que había oído (...) se convertía siempre en una imagen de una persona muy heroica (...) yo preferiría tener un padre vivo que un héroe muerto (...) [la] gente que me miraba como a la hija de héroe" (Roqué 1'27"). Roqué se refiere a los testimonios que recoge de los compañeros de militancia del padre, integrantes de la primera generación quienes, mostrando respeto por una hombría patriarcal, insisten en la entereza de carácter, la audacia, la valentía del padre de la cineasta. Descripción que concuerda con las palabras que usa el padre en la carta a sus hijes (carta que estructura el documental): "Si me toca morir (...) estén seguros de que caeré con dignidad, que jamás tendrán que avergonzarse de mí" (Roqué 52'). La hija registra testimonios que llegan a admitir: "si me hubiera tocado morir, hubiera querido morir como él, por lo menos..." (Roqué 50'29"). En los testimonios épicos de los compañeros de militancia del padre no hay ningún lugar para una revisión autocrítica del proyecto revolucionario y la guerrilla,

---

13. Al respecto de la violencia de género y la reproducción de valores tradicionales patriarcales en el interior de las organizaciones guerrilleras, Miguel Bonasso, cabecilla montonero, apunta que la Justicia Montonera penaba la infidelidad conyugal de la mujer (Longoni 149). Tanto Ana Longoni como Pilar Calveiro revisan críticamente la pervivencia de códigos machistas autoritarios dentro las organizaciones de izquierda, durante y después de la dictadura.

tal cual apuntan Longoni y Basile. El análisis gira en torno a quién fue "quebrado" ideológicamente y "cantó", entregando a un compañero y traicionando la causa.

Roqué recoge el testimonio de uno de los cabecillas intelectuales de montoneros, Miguel Bonasso. Bonasso entrona la figura heroica del "muerto en combate" (lo que ya había hecho en su literatura, en la novela testimonial *Recuerdo de la muerte* [1984], publicada apenas instaurada la democracia); al mismo tiempo que condena por "traidor" a un compañero "quebrado"—que, en la jerga guerrillera, alude a quienes abandonaron el ideal revolucionario. En esta lógica, resulta irrelevante que el "quebrado" hubiera caído prisionero y se encontrara a merced de sus victimarios, que decidían sobre su vida igual que sobre su muerte. A la par que la condena al "quebrado", se presenta una insólita muestra de respeto hacia el militar que conduce el operativo que acaba con la muerte de Iván Roqué. Bonasso celebra los "códigos bélicos" del genocida que muestra respeto ante la 'muerte heroica' de un enemigo. Longoni repudia esta lógica machista de héroes y traidores: "¿Hasta qué punto la recurrencia a la traición para explicar la derrota impide reconsiderar las tácticas, los métodos y la caracterización de la etapa, y evita reconocer la responsabilidad de la organización y de su dirección en la muerte o el apresamiento de los militantes y contactos?" (2005, 228). De modo similar al rescate de una sociedad que se presenta como "víctima inocente" en la narrativa del *Nunca más*, el discurso patriarcal en clave de heroicidad y traición de los militantes de izquierda los salva a ellos mismos de atribuirse (o de que se les atribuya) cualquier tipo de responsabilidad por el fracaso del proyecto revolucionario y por las muertes de sus compañeros de militancia.

El documental de Roqué se encuadra en torno al peso de la influencia del legado paterno, simbolizado en el marco narrativo de la película que se inaugura y clausura con las palabras del padre (leídas por la hija) y fotos del archivo familiar, en un gesto próximo al lenguaje de las emociones de las Abuelas. Sin embargo, hay que notar que la narrativa de Roqué presenta un tono crítico con respecto a la generación militante, puntualmente en lo que respecta al cuestionamiento de la decisión paterna de tomar las armas y abandonar la vida familiar (Roqué 20'40").[14] Sin desdeñar estas ambigüedades, el

---

14. Al respecto de los planteos declarativos de orden generacional llevados a cabo en *Papá Iván*, ver el análisis del documental de Pablo Piedras en *El cine documental en primera persona*.

espacio protagónico prestado a los testimonios de los compañeros de militancia del padre deja al desnudo las violencias discursivas implícitas bajo la lógica patriarcal de héroes y traidores. Esta reformulación de la *memoria montonera* en manos de una representante de la segunda generación, mientras repolitiza la lucha de les desaparecides, suma nuevos interrogantes que a su vez exponen el matiz patriarcal y el modelo de masculinidad machista promovido por la memoria homenaje.

El segundo ejemplo que se suma al entramado de la memoria consensual, reformulando el discurso de la *memoria montonera*, también es realizado por la segunda generación de hijes de militantes que definen su lugar de identidad y acción en estrecho vínculo político-afectivo con las figuras maparentales. Amado señala "la importancia de los afectos y de lo individual como núcleo desde el cual esta segunda generación interroga (...), frente al imperio de los enunciados (...) colectivos de la primera" (Basile 2019, I). Este código subjetivo de los afectos de la generación posdictadura se asemeja a aquel que Vezzetti describía como el lenguaje de las emociones en la narrativa del *Nunca más*. Frente al enfoque público y colectivo de la narrativa de militantes de la guerrilla, la generación de las Abuelas y la de estos hijes se repliegan al espacio de lo íntimo para desde allí enunciar su política de la estética.

Se trata de una segunda generación que elabora lo que podríamos llamar una *narrativa ADN* menos crítica y más venerativa de la lucha de la generación mapaternal que puede ejemplificarse a partir de dos propuestas vinculadas a militantes de la organización de derechos humanos H.I.J.O.S.: la práctica de los escraches y una novela de Raquel Robles (fundadora de H.I.J.O.S. Capital). La *narrativa ADN*, antes que relegar el componente político de la militancia de izquierda mapaterna, lo coloca en el centro de la discusión y lo presenta como bandera de identidad, transformándolo estéticamente a través de enunciaciones artísticas y culturales.

Diana Taylor analiza los "escraches", performances callejeras de repudio y denuncia lideradas por H.I.J.O.S., que señalizan los lugares de residencia de los genocidas libres y los sitios que funcionaron como centros clandestinos. Según explica una activista de la agrupación, Florencia Gemetro, que da su testimonio en la primera película documental de un hijo de desaparecides [*(H) Historias cotidianas*, de Andrés Habegger (2001)], estos hijes no se conforman con la impunidad que gozan los genocidas a mediados de los años noventa, y de allí nace su acción militante. Ante la ausencia de condena legal, su condena es social; "si no hay justicia, hay escrache" (Habegger 59'30"). Así como las generaciones biológicas comparten un componente genético (el ADN, central tanto en el reconocimiento de los cuerpos de desaparecides, como en la recuperación de la identidad en los casos de robos de bebes y apropiaciones de niñes), las performances de los escraches vinculan genéticamente dos formas de activismo político: el propio y el de la generación antecedente –de ahí que Taylor hable de "guerrilla performance"– (164). Les militantes de H.I.J.O.S. "see themselves linked genetically, politically, and performatively" (Taylor 169). En las banderas de H.I.J.O.S. se lee: "reivindicamos la lucha de los desaparecidos", la referencia es a la militancia revolucionaria en pos de la justicia social. Reconociendo el aporte de las Madres y las Abuelas, desde H.I.J.O.S. se retoman los reclamos de estas organizaciones, pero también se los transforman; su lucha restaura el componente político militante eludido en la narrativa de las Madres y Abuelas, y oficializado en el *Nunca más*.

Pequeños combatientes, de Raquel Robles (2013), narrado por una voz de niña, traduce a la literatura el discurso genético de apropiación político-afectiva de la lucha revolucionaria mapaterna. La niña se corre del lugar de víctima que le atribuye la familia (que convoca a una serie de psicólogos para que la ayuden a procesar la pérdida de la madre y el padre), y se transforma en agente enunciador. Basile habla de un movimiento de reconversión "[d]el rol de hijo-víctima en hijo-militante" (2019, III). La transformación se da mediante un ajuste en la relación de poder adultocéntrica que convierte su resiliencia en acción militante. El relato se sitúa en el momento inmediato al secuestro de sus mapadres y desde allí trastoca una de las escenas emblemáticas presentadas por las abuelas: "ver a mi abuela desencajada, tratando de ordenar la casa con su cuerpo enorme y disfuncional, repitiendo entre ahogos *se los llevaron, se los llevaron* (...)" (Robles 1). No hay tono emotivo; en cambio aparecerá una adopción explícita de los códigos guerrilleros mapaternales que se traducen por medio del juego infantil, volviendo la infancia clandestina una elegida: "mostrarse dócil y hacer lo que le dijeran, pero no confesar nuestra verdadera identidad (...) éramos pequeños combatientes" (1). El juego que la narradora y su hermano juegan es el de reclutar y comandar un "Ejército Infantil de Resistencia" (1).

Mariela Peller propone el concepto de la *voz ventrílocua* para analizar esta narrativa de "una adulta [que] a través de la niña hace hablar a los padres" (11). Para Peller, el recurso estético de la voz de niña no se limita a la repetición del tono heroico de la *memoria montonera*, ya que se modifica el sujeto de enunciación protagonista (perteneciente a la primera generación). Según mi lectura, el sujeto de enunciación cambia, pero sólo a través de un movimiento en el que el primer sujeto no abandona la escena y sigue cumpliendo un rol protagónico, como el titiritero que maneja los gestos del muñeco del espectáculo; similar al lugar protagónico que no dejan de ocupar en la pantalla los testimonios de militantes en *Papá Iván*. A tono con la memoria emblemática que describía Stern, las nuevas memorias ("memorias sueltas") que ingresan a la carpa del espectáculo, hilvanadas en esta narrativa ADN de la segunda generación, siguen siendo, en gran parte, demarcadas por los códigos significativos de la *memoria montonera*.

Punto de partida

Los ejemplos de narrativas analizados en este capítulo, alineados en sintonía con lo que caracterizo como memoria homenaje, conforman el entramado discursivo que tiende a la monumentalización de un relato hegemónico del pasado dictatorial a través de un recorrido que no está exento de tensiones y que son éstas las que van modelando las interacciones entre las organizaciones de derechos humanos allegadas a les desaparecides, en diálogo con especialistas en los estudios de la memoria, y el aparato gubernamental y su desarrollo de políticas públicas. La categoría de memoria homenaje invita a visibilizar el componente selectivo que enaltece determinados "lugares comunes" (Aguilar 2006, 266) de ese pasado traumático, a partir de una mirada conmemorativa patriarcal (adultocentrista, machista, heteronormativa) poco crítica del proyecto revolucionario de los setenta y del lugar ocupado por sus protagonistas. Los sobregiros disensuales que analizo en los Capítulos III, IV y V dialogan y reformulan distintas variantes de esta narrativa consensuada, enunciándose desde una coyuntura política donde el repudio al accionar genocida del primer piso de consenso es tan solo el punto de partida, no el de llegada.

CAPÍTULO II

Narrativas infanto-juveniles feministas

LAS NARRATIVAS QUE SERÁN analizadas en los tres siguientes capítulos abordan distintas esferas de las experiencias de la infancia y la juventud vividas en tiempos de dictadura, pero no fueron producidas ni por niñes ni por jóvenes, tampoco es ésta su audiencia en mente. Se trata, en cambio, de apropiaciones e interpretaciones llevadas a cabo por personas adultas invocando y reconstruyendo memorias de la niñez y la adolescencia, propia o ajena. Estas narrativas engloban la complejidad del proceso anacrónico de recordar, donde acontecen multiplicidades de tiempos, voces y sentidos posibles. El recurso estético del *retorno* a los universos oníricos de la infancia y la juventud explora, a la vez que busca desentrañar, los peculiares mecanismos de la subjetividad del recuerdo. La acción de rememoración sucede en un inevitable choque de tiempos y espacios donde se entrecruzan, al menos momentáneamente, el mundo presente de la persona adulta con el mundo pasado de la infancia-juventud. La magdalena de Proust es un ejemplo emblemático del viaje involuntario hacia los años de la niñez.[1] Podemos decir entonces que las narrativas infanto-juveniles nos enfrentan a los anacronismos de la memoria y del tiempo, derivando esta afirmación de la filosofía de Georges Didi-Huberman.

En los anacronismos de las imágenes reside "la marca misma de la ficción, que se concede todas las discordancias posibles en el orden temporal" (62), apunta Didi-Huberman al estudiar la historia del arte en tanto disciplina anacrónica. En el caso de los anacronismos de las narrativas de la memoria,

---

1. Marcel Proust, *En busca del tiempo perdido*.

II. Narrativas infanto-juveniles feministas

en el entramado presente-pasado-futuro –que estalla al momento de narrar un recuerdo– se revela la naturaleza ficcional del acto mismo de rememorar. El sujeto de enunciación, al contar el recuerdo, (re)produce una vivencia pasada (re)inventándola con los pedazos que de ella tiene disponibles, a partir de códigos y convicciones presentes, y agendas futuras.

Los diversos intentos de reconstruir una cosmovisión de la infancia y la juventud se enfrentan a las limitaciones propias de esa reconstrucción. Desde el psicoanálisis, se ha apuntado que "la memoria del adulto borra todo lo que correspondió al período preedípico, por ende, todo [sujeto] niñ[e] habita una zona bloqueada al [sujeto] adulto respecto de la propia infancia, de la que no quedan sino jirones confusos" (Jeftanovic 13). Las narrativas que estudio exponen esos ritmos de la (des)memoria, "de los sueños, de los síntomas o de los fantasmas, [mezclado] con el ritmo de las represiones y (...) de las latencias" (Didi-Huberman 156). Estos ritmos anacrónicos de las narrativas de memoria, que llenan el vacío de sentidos a partir de conexiones (re)inventadas por una voz, mirada y lengua adulta, parecen propiciar contextos que vuelven visibles, audibles y legibles singularidades y extrañezas de la subjetividad infanto-juvenil y sus respectivos modos de conocimiento.

En este capítulo estudio los procesos de atribución de sentidos hilvanados en las que defino *narrativas infanto-juveniles feministas*, abordando los matices, las particularidades y las (im)posibilidades en la representación de las experiencias de la niñez y la adolescencia en dictadura, entre los espacios patriarcales y adultocentristas domésticos (la casa familiar) y públicos (la escuela-Estado), indagando las transgresiones de las normas, jerarquías y fronteras de ambos. Puntualizo además mis intenciones en el uso del coloquialismo *pibas* en tanto identidad narrativa, explorando el cuestionamiento de la autoridad de la voz infanto-juvenil y las propuestas estéticas de estos nuevos agentes de memoria. Para eso, abordo las polémicas en torno a la Convención sobre los Derechos del Niño, sus alcances y sus tibiezas, particularmente respecto a los derechos de las infancias y juventudes a *contar* y a ser tenidas en cuenta, para enfatizar las tretas narrativas, en tanto *tramas feministas*, de los relatos infanto-juveniles en sus denuncias del silenciamiento social y político de niñeces y adolescencias, argumentando sobre la potencia del desafío a los convencionalismos de la lengua adulta (en que se articula el discurso hegemónico de la memoria homenaje) que los códigos infanto-juveniles presentan.

¿Quién(es) habla(n) al narrar?

En el gesto de *viajar* desde el presente –ya que toda memoria es siempre presente– al pasado íntimo, ocurriría una inevitable "búsqueda de sentidos que se enfrenta a menudo con imágenes de contorno incierto" (Arfuch 2016, 546). Teorizando sobre lo que denomina *narrativas de infancia*, Leonor Arfuch describe el mecanismo de significación en el que las imágenes disparadas por la memoria se cargan de sentido. La naturaleza misma del recuerdo se reviste de palabras, de lengua, de relato. El recuerdo se torna cuento –remarco el carácter ficcional–. Pero ¿quién habla al contar? "Nuestra historia, sobre todo en esa primeridad de la existencia, se entrama en la mirada y la palabra de los otros" (2016, 546). ¿Es posible reconstruir entonces los lenguajes infanto-juveniles sin que sean interceptados, condicionados, o acallados por la lengua dominante del sujeto adulto que enuncia? ¿Cuáles serían las particularidades de la narración de las experiencias vividas en tiempos de dictadura que permitirían enunciar una *cultura de la infancia y la juventud* imaginada desde el marco temporal y espacial de la posdictadura? Si testimoniar el trauma colectivo es acaso posible, ¿es el sujeto niñe-joven un testigo fidedigno? Las narrativas que estudio exploran estos interrogantes sin coincidir todas en sus respuestas.

Describiendo uno de esos peculiares matices de la narración, en *The Child in Film: Tears, Fears, and Fairytales*, Karen Lury afirma: "The child figure does not, or cannot, provide authority on the facts of war, yet the representation of its experience as visceral, as of and on the body, demonstrates how the interweaving of history, memory and witness can be powerfully affective" (7). Aquí la voz autorial de quienes eran niñes durante la dictadura permite ser cuestionada. El argumento adultocentrista implícito asume una supuesta limitación en la comprensión, la cual estaría sujeta a la persona adulta. Sin embargo, la narración (adulta) del recuerdo y las sensaciones viscerales impresas en el cuerpo infantil sí se reconocen como vehículos afectivos de transmisión de la memoria.

Desafiando el cuestionamiento de la autoridad de la voz del sujeto niñe para hablar de los eventos pasados, Walter Benjamin promulga el recurso estético de apelar a las narrativas de infancia para la labor historiadora. Benjamin, pensando la niñez, concibe un modelo de historiador que aborda la historia a contrapelo, como "un niño que juega con jirones del tiempo"

(Didi-Huberman 164).² Según sugiere, cuando la persona historiadora aborda el pasado histórico debe comportarse como niñe, jugando y construyendo conexiones que no son temporalmente causales, sino anacrónicamente transgresoras. Más que del contenido (los hechos de la historia), lo que se está describiendo es un método (estético) de acercamiento. "Using the child's viewpoint is a particularly effective defamiliarizing device, for a child has not had time to become jaded by the process of habitualization (...) it has not yet been weighed down by 'custom,' but instead experiences the world with th[is] kind of intensity..." (Rocha 86). La intensidad de la perspectiva infantil, su voz y sus lenguajes todavía poco afectados por los códigos de la lengua adulta, desoyen convencionalismos adultos y desafían la imposición de los hábitos, corporeizando miradas atentas al detalle: las infancias rescatan lo que para otros es desperdicio y otorgan nuevos significados, resistentes y transgresores, construyendo su microcosmo dentro de un macrocosmo adulto-opresor.

Tramas infanto-juveniles que devienen feministas

Propulsando una redistribución de lo sensible (entre la palabra y el ruido), las narrativas infanto-juveniles visibilizan y vocalizan aspectos que otras narrativas históricas, sociales, políticas y culturales pasan por alto. Encuentro en este desafío a la distribución de las sociedades adultocentristas —las cuales definen qué se considera palabra y qué se descuenta como ruido— la potencia mediante la cual las narrativas infanto-juveniles devienen, en mi lectura, *tramas feministas* (Ahmed 2019, 420). Para Sara Ahmed, teórica de los feminismos contemporáneos e investigadora independiente, una trama feminista puede serlo en potencia. Es decir que el carácter feminista de una narrativa puede recaer en el campo de la recepción y no sólo en el de la producción

---

2. El concepto de *a contrapelo* lo formula Benjamin en su tesis siete de filosofía de la historia. Allí describe el modelo de historiador materialista que busca en el curso del pasado las señales de lo diferente, donde reside el potencial revolucionario. En contra del historiador tradicional, que para revivir una época se abstrae de todo lo que sabe sobre el decurso posterior de la historia, el historiador materialista parte desde el presente de la enunciación y, desde allí, se propone cepillar la historia a contrapelo.

(más allá de haber sido o no la intención de la voz autorial, o incluso cuando la intención haya sido la opuesta).³ Una trama, argumento o narrativa feminista puede entonces acontecer cuando la interpretación de ésta se justifica apelando a un argumento –en tanto razonamiento logo-centrista– feminista.⁴ ¿A qué me refiero cuando digo "un argumento feminista"? Para Ahmed "argumentar de forma feminista es arriesgarse" (2019, 420), es estar dispuesta a encontrar nuevas "palabras para describir eso contra lo que chocamos" (2017, 58). Como representantes del campo de la producción de saberes de la academia resulta urgente chocar y decir "no" ante la objetivación y el silenciamiento de los sujetos niñes y adolescentes, defendiendo el derecho de las infancias y juventudes a expresarse, y reconociendo (teniendo en cuenta y sumando a la cuenta) su identidad política.

En el marco de este libro, argumento que las narrativas infanto-juveniles devienen redistribuciones de lo sensible al transgredir las distribuciones de las sociedades patriarcales adultocentristas. Se trata de un argumento feminista ya que se planta para denunciar nuevas formas de sometimiento, violencia

---

3. Ahmed retoma una historia de los hermanos Grimm, "La niña obcecada", que trata de una niña que desobedece a su madre y por eso muere. La insumisión de la niña obcecada perdura incluso desde su tumba al erigir de golpe su brazo enterrado, provocando el castigo físico de la madre sobre el cuerpo sepultado de la hija. Este cuento se inscribe en "la tradición de escritura didáctica (....) llama[da] pedagogía venenosa (...) que insiste en la violencia como disciplinamiento moral, como algo necesario para las niñas" (Ahmed 2019, 419). Pero Ahmed propone una vuelta de tuerca para el macabro final disciplinador, donde afirma que el cuento puede devenir *trama feminista* ("*a feminist plot*", en la versión en inglés). El brazo de la niña solo "está esperando cuando parece que está siendo obediente [al estar enterrado]" (Ahmed 2019, 420). Apelando a la metáfora del brazo, Ahmed propone leer las luchas del feminismo como brazos desobedientes sumados en una armada feminista dispuesta a revelarse contra la autoridad y la institución patriarcal y adultocentrista. Este último rasgo adultocentrista es la adición que hago en mi propia lectura que resulta pertinente en el caso de esta narrativa infanto-juvenil enunciada por los hermanos Grimm.

4. Vale notar que, en español, los términos "argumento" en tanto asunto de una obra, y "argumentar" en tanto razonar se encuentran en la misma familia léxica, creando un juego semántico interesante que desafía las fronteras que separan la esfera de la producción de la de interpretación de las obras.

e injusticia frecuentemente invisibilizadas e incluso camufladas por medio del lenguaje legal y paternalista de las garantías y los derechos. Definir una estética infanto-juvenil feminista para analizar las narrativas de memoria abordadas en este estudio es mi iniciativa para encontrar palabras nuevas que denuncien el adultocentrismo en tanto violencia recurrente en nuestras sociedades. Tal cual explica Ahmed, al chocar, denunciar y decir que no a algo, "estamos diciendo no a eso, y también decimos no al mundo que permite tal discurso o comportamiento; estamos pidiendo a los individuos que cambien para que estos discursos y comportamientos dejen de ser aceptables o permisibles" (2017, 58). Enfrentarse a un mundo es también un intento (en este caso teórico) de tratar de transformarlo (Ahmed 2017, 58); buscar transformar un mundo paternalista y adultocentrista (por ende, anti-feminista) es, no cabe duda, un argumento y una labor académica (teórica y práctica) feminista.

En el marco de mi investigación, el concepto de *narrativas infanto-juveniles feministas* busca recordarnos que los textos analizados exponen diversos intentos artísticos que, en tanto tales (y a sabiendas del significado de la voz latina "infancia" en tanto incapacidad de hablar y falta de elocuencia, y sin olvidar el (no)lugar actual de las niñeces en las sociedades contemporáneas adultocentristas y anti-feministas como *objetos*, no *sujetos*, de derecho) exploran los intersticios, las posibilidades y las limitaciones a la hora de reconstruir la voz del sujeto niñe-adolescente. Las narrativas que analizo surgen e impugnan distintas vertientes de ese silenciamiento moderno-contemporáneo de la voz niña, tornando la voz no-articulada del sujeto niñe-adolescente (ruido) en un lenguaje (adulto) disidente de enunciación.

Para enfatizar la perspectiva adulta desde la que se presenta la dimensión de la experiencia de la infancia y la adolescencia, en una de las antologías pioneras en analizar las representaciones cinematográficas de infancias y adolescencias de España y Latinoamérica, *Representing History, Class, and Gender in Spain and Latin America: Children and Adolescents in Film*, Carolina Rocha y Georgia Seminet acuñan el concepto de dispositivos narrativos y focalizadores. Estas estrategias estilísticas permiten, alternativamente, adoptar la perspectiva del sujeto niñe-adolescente, o volverse este último el sujeto observado (3–4). Reflexionando también sobre las técnicas narrativas en las representaciones de la infancia, Lury afirma que la figura del niñe resulta doblemente vocalizada (*double-voiced*). La doble vocalización (al menos doble, agrego) a la que se refiere Lury señala que el modo no-convencional del niñe de percibir el mundo es enmarcado por una voz adulta autorial y su entendimiento retrospectivo (109).

Profundizando en la cuestión del foco, la vocalización y el punto de vista, Rocha y Seminet aluden a la diferencia terminológica entre las voces inglesas de "child" (niñe) y "childhood" (niñez, infancia). Mientras la primera refiere a sujetos niñes concretos (para las autoras: quienes se encuentran entre las edades que van desde su nacimiento hasta la fase preadolescente)[5]; la segunda enfatizaría un tipo de experiencia y cultura apropiada e interpretada desde la perspectiva adulta que decodifica y enmarca el mundo de los sujetos niñes (3–4). Aunque esta distinción teórica y metodológica es fundamental y fundacional en el campo de los estudios de las representaciones cinematográficas de la niñez, resulta casi imposible (e improductivo) concebir los términos "niñe" y "niñez" (y de modo consecuente, los términos: "joven" y "juvenil"; "adolescente" y "adolescencia") de forma completamente aislada en las narrativas que se valen de una estética infanto-juvenil ya que, en estos casos, se espera que una esfera retroalimente a la otra y viceversa. Sin embargo, esta retroalimentación está condicionada por las características del (des)entendimiento entre las partes involucradas. Según Lury "the child (remembered or reproduced) cannot speak 'properly' to the adult (...) because childhood (which is now actually dead to the adult who survives) is other (unknown and incomprehensible) but still continues to inform the adult self" (112). Las posibles relaciones y tensiones entre las definiciones estéticas de la infancia y el mundo tal cual es visto y nombrado por los sujetos niñes están marcadas por una (im)posibilidad de (in)comprensión.

En el cine, las fronteras entre los conceptos de "niñe" y "niñez" se desdibujan aún más ya que son niñes quienes en efecto protagonizan los films creados por sujetos adultos (Lury 10) y a estos últimos en su mayoría destinados. Si bien las películas analizadas en los trabajos de Lury, Rocha y Seminet

---

5. Rocha y Seminet puntualizan el uso diferencial de los términos "niñes" y "adolescentes", ya que en el marco de su estudio la diferencia es central. Según las autoras, les niñes aparecen en la pantalla como un mecanismo narrativo por medio del cual se tiende a enfatizar su inocencia ideológica y a representar a las víctimas de la violencia civil, la guerra y el terrorismo de Estado (1). En cambio, los personajes adolescentes "are often characterized by rebelliousness against adult rule, the loss of innocence, sexual awakening, and self-conscious behavior" (5). Por estas cualidades, el uso de personajes adolescentes es analizado como vehículo recurrente a la hora de cuestionar la sociedad pasada en los intentos de definir una futura.

abordarían la *cultura de la infancia*, dicha cultura está constantemente atravesada por la presencia, vivencia y ocurrencia performática de niñes.

Algo muy similar a lo que Lury analiza en el cine sucede en el teatro documental de Lola Arias donde los actores en escena (niñes y adolescentes en muchos casos) representan sus propias vidas. La directora y performer argentina explica en una clase magistral que precisamente lo que la condujo del teatro ficcional a las arenas del teatro-documental fue su obra *Striptease* (2007), protagonizada por una bebé.[6] La presencia (¿o la actuación? ¿desde qué edad podemos decir que las niñeces actúan?)[7] de la bebé en el escenario le permite a Arias rastrear la "aparición de la performance", la cual define como lo vivo, el aquí y ahora. Para Arias, la performance surge

> cuando decid[e] por primera vez, habiendo escrito un texto de teatro (...) confrontar[se] con lo real de la presencia de un bebé en el escenario (...) Cuando el bebé lloraba en la función, o se acercaba a su madre o interactuaba con los espectadores, el presente de la representación era realmente único, cada función era (...) completamente diferente. (Arias 2020)

Una dosis de realidad en vivo surge al exponer la distancia, en algunos casos insalvable, entre esa esfera experiencial del sujeto niñe y la esfera de la *cultura de la infancia* (donde la niñez es definida y representada por una voz autorial adulta, en este caso por la directora de la obra de teatro). El desafío que menciona Arias es el de haber "ensaya[do] mucho para no fijar nada, para que los actores pudieran decir el texto y reaccionar a las interacciones del bebé libremente, dejando que el bebé, de alguna manera, dirigiera la obra" (2020). Renunciar a las ataduras del guion y proponer una estructura fluctuante que permita a los actores adultos inter-actuar a partir de las reacciones no-guionadas de la bebé protagonista es, de algún modo, proponer una relación más democrática entre las partes, donde ya no sea una voz adulta la

---

6. Clase magistral de Lola Arias: "Sobre vidas ajenas. El teatro como remake del pasado". Dictada por Zoom y moderada por el Instituto Nacional de las Artes Escénicas y de la Música de España en el 2020.

7. Lury aborda una pregunta similar: "¿Puede decirse que les niñes estén *actuando* en las producciones cinematográficas o están simplemente *siendo*?" (10). Su respuesta es que precisamente la incertidumbre frente a su actuación o no-actuación es lo que provoca que su presencia sea tan interesante y desestabilizadora.

única que define la niñez condicionándola, silenciándola, objetivándola, sino donde se fomente un vínculo de retroalimentación semántica entre los términos "niñe" e "infancia/niñez" protagonizado por todos los personajes involucrados en el acto performático (niñes y adultos).

Las propuestas de las narrativas infanto-juveniles feministas que estudio se pueden leer en términos análogos a la propuesta anti-adultocentrista de Arias en su puesta en escena de *Striptease*. Una constante es la elaboración de un discurso estético-político que, de distintas maneras, permea la discursividad hegemónica transgrediendo la normativa estabilizante y policíaca del lenguaje (adulto) patriarcal. Se trata de cuentos disidentes cuyas propuestas estéticas son, necesariamente, políticas y cuyas narrativas devienen tramas feministas en mi propia lectura.

La identidad de género que señala el vocablo *pibas* desde el título de este libro, por sí sola, no garantiza un desafío a la norma y a los códigos consensuales disponibles, tal cual apunta Nelly Richard (1993, 35). En otras palabras, el carácter feminista de las narrativas analizadas no se implica ni se deriva del hecho de que las voces autoriales se presenten agrupadas por el término pibas. Vale la pena detenernos a puntualizar los significados y mis intenciones en el uso del coloquialismo "piba(s)". El *Diccionario de la Real Academia Española* (RAE) recoge dos acepciones para el término "pibe, ba":

1. Niño o joven.
2. Como fórmula de tratamiento afectuosa.

Como directamente apunta la primera acepción, *piba* es una categoría intermedia que puede figurar, en el habla cotidiana, haciendo (auto)referencia tanto a sujetos niñes como a sujetos jóvenes; es decir que englobaría tanto la infancia como la juventud como lo hacen las narrativas infanto-juveniles que estudio. Sobre la dimensión afectiva que figura en la segunda acepción, Eduardo Rubén Bernal, investigador del tango y el lunfardo, apunta que "no debe haber en el habla porteña voz más cordial y cariñosa (…) [cuyo empleo] pasa[ndo] a ser una muestra de amistad, de cariño y hasta de cierta intimidad cómplice" ("Sobre algunos términos tangueros. Hoy: Pibe"). Es precisamente el poder del afecto y la afectividad una de las características centrales de estas narrativas que apelan (desde una cierta intimidad cómplice que invita a la audiencia adulta a inmiscuirse en los espacios (auto)biográficos de la cotidianidad íntima y pública, como la familia y la escuela) a los sentimientos y emociones en sus diversas búsquedas por transmitir las marcas, psíquicas y físicas, que atraviesan los recuerdos y la reconstrucción de las memorias infanto-juveniles en tiempos de dictadura. Más allá de estas dos acepciones que recoge la institución policíaca de la RAE, es necesario agregar otro uso particular del término.

"*Estás hecha una piba*". El referente de esta frase popular ya no es ni un sujeto niñe ni uno joven, sino uno adulto que presenta una juvenil apariencia física y/o anímica (y yo agregaría: narrativa). Cuando elijo el vocablo coloquial y afectivo en su forma plural, *pibas*, más que remarcar el género de las personas autoriales, busco señalar su potencia estética disidente como entidades narrativas a la hora de reconstruir las experiencias de la infancia, la juventud y la adultez que conviven dentro del mismo sujeto adulto que "se hace una piba" mediante un proceso narrativo de autoconstrucción identitaria que sucede cuento mediante, tal cual sugiere la primera parte del título: *Cuentan las pibas*. Estos cuentos (que lo son en tanto relatos, pero también en su disrupción de la *cuenta ranceriana*, exigiendo ser tenidos en cuenta) son los que leo como *narrativas infanto-juveniles feministas* donde la voz autorial se autoconstruye como actor político, como *agente mnemónico* (Achugar 106), y cuya trama deviene feminista y anti-adultocentrista cuando es leída de la forma arriesgada que propongo: pensando en infancias y juventudes habitadas por niñes o adolescentes sujetos, ya no objetos, de derecho. Se trata de voces de memoria que buscan trascender la categoría de ruido y volverse palabra política articulada al denunciar distintas violencias hacia los cuerpos infanto-juveniles. Según mi argumento, las narrativas feministas que estudio, al narrar haciéndose pibas, se apropian de un lugar de enunciación subalterno, reconstruyendo una (no)lengua silenciada, cuestionando ese silenciamiento y denunciando distintas esferas institucionales y sus respectivos códigos heteronormativos, patriarcales y adultocentristas.

La invención de la niñez según la Convención sobre los Derechos del Niño y el silenciamiento de sujetos niñes y adolescentes

Para describir el carácter *infanto-juvenil* de las narrativas hace falta primero explorar las definiciones de dos términos correlativos: "niñe" y "adolescente". Retomando la Convención sobre los Derechos del Niño (CDN) –firmada en 1989 y en vigor desde 1990– el término "niñe" abarca también el de "adolescente". Siguiendo este paradigma vigente en nuestros días, la infancia abarcaría también la juventud. Enmarcada en perspectivas legales, sociales y biológicas y posicionándose a favor de la garantía internacional de los respectivos derechos, Unicef (Fondo de las Naciones Unidas para la Infancia) establece en el primer artículo de la Convención que se considera niñe "a todo ser humano desde su nacimiento hasta los dieciocho años de edad, salvo que, en virtud de la ley que le sea aplicable, haya alcanzado antes la mayoría de edad" (CDN 10). Argumentando una "falta de madurez física y mental" y la necesidad de "protección y cuidado[s] especiales" (CDN 10), niñeces y adolescencias son concebidas en nuestras sociedades contemporáneas a partir de su *minoría de edad*.[8] Esta minoría de edad sería la causante de limitaciones físicas y mentales que justificarían su exclusión del orden civil, y la falta de poder y agencia en relación a los sujetos adultos.

¿Por qué fue necesaria una Convención extra dedicada a los derechos de las infancias si, en tanto seres humanos, ya deberían haber estado éstas incluidas en la Declaración Universal de los Derechos Humanos de las Naciones Unidas del año 1948? Esta polémica pregunta lanza Nick Lee, sociólogo de la infancia, poniendo el dedo en la llaga al adultocentrismo de nuestras sociedades: "If the first declaration covered all humans, did it not cover human children along with human adults? (Lee 2001, 5). Su atrevido argumento prosigue apuntando una tendencia social general de concebir como diferentes tipos de humanos a los sujetos adultos y a los sujetos niñes, mientras los primeros serían vistos como seres humanos (*human beings*) completos, los segundos se percibirían más bien como *devenires* humanos (mi traducción de "*human becomings*"). La gastada frase "los niños son el futuro de la humanidad" (que

---

8. Sobre el concepto de *minoría de edad*, recordemos que Immanuel Kant en su célebre ensayo "Respuesta a la pregunta: ¿Qué es la Ilustración?", desde su Siglo de las Luces, lo define por oposición al de Ilustración: "la Ilustración es la salida del hombre de su autoculpable minoría de edad". La ilustración se presenta como la capacidad adulta —exclusivamente adulta— de valerse del entendimiento propio sin hacerlo depender de la guía de otro. Si la etapa de la vida adulta se equipara con la etapa luminosa de la razón, la etapa de la infancia queda rezagada al ámbito de las tinieblas; es el período de inmadurez —invalidez— de la razón. Aquel sujeto no-adulto transita un período de oscurantismo de la razón, por lo que su voz no *cuenta*, queda fuera de la *cuenta*. No parece muy arriesgado afirmar que, mediante este argumento, Kant se erige como uno de los difundidores del adultocentrismo occidental moderno que aún condena a los sujetos niñes a un silencio social, a una infancia eterna —en el sentido etimológico del término de *sin-habla*–.

en español se enuncia desde el masculino universal del lenguaje consensual) denota esta supuesta condición potencial de las infancias de poder *devenir* seres humanos "completos". Partir de la negación de la humanidad-presente (debido a la edad cronológica) del sujeto niñe, permite que el sujeto adulto se atribuya todo el poder en la toma de decisiones argumentando que, en tanto ser humano que alcanzó su completitud, sabe distinguir qué será lo mejor para el *niñe-deviniendo-humano* en cuestión.[9]

Con el objetivo de reafirmar la humanidad-presente de las infancias (y no sólo su humanidad futura), Lee se embarca en un análisis exhaustivo del texto de la CDN, principalmente desde las disciplinas de la sociología, la psicología y la filosofía. Organiza los cincuenta y cuatro artículos de la Convención en tres categorías de derecho: a la protección, a la provisión y a la participación (Lee 2005, 17).[10] Respecto a la dos primeras categorías (derecho a la protección y a la provisión), Lee argumenta que no han resultado especialmente controversiales y que han servido para legitimar formas positivas de valorar a las infancias (Lee 2005, 17). Sin embargo, en el presente capítulo sí se recogen reacciones encontradas sobre uno de los derechos que entrarían en la categoría de derechos a la provisión, el derecho a la educación, presentando una mirada crítica del proyecto civilizador adultocentrista de la escolarización.

Respecto a los derechos a la participación, las reacciones que según Lee predominaron son la ambivalencia y el recelo de lo que termina clasificando

---

9. Nótese que el Artículo 26 de la Declaración Universal de los Derechos Humanos (DUDH) atribuye este poder de decisión a los sujetos adultos: "Los padres tendrán derecho preferente a escoger el tipo de educación que habrá de darse a sus hijos" (DUDH 54).

10. Un ejemplo de los derechos a la protección puede encontrarse en el Artículo 8, *Preservación de la identidad*: "Es obligación del Estado proteger y, si es necesario, restablecer la identidad del niño, si éste hubiera sido privado en parte o en todo de la misma (nombre, nacionalidad y vínculos familiares) (...) Cuando un niño sea privado ilegalmente de algunos de los elementos de su identidad o de todos ellos, los Estados Partes deberán prestar la asistencia y protección apropiadas con miras a restablecer rápidamente su identidad" (CDN 12). Lo cito debido a la relevancia que tiene en el caso de la generación posdictadura afectada por los crímenes del robo de bebés nacidos en cautiverio, las apropiaciones ilegales y el robo de identidad de niñes durante la dictadura militar. Un ejemplo de derecho a la provisión se puede ver en el Artículo 24, *Derecho a la salud y servicios médicos* (CDN 19).

como "una muy modesta propuesta" (2005, 17; traducción propia). Algunas de estas reacciones críticas han sido recogidas también en este capítulo. Un ejemplo del derecho a la participación es el Artículo 14, *Libertad de pensamiento, conciencia y religión*: "El niño tiene derecho a la libertad de pensamiento, de conciencia y de religión bajo la dirección de su padre y su madre (...) [y] *conforme a la evolución de sus facultades*" (CDN 14; el énfasis es mío). En este artículo de la Convención, que se basa en una teoría etaria de la evolución de las facultades mentales humanas, podemos ver en su esplendor el argumento de la *incompletitud* de los sujetos niñes, su derivada necesidad de dependencia, y su característica de *devenir* (antes que *ser*) humano.

Agrego un punto más sobre la categoría de los derechos a la participación, ya que se relaciona a mi argumento sobre la cuestión de la voz en las narrativas infanto-juveniles. Es una discusión de las dos secciones del Artículo 12, *Opinión del niño*. Para más precisión, cito ambas secciones:

1. Los Estados Partes garantizarán al niño que esté en condiciones de formarse un juicio propio el derecho de expresar su opinión libremente en todos los asuntos que afectan al niño, *teniéndose debidamente en cuenta las opiniones del niño, en función de la edad y madurez del niño.*

2. Con tal fin, *se dará en particular al niño oportunidad de ser escuchado*, en todo procedimiento judicial o administrativo que afecte al niño, ya sea directamente o por medio de un representante o de un órgano apropiado, en consonancia con las normas de procedimiento de la ley nacional. (CDN 13; el énfasis es mío)

De alguna forma, en este artículo la Convención concede que las infancias "in decisions that affect them [,] (...) might have different views and opinions (...) [and] that difference should be heard in any 'judicial' or 'administrative' processing affecting the child" (Lee 2005, 18). Este margen de visibilidad de la perspectiva de las infancias no implica, en absoluto, que éstas tengan el derecho a tomar decisiones por ellas mismas. Del mismo modo, su derecho a ser escuchadas (que se concede en instancias cívicas específicas, eludiéndose las instancias familiares, por ejemplo) no implica que sus opiniones vayan a ser palabras finales en una resolución que les concierne. Al fin y al cabo, los puntos de vistas de las *infancias-deviniendo-humanas* solo serán valorados "en función de la edad y madurez del niño" (CDN 13). Sus voces y cuentos (y derechos a los mismos) entran solo modestamente en la cuenta ranceriana, y con muchos condicionamientos adultos.

Problematizando las relaciones adultocentristas de autoridad y poder sostenidas por la CDN, Lee denuncia el carácter ficcional de la infancia en tanto construcción social: "Perhaps the idea that adults and children are in some way fundamentally different, adults being complete while children are incomplete, was always just a convenient fiction" (Lee 2001, 9). Los trabajos de este sociólogo aportan a la tarea anti-adultocentrista de difundir la aceptación general de los sujetos niñes en tanto *seres humanos*, donde sus derechos legales estén pensados para maximizar su participación en la toma de decisiones (Lee 2005, 5) pertinentes tanto a su futuro como a su día a día.[11] En una línea urgente similar enunciada desde el más reciente escenario de la pandemia de COVID-19, Lury apunta: "It isn't going to be easy, but surely in a world in which a virus can destroy national economies and when climate change 'changes' everything, we should consider how to work things out so that we recognize the child less as a hostage to our future and more as an ally in our present" (2022, 7). Este libro se hace eco de estos pretensiosos objetivos (teóricos, estéticos, políticos) que apelan a un cambio radical que conciba niñeces y juventudes desde su humanidad-presente (no solo futura), valorando tanto su perspectiva del mundo y de sí mismas, como sus modos particulares de conocimiento y la creatividad insumisa de sus voces.

Estudiando también la narrativa legalista de la CDN, Gabriela Magistris, pensadora de la infancia, la califica de proteccionista y forjadora de la imagen del sujeto niñe como un ser "inocente, vulnerable, frágil, que debe ser resguardado de los peligros y riesgos del mundo adulto (...) [habitado por] adultos/as que [paradójicamente] se estiman capaces, racionales y maduros" (11). Abogando por la agencia política y la participación social de los sujetos niñes y reconociendo los importantes avances de la CDN en materia de ampliaciones de derechos y poderes participativos de las infancias y adolescencias, Magistris concluye apuntando el camino que queda por recorrer en estas narrativas institucionales que aún "no suponen un sujeto político sino, como máximo, un sujeto debilitado, tutelado (...), limitado en su capacidad para intervenir en la vida social y política" (25). Un sujeto cuya voz y cuento sigue quedando, al fin y al cabo, relegado de la cuenta ranceriana.

---

11. Para sintetizar la propuesta de Lee, su objetivo es señalar la necesidad de establecer nuevos modos más flexibles en las conexiones entre adultos e infancias (Lee 2005, 20), y esto sería posible a partir de la aplicación de su concepto de la *separabilidad* de las infancias en tanto identidades separables de los sujetos adultos.

La definición de la CDN legaliza las dinámicas de sociedades adultocéntricas que conciben la niñez desde su dependencia de las personas adultas. Como apunta Mariana Achugar, en nuestras sociedades las niñeces se piensan como *objetos*, no *sujetos* de derecho: "En sociedades donde los derechos políticos no se extienden a lxs más jóvenes, sus derechos se limitan a ser protegidos por otros. Son objetos, no sujetos de derecho" (106). Estudiando los diálogos y las disputas transgeneracionales de la memoria en Uruguay, Achugar denuncia las dinámicas adultocéntricas que silenciaron las voces de quienes fueron niñes durante la dictadura, precisamente debido a su condición de sujetos-dependientes (104). A pesar de haber sido sujetos afectados directamente (o, aunque lo hayan sido indirectamente, agrego) por los acontecimientos del terrorismo de Estado, el argumento adultocentrista apunta que el poder de entendimiento y decisión del entonces niñe "*incompleto*" (desde su condición de devenir-humano) estaba subordinado al de las personas adultas (quienes, siguiendo la CDN, se suponen seres humanos en su completitud, razonables y maduros) responsables de su cuidado, por ende, su voz no es tenida en cuenta.

Mientras el texto de la CDN diagrama una narrativa legalista de la niñez definida (a la vez que silenciada) desde el mundo adulto y fundante de la infancia en tanto institución, las narrativas estéticas-políticas analizadas en este libro se suman a los entramados discursivos que fundan lo que en este capítulo identifico como una *cultura de la infancia*, la cual no debe confundirse con lo que sería la cultura de las niñeces.[12] En mi propia lectura, esta *cultura de la infancia*, enunciada por sujetos adultos desde el campo situado de la literatura y las artes, puede entenderse como militancia por el reconocimiento y la ampliación de los derechos participativos de las niñeces al rescatar el valor estético y político de las voces infanto-juveniles y sus lenguajes disidentes.

Las voces infanto-juveniles como agentes de memoria

Resulta necesario y urgente cuestionar la falta de agencia política de las infancias y juventudes para pensar nuevos modelos que dejen de argumentar sobre la no-validez de sus voces y modos de entendimiento y aprehensión

---

12. En tanto cultura producida y vivenciada por sujetos niñes concretos. Ver una reflexión similar de Sharon Roberts sobre la transformación de la cultura de las niñeces [*children's culture*] en la comodidad de la infancia [*commodity of "childhood"*] (Roberts en Rocha y Seminet 3).

del mundo, reconociendo su poder de participación y autorrepresentación: "Reconocer a lxs niñxs como ciudadanxs implica que ellxs puedan participar y luchar por sus derechos. Es decir que integrar estas miradas a la construcción del pasado también contribuye a la reconceptualización del lugar de lxs niñxs y sus derechos en la sociedad contemporánea" (Achugar 106).

Abogando por el reconocimiento de quienes Achugar llama *agentes mnemónicos* (refiriendo a quienes vivieron la dictadura siendo niñes), esta propuesta no solo revoluciona las arenas de los debates de la memoria, también hace tambalear los pilares de nuestras sociedades paternalistas que someten a los sujetos niñes, incluso al argumentar proteger sus derechos.[13] En el siglo XXI, el adultocentrismo de nuestras sociedades es una de las expresiones del carácter patriarcal de las mismas. Santiago Morales y Gabriela Magistris lo definen como:

> (...) una estructura socio-política y económica, donde el control lo toman y ejercen lxs adultxs, mientras que la niñez, adolescencia y juventud son sometidas a un lugar subordinado y de opresión. El gobierno es del sujeto adulto, quien ejerce un sistema de dominación que se fortalece en los modos materiales capitalistas de organización social, y que además se asienta en el patriarcado, en tanto sistema de dominación que contiene al adultocentrismo. (Morales y Magistris 25-26)

La edad –junto a las categorías de género, clase, raza– se vuelve una categoría social necesaria para abordar el vínculo jerárquico intergeneracional que reproduce violencias, desigualdades y autoritarismos. Citando el reconocido trabajo *Política sexual* de Kate Millett, una de las pioneras en discutir el concepto del patriarcado (Tarducci 7), éste: "se apoya sobre dos principios fundamentales: el macho ha de dominar a la hembra, y el macho de más edad ha de dominar al más joven" (Millett 70). Notemos la diferencia y la agencia impresa en el lenguaje de Millett contra la impresa en el lenguaje legalista de la Convención sobre los Derechos del Niño, que cita la previa Declaración de los Derechos del Niño (1959), donde niñeces y adolescencias "por su falta de madurez física y mental, necesita[n] protección y cuidado especiales, incluso la debida protección legal, tanto antes como después del nacimiento" (CDN 9).

---

13. Sobre los matices de los problemas que surgen de la negación de la agencia y la invisibilización política del sujeto niñe en torno a las políticas de protección y los derechos infantiles, ver Magistris (2018).

La distancia entre los términos "proteger" de la declaración y "dominar al más joven" en el trabajo pionero de Millett al definir el patriarcado, da cuenta de lo que Ahmed describe como la labor teórica feminista de encontrar nuevas palabras para nombrar aquello contra lo que chocamos (2017, 58) con la intención de transformar un mundo anti-feminista.

Morales y Magistris revisan críticamente el aspecto etimológico del vocablo latino *infantia*, cuyas primeras acepciones refieren a la incapacidad de hablar y a la falta de elocuencia. El término infancia encierra la siguiente paradoja: si, por un lado, en el habla actual cotidiana lo infantil hace referencia a niñes que ya incorporaron el habla,[14] por otro lado, el mismo término tiene el significado de "ése cuya palabra no tiene lugar" en el sentido de que se considera que no tiene nada interesante para decir (Morales y Magistris 11) y, por ende, se argumenta su exclusión de la cosa pública.

Dejar de percibir a la infancia como mudez, como incapacidad de hablar puede dar lugar a que se la piense como "experiencia del límite del lenguaje (...) implica[ndo] entonces un desafío político creativo" (Morales y Magistris 11). También rebatiendo las acepciones adultocentristas de la voz latina, Sophie Dufays describe la *infantia* como "estado pre o paralingüístico" (88) resaltando el vínculo que se establece con la esfera de los afectos. Señalando la potencia estilística de los usos narrativos de la infancia en la literatura argentina, esta investigadora rastrea "un modo de comunicación alternativo al lenguaje verbal (...) [que] funda la autenticidad del hablar" (87). Partiendo de que las experiencias de los límites del lenguaje y de la "autenticidad del hablar" solo pueden ser (en el mejor de los casos) incompletamente abordadas por quien escribe (una persona adulta), creo que vale la pena reflexionar sobre estas propuestas que nos habilitan, por extensión, a pensar las *narrativas infanto-juveniles feministas* desde sus desafíos políticos-creativos a las normas adultas del lenguaje consensual, particularmente apuntando las problemáticas que rodean las narrativas testimoniales y sus contradicciones.

En su célebre y controversial *Lo que queda de Auschwitz. El archivo y el testigo*, Giorgio Agamben, leyendo a Primo Levi, describe una laguna (en tanto distancia insalvable) que permea el acto de testimoniar, generando una

---

14. Un ejemplo se puede ver en la diferencia entre los conceptos de "jardín de infantes", versus "jardín maternal"–sólo al primero asisten exclusivamente niñes que hablan–.

paradoja: dar testimonio del Holocausto implicaría testimoniar de la imposibilidad de testimoniar. Esta laguna coloca en los extremos de sus orillas a los testigos integrales y a los pseudotestigos:

> Los "verdaderos" testigos, los "testigos integrales" son los que no han testimoniado ni hubieran podido hacerlo. Son los que "han tocado fondo", los musulmanes, los hundidos. Los que lograron salvarse, como seudotestigos, hablan en su lugar, por delegación: testimonian de un testimonio que falta (...) Quien asume la carga de testimoniar por ellos sabe que tiene que dar testimonio de la imposibilidad de testimoniar. (Agamben 2000, 34)

Los "verdaderos testigos" que fueron destruidos no pueden testimoniar por medio de su lengua porque fueron desposeídos de ella. Transpolando la imagen del musulmán (en tanto "verdadero" e imposible testigo que no sobrevive a los campos), Lury sugiere que otra figura del testigo integral es el sujeto niñe, cuya experiencia se encuentra "'beyond or before' the constraints and traps of narrative and even of language itself" (Lury 7). El sujeto niñe y su compleja relación o deliberado rechazo de la lengua adulta y sus normas "creates an opportunity (...) to articulate the trauma and experience (...) not primarily through speech or a coherent chronological, historically accurate narrative" (Lury 7). Como si, cepillando la historia a contrapelo (como en la labor historiadora infantil que describía Benjamin), en el detalle cotidiano del pasado íntimo (o ajeno) residiera la potencia de lo diferente que habilita desandar la historia colectiva en tanto relato (crono)lógico y lineal. Cuando teorizamos desde los feminismos, como apunta Ahmed, es importante "permanecer cerca de lo cotidiano" (27). Esta cercanía estética es precisamente la que promueven las narrativas infanto-juveniles al distanciarse de los relatos épicos adultocentristas en su intento de visibilizar otras zonas y modalidades de las experiencias de la niñez. Mediante la figura del sujeto niñe en tanto testigo (im)posible, según mi propia lectura, Lury no está argumentando sobre la viabilidad o imposibilidad del testimonio, sino sobre el poder político-creativo del recurso estético de articular una narrativa desde la perspectiva infantil.

También Agamben, reflexionando sobre la laguna y el (sin)sentido del testimonio, había apelado a la figura de un niño sin nombre, de unos tres años, "cuyo minúsculo antebrazo llevaba la marca del tatuaje de Auschwitz" (Levi en Agamben 2000, 38), que muere en el campo y sobre quien Levi da testimonio y llama Hurbinek. Hurbinek emite un sonido articulado que no llega a ser lengua pero que puede oírse desde la laguna del acto imposible de testimoniar.

> Hurbinek no era nadie, un hijo de la muerte, un hijo de Auschwitz (...) ninguno sabía nada de él, no sabía hablar y no tenía nombre: ese curioso nombre de Hurbinek se lo habíamos dado nosotros (...) [interpretando] *uno de los sonidos inarticulados que el pequeño emitía* de vez en cuando. Estaba paralizado de la cintura para abajo, y tenía las piernas atrofiadas, delgadas como palillos; pero sus ojos, perdidos en su cara triangular y demacrada, emitían destellos terriblemente vivos, cargados de súplica, de afirmación de la voluntad de desencadenarse, de *romper la tumba de su mutismo*. La palabra que le faltaba y que nadie se había preocupado por enseñarle, la necesidad de la palabra, afloraba en su mirada con explosiva exigencia (...) desde el rincón de Hurbinek nos llegaba de vez en cuando un sonido, una palabra. No siempre era exactamente igual, en realidad, *pero era una palabra articulada* (...) No, no era desde luego un mensaje, ni una revelación: puede que fuera su nombre, si es que alguna vez había tenido alguno; puede (según una de nuestras hipótesis) que quisiera decir "comer" o "pan"; o tal vez "carne", en bohemio, como sostenía con buenos argumentos uno de nosotros que conocía esta lengua. (Levi en Agamben 2000, 37–38; el énfasis es mío)

Si a la persona adulta que se enfrenta al acontecimiento de la (no)lengua del sujeto niñe solo le queda argumentar sobre hipótesis posibles de lectura (que pueden devenir, por ejemplo, tramas feministas [Ahmed 2019, 420]), en mi argumento, esa palabra misteriosa que emite el niñe sobre el que testimonia Levi, ese sonido que no llega a ser lengua, o que es lengua-muda, o que acontece antes o más allá de las fronteras de la lengua articulada característica de los sujetos adultos, da testimonio de la (im)posibilidad de comprender, acceder o reconstruir la (no)lengua de un sujeto niñe, a la vez que da cuenta de cómo se encuentra ésta, en diferentes momentos, atravesada, condicionada, silenciada o visibilizada en las narrativas infanto-juveniles enunciadas por voces adultas.

La siguiente conclusión que apunta Levi sobre la poesía que lo atrae de Paul Celan puede ser productiva para pensar los alcances y las limitaciones de las (no)lenguas de las niñeces al ser éstas abordadas por un sujeto adulto logocentrista: "Si el suyo es realmente un mensaje, se pierde en el 'ruido de fondo': no es una comunicación, no es un lenguaje, o todo lo más es un lenguaje oscuro y mutilado" (Levi en Agamben 2000, 37). Las infancias y su capacidad de retorcer los límites del lenguaje adulto, racional y logocentrista, mediante gestos lúdicos, disidentes y revolucionarios acaban por poner a prueba las convenciones, a la vez que las desafían. Antes que falta de entendimiento o inhabilidad de razonamiento, es justo pensar la niñez y la juventud como experiencias que desbordan el lenguaje consensual-adulto:

> Todxs pueden pensar por sí mismxs. Porque pensar no es cuestión de edad (...) Aquellos que niegan a lxs niñxs la capacidad de pensar, lo hacen porque previamente han constituido una imagen autoritaria y jerárquica del pensamiento, una imagen que excluye lo que después calificará de incapaz. (Morales y Magistris 11)

El lenguaje de la niñez y la juventud se vale de otros modos creativos de razonamiento; quien los censura precisamente a partir de esta diferencia con otras producciones del entendimiento adulto, no está más que reproduciendo arbitrariedades e injusticias sistémicas que silencian y excluyen sujetos. Una de las disidencias anti-adultocéntricas de las narrativas infanto-juveniles feministas que analizo reside en impugnar el silenciamiento del sujeto niñe-joven, abogando por su reconocimiento en tanto sujeto político-parlante y agente de memoria: con voz, voto y cuento.

Una de las propuestas de Morales y Magistris para fomentar un paradigma emancipatorio es dejar de pensar la niñez en términos cronológicos, como una edad de la vida diferenciada de la del sujeto adulto. Es decir, pensar la niñez "como una modalidad de la experiencia" (Morales y Magistris 11). Desde este paradigma, la infancia y la juventud no acontecen en un lugar apartado de la adultez, sino que pueden convivir en la misma persona adulta. En nuestro contexto, esta convivencia sucede cuando las pibas de la posdictadura narran memorias infanto-juveniles. Pensar la estética infanto-juvenil (que no es lo mismo que pensar a sujetos niñes y adolescentes concretos) como reconstrucción de una modalidad de la experiencia, y no sólo como edad de la vida, permite verla (visibilizarla y vocalizarla) coexistiendo con otras formas de experiencia, incluso dentro del sujeto adulto. Este punto es crucial en mi análisis de las narrativas infanto-juveniles, ya que son sujetos adultos quienes exploran distintos ámbitos de sus experiencias de niñez y juventud.

La subalternidad de la infancia y sus tretas narrativas

Las infancias no han sido las únicas marginalizadas y condenadas al silenciamiento social. También lo fueron "lxs locxs, lxs indígenas, las mujeres, y tantos otrxs subalternxs (...) lxs que no pueden hablar; o peor aún, quienes no merecen hablar, y por lo tanto, es lícito silenciar" (Morales y Magistris 10-11). Pensar en términos de subalternidad a la infancia permite problematizar aquellas dinámicas contemporáneas que instauran macro y micro-violencias intergeneracionales que reproducen desigualdades e injusticias, invisibilizando y silenciando niñeces y adolescencias, limitando o negando su agencia política, sosteniendo y perpetuando la vigencia del patriarcado. Este libro pretende ser disparador de cuestionamientos al silenciamiento social y político de niñeces y adolescencias, y de la consecuente limitación o negación de su agencia política.

Rebobinemos: el concepto de subalterno, que designa a alguien de rango inferior, se retoma del pensamiento de Antonio Gramsci donde refería a aquellos grupos de la sociedad que dependían de la hegemonía de la clase dirigente/dominante (Ashcroft, Griffiths y Tiffin 198).[15] Enfatizado las categorías de clase, el Grupo de Estudios Subalternos rescata el término trasladándolo al campo de los estudios poscoloniales para referirse a los grupos oprimidos y sin voz (Ashcroft, Griffiths y Tiffin 199). Pero el silenciamiento de este grupo fue respecto a las categorías de género (y, en nuestro caso, el nuevo silenciamiento que apunto es respecto a las categorías etarias). Gayatri Chakravorty Spivak es quien sentencia que el sujeto subalterno doblemente oprimido es la mujer del tercer mundo. También Spivak es quien señala sus reservas respecto a una acepción monolítica del término subalterno. Spivak, denunciando al intelectual en su empedernida tarea altruista y simbólica de intentar representar al sujeto subalterno, enuncia la pregunta que figura en el título de su célebre ensayo: "¿Puede el subalterno hablar?". Atacando la existencia misma de un discurso poscolonial y subalternista, su respuesta será: "el subalterno no puede hablar".

> This has sometimes been interpreted to mean that there is no way in which oppressed or politically marginalized groups can voice their resistance (...) But Spivak's target is the concept of an unproblematically

---

15. Para un recorrido por la historia del concepto revisar: *Post-Colonial Studies. The Key Concepts*, de Ashcroft, Griffiths y Tiffin (198-201).

constituted subaltern identity, rather than the subaltern subject's ability to give voice to political concerns. Her point is that no act of dissent or resistance occurs on behalf of an essential subaltern subject entirely separate from the dominant discourse that provides the language and the conceptual categories with which the subaltern voice speaks. Clearly, the existence of post-colonial discourse itself is an example of such speaking, and in most cases the dominant language or mode of representation is appropriated so that the marginal voice can be heard. (Ashcroft, Griffiths y Tiffin 201)

Más que intentar teorizar sobre el subalterno en tanto sujeto concreto, Spivak filosofa sobre los alcances y las limitaciones de la subalternidad en tanto identidad. Spivak no está poniendo en duda que quienes reciben la etiqueta de subalternos tengan o no la habilidad de hablar; su pregunta apunta a que precisamente esa lengua en la que habla y se expresa el sujeto subalterno no le pertenece del todo, no le es auténtica, ya que se trata, al fin y al cabo, de la lengua hegemónica (y su correspondiente ideología) impuesta por el opresor.

Estudiando los movimientos arrasadores de las lenguas de los pueblos colonizados, en *Moving the Centre: The Struggle for Cultural Freedom*, Ngũgĩ wa Thiong'o (ensayista cultural keniata que ha dedicado parte de su obra a la literatura infantil) habla del "encuentro" entre el inglés y las lenguas del llamado Tercer Mundo. Thiong'o apunta que "it was language which held captive their cultures, their values, and hence their minds" (49). Negar las lenguas nativas africanas implicó impedir una forma precisa de vínculo con el entorno. La escuela, en tanto institución, se denuncia como engranaje de la maquinaria colonial que somete las lenguas y los cuerpos de un sujeto doblemente subalternizado: en tanto perteneciente a los pueblos del Tercer Mundo, y en tanto no-adulto. Bajo la pretensión altruista de subsanar una minusvalía cultural, la lengua y la cultura opresora (racista y adultocentrista), acallan las lenguas y las culturas de los sujetos conquistados, las cuales se consideran inferiores, en un estado infantil de inmadurez.

En el contexto del cine argentino de la posdictadura, Dufays, estudiando el personaje infantil, también reflexiona sobre la escuela en tanto institución aculturadora. Remitiendo al antecedente del personaje infantil en la literatura latinoamericana del siglo XIX, menciona el subgénero narrativo del "relato del colegio" (81): "muchos relatos de colegio (...) han otorgado al personaje infantil una función crítica o de reivindicación ideológica, haciendo de la escuela una alegoría del país, y de los niños y adolescentes, unos ciudadanos alegóricos que el Estado tiene que 'educar', civilizar" (91). Al "educar/civilizar" los cuerpos infanto-juveniles, la escuela-Estado silencia sus (no)lenguas, junto a particulares formas de conocimiento de las infancias, en vistas del proyecto civilizador adultocentrista.

Pensar la subalternidad del sujeto niñe nos permitiría traspasar los condicionamientos que señala Spivak de la lengua (adulta) que someten al sujeto subalterno (adulto), coartando su posibilidad de autorrepresentación, y los que señala Thiong'o de la lengua opresora adulta sobre las niñeces colonizadas. A coro con la función crítica del personaje infantil que apunta Dufays en los *relatos de colegio*, la potencia de causar disenso del lenguaje resistente de las infancias desafía los códigos hegemónicos adultocentristas de la representación. Las (no)lenguas de la infancia, si tienen sitio alguno, es el de encontrarse antes o más allá de la adquisición-imposición del lenguaje adulto. ¿Cuáles serían los alcances de hablar de una colonización adulta de la niñez? Estas (no)lenguas de la niñez solo nos llegan en tanto mediaciones en sus intentos de atravesar la laguna de la (im)posibilidad de sus representaciones: en las narrativas estudiadas, no es un sujeto subalterno niñe quien *habla* o *cuenta*, sino un sujeto adulto (las pibas) ya condicionado (¿colonizado/educado/civilizado?) por las imposiciones del discurso hegemónico y la ideología presentes en toda lengua adulta. Sin pretender pasar por alto estos condicionamientos, este libro abraza las propuestas narrativas (estéticas y políticas) de representación que se apropian y reconstruyen las lenguas marginalizadas de la infancia, volviendo audibles y visibles (sumando a la cuenta ranceriana) las voces y las miradas de niñeces en tanto sujetos concretos.

Este argumento de la posición de subalternidad desde la que hablan las niñeces, y cómo ésta puede volverse una técnica estilística de resistencia, también figura en *Hablan los hijos. Discursos y estéticas de la perspectiva infantil en la literatura contemporánea* de la investigadora y escritora chilena Andrea Jeftanovic. Retomando a Josefina Ludmer y sus reflexiones sobre la escritura de Sor Juana y su doble gesto (aceptar el lugar de subalterna para desde allí articular su treta); las tretas –técnicas de resistencia– de las narrativas infanto-juveniles feministas exploran "los resquicios de lo dominante haciendo valer, precisamente, los recursos propios de su "debilidad" (Jeftanovic 13). La poética de las narrativas estudiadas en este libro se vale de esa supuesta debilidad "para transformarla en una herramienta literaria" (Jeftanovic 13) (y una herramienta estética y política, agrego) por medio de la cual las narrativas infanto-juveniles devienen feministas, resistentes y disidentes, haciendo tambalear el adultocentrismo hegemónico y patriarcal. Me animo a decir que ésta debe ser su más arriesgada treta narrativa.

Las insumisiones narrativas entre los espacios públicos y privados

Analizando la estética de la perspectiva infantil y resaltando también su potencial subversivo, Jeftanovic estudia (en la literatura iberoamericana contemporánea) el artificio literario de la figura infantil y señala distintas posiciones intermedias que ésta ocupa, en tanto "sujeto[s] de subversión en el lenguaje, en la construcción de categorías, en la posibilidad de desviarse de la historia y las ideologías y señalar sus puntos ciegos, sus agujeros en una sociedad que los supone desprotegidos, incapaces de rebelarse o hacer nada" (35). Acorde con mi argumento, aunque sin mencionar una palabra clave, enuncia esta escritora una crítica a la sociedad *adultocentrista* que subestima el valor de niñeces y juventudes en tanto sujetos cuyas voces y códigos tienen potencia revolucionaria.

Me interesa rescatar otro lugar intermediario que ocuparía, siguiendo a Jeftanovic, la figura infantil: entre los espacios públicos y privados: "El cuerpo infantil nace expropiado, es una entidad que, desde su primer día, está en tensión entre la familia que lo considera un cuerpo propio, digno de sus afectos y disciplina, y el Estado, que lo considera un cuerpo público, importante para las políticas de salud, educación y ciudadanía" (21). El ámbito de lo privado recaería en el espacio concreto de la casa, habitada por la familia (en tanto unidad nuclear de reproducción del patriarcado). El ámbito de lo público será por excelencia el de la escuela, donde el Estado lleva a cabo el proyecto civilizador de *disciplinamiento* de sus futuros ciudadanos. Permaneciendo cerca de lo cotidiano (siguiendo la propuesta feminista de Ahmed), notamos que los cuerpos de las infancias hablarán/contarán reconstruyendo sus memorias entre estos espacios particulares donde les era lícito circular. Problematizando las leyes y las convenciones de ambos ámbitos, su treta es valerse del (poco) lugar cedido por nuestras sociedades adultocentristas para enunciar sus reclamos disidentes, sus propias versiones escritas en sus propios códigos.

Un personaje de la tragedia clásica que también habita y subvierte los espacios de lo público y lo privado, retomando la distinción clásica entre lo que ingresa y conforma el reino de la política (la palabra) y lo que queda excluido de la cosa pública (el ruido), es Antígona en la obra de Sófocles. Para Hegel, en Antígona quedan dibujados los límites que separan el Estado (la ley de los hombres) y la familia (la ley del parentesco); lo que, desde la lógica machista del patriarcado, se identifica respectivamente como "lo masculino" y "lo femenino". Me interesa introducir brevemente la agencia narrativa antipatriarcal de Antígona, retomando la lectura de Judith Butler que desarrollo en detalle en el Capítulo V. Desestabilizando las fronteras de los espacios públicos y privados, Antígona realiza una doble transgresión: contra el patriarcado y sus códigos de familia y parentesco (desafiando al personaje soberano de su tío), y contra el lenguaje consensual (su desobediencia acontece por medio de un enunciado verbal performativo efectuado en la esfera pública). Antígona, excluida del campo de la política de los hombres, trasgrede su rol social asignado al dominio de lo doméstico, alzando su voz silenciada en demanda política y resguardando su transgresión bajo el velo de las leyes divinas del hogar (su treta narrativa).

A coro con la narrativa antipatriarcal de Antígona (que deviene trama feminista en su desafío a las distribuciones patriarcales de los cuerpos y las voces), las *narrativas infanto-juveniles feministas* enuncian sus insumisiones respecto al relato hegemónico del pasado dictatorial, conformado por el discurso de la memoria homenaje que enaltece determinadas narrativas sociales, políticas y culturales (abordadas en el Capítulo I). Al mismo tiempo, estas narrativas socavan los lenguajes disponibles (explorando sus limitaciones) para abordar ese pasado traumático colectivo a partir de diversas propuestas estéticas que perforan distintos silencios perpetuados por dinámicas domésticas intrafamiliares.

Hasta aquí hemos abordado quiénes *hablan* y *cuentan* en las narrativas infanto-juveniles de memoria, alertando que no se trata de las voces *directas*[16]

---

16. No puedo dejar de apuntar un antecedente temprano que advierte el valor de las voces *directas* de sujetos niñes. En 1984, apenas reinaugurada la democracia, el periodista Hugo Paredero concibe la idea de un libro que tenía que escribirse: "la historia de la dictadura (...) contada exclusivamente por chicos" (Paredero 7). Entrevista para ello a cincuenta niñes de hasta doce años provenientes de distintas provincias del país, con diversas realidades sociales. Paredero les pregunta por sus experiencias en los tiempos del golpe y su visión de los militares. El periodista describe las grabaciones que obtiene como: "voces libres, sin velos en la mente ni pelos en la lengua, para las que imaginación y realidad todavía podían ser sinónimos y convivir en un mismo territorio, sin líneas divisorias y sin faltar a la

de sujetos (seres humanos) niñes o adolescentes, y mediante qué estrategias poéticas del discurso (adulto) articulan y se apropian las lenguas liminales de la infancia que se encontrarían entre lo que se descuenta por ruido y lo que se incluye en tanto palabra articulada, entre lo que se asigna al ámbito privado (desde la distribución patriarcal: la casa, la familia) y lo que se considera digno del discurso público (la escuela-Estado). Si todo arte es político, mi propuesta apunta a leer la militancia de estas narrativas (que devienen tramas feministas) en sus movimientos que desestabilizan el adultocentrismo del patriarcado, sus machistas distribuciones de lo público y lo privado, sus jerarquías que (des) autorizan sujetos (no)considerados agentes de memoria. La militancia de las *narrativas infanto-juveniles feministas*, donde nuevos agentes de memoria "se hacen pibas" en sus relatos y reclaman que sus *cuentos* cuentan, aboga por una reorganización de lo sensible que visibiliza las infancias y juventudes como sujetos (subalternos) silenciados, legitimando sus voces y su derecho a *contar*, reclamando que se tenga *en cuenta* su existencia presente (ya no solo futura) y sus modos disidentes de conocimiento.

---

verdad" (Paredero 8). Se trata de relatos estéticos con una fineza política. El libro, *¿Cómo es un recuerdo? La dictadura contada por los chicos que la vivieron* permanece inédito hasta el año 2007, cuando es rescatado por dos hermanos que habían prestado testimonio en su niñez, Octavio y Leopoldo Kulesz. Reseño el recorrido de este libro porque simboliza de alguna forma el recorrido de la generación posdictadura que vivió los tiempos del golpe, pero que fue por largo tiempo desplazada de la escena, invisibilizada y silenciada a causa de su edad.

CAPÍTULO III

Voces clandestinas y agencias narrativas infanto-feministas

La imaginación de nuevos espacios de memorias

¿CÓMO IMAGINAR UN ESPACIO AISLADO DE LA SOCIEDAD, inmerso en el centro de ella, donde la soledad del sujeto social esté al alcance de todos? El colectivo artístico Campament Urbain abordó este interrogante bajo su iniciativa de forjar un espacio público que fomentara nuevas formas de comunidad. En el año 2002 el grupo presentó el proyecto titulado "Je et Nous", en el área de Beaudottes, en Sevra –estigmatizado suburbio francés–. La artista visual Sylvie Blocher convocó a cien habitantes de la localidad a escribir un pensamiento íntimo que hasta entonces hubieran mantenido en secreto. Aquellas declaraciones personales fueron impresas en letras blancas, en el centro de una remera negra. Doblegando el atrevimiento de la invitación, se les pidió a los participantes que se enfrentaran a una cámara filmadora vistiendo su remera inscripta. Sin palabras audibles, cada persona habló, sin mover los labios: "I dream of having identity papers", "I cannot afford to speak of beauty because I have no money", "I want an empty word that I could fill". A la etapa exploratoria le siguió un período en el que el grupo convocado dio forma al proyecto artístico de una ficción urbana: la construcción material de un espacio público que respondiera a la pregunta ¿qué es un espacio de soledad?[1] A partir de múltiples bocetos, fue imaginándose el diseño

---

1. En el anuncio del proyecto "Je et Nous" lanzado en el año 2003, se lee: "The intent of Campement Urbain is to create, within an area of great urban tension Sevran/France a special place available to all, and under de protection of

de aquel lugar a la vez íntimo y social. Para Blocher, fabricar un sitio público de intimidad significaba propiciar las coordenadas tiempo/lugar/espacio para que las personas enfrentaran su propia soledad, mirándose a sí mismas sin ser miradas por otras, volviéndose sujetos de esa mirada introspectiva.[2] Este proyecto artístico se sostiene en la siguiente paradoja: estar en soledad es otra forma de relación social. La soledad en el suburbio de Beaudottes se percibe como una dimensión inverosímil de la vida. "Es probable que algunos distingan en todo esto el carácter irrisorio del arte contemporáneo y de sus pretensiones políticas. Yo adoptaré el camino contrario", desafía Jacques Rancière (2006, 2).

En "Je et Nous" –proyecto no materializado luego de su instancia enunciativa– reside para Rancière la paradoja central que define la relación entre el arte y la política, estas dos últimas concebidas en tanto maneras de producir ficciones de lo real (2010, 77). Arte y política acontecen entrelazadas y no como esferas opuestas e independientes. Ambas se presentan como construcciones, siempre ficcionales, que toman lugar y forma en un espacio y tiempo determinado. Allí manifiestan variantes de lo visible, lo decible y lo factible. Es esta calidad de novedad la que caracteriza la experiencia estética y la experiencia política como experiencias de *disenso* (que forjan contra el consenso otras formas de sentido común): ambas llevan a cabo polémicas operaciones que reconfiguran la partición de lo sensible. "Je et Nous" es arte político no solamente porque escenifica conflictos sociales, sino también porque, a partir de su propuesta, vuelve factible un nuevo espacio público para estar en soledad; visibiliza nuevas formas de comunidad que permiten la soledad del sujeto (no objeto) social; y torna decibles enunciados de la esfera privada, secretos e indecibles hasta entonces, conformando una reconfiguración de lo sensible y generando un nuevo sentido común polémico, disensual.

Mientras el proyecto artístico de "Je et Nous" buscaba forjar una alternativa a la contradicción de un espacio público de soledad, el oxímoron que exploran

---

everyone. A place that is useless, extremely fragile and non-productive. A place open to everyone, but where you come alone. A place to sample the attractions of solitude. A place where people can step away from the community under the protection of the communities. A place of nothingness, where you are with yourself, where you can think about yourself, within yourself. (I & Us): A spiritual place removed from anything religious. A new public space" (Dousson 84).

2. Presentación en *The Art of Engagement Symposium*. 21 octubre de 2009. MCA, Sydney. Disponible en: https://vimeo.com/20900198.

las narrativas estudiadas en este capítulo es el de encontrar lenguajes (visuales, textuales, sonoros) para contar memorias de niñeces en tiempos de dictadura a pesar de que la voz infantil fuera relegada a la mudez. El primero y más antiguo de los tres sobregiros disensuales lo encabezan Albertina Carri, Paula Markovitch y Laura Alcoba, hijas de militantes de izquierda, cuyas propuestas estéticas, articuladas mediante lo que describo como una arriesgada narrativa *infanto-feminista*[3] con agencia, recorren los caminos del *bio*documental experimental, la película de autoficción y la novela autobiográfica. Estas narrativas van forjando nuevos espacios de memorias disensuales que hacen eco del nuevo espacio público de "Je et Nous", visibilizando nuevos sujetos de memoria y otras formas de seguir explorando un pasado traumático presente en la sociedad argentina posdictatorial, habilitando una redistribución de lo sensible: de los espacios y los tiempos; de los sujetos y las subjetividades; de la palabra y el ruido; de lo visible y lo invisible. Retomando uno de los enunciados de quienes participaron en la experiencia "Je et Nous", agrupo estas narrativas bajo una pulsión de búsqueda y apertura de nuevos espacios de memoria los cuales se desea habitar con cuentos y lenguajes propios.

La ruptura y novedad que estas narrativas escenifican es una de tipo al menos doble. Una es disensual, donde la disidencia estética se dirige intrageneracionalmente hacia otras propuestas de hijes que se sumaron a los entramados del discurso hegemónico. Me refiero al discurso caracterizado en el Capítulo I como *narrativa ADN*, articulado desde la agrupación H.I.J.O.S., conformada en los años noventa por hijes de desaparecides. En sus cuentos del pasado quedó expresada una definición de la identidad propia construida en estrecho vínculo afectivo a las figuras de mapadres militantes, desaparecidos. Beatriz Sarlo comentó sobre la narrativa de esta *generación ADN* que estuvo formada por las voces de "chicos más modestos" (155), y con esto quiso decir: por "jóvenes que se [sintieron] más próximos al compromiso político de sus padres" (153). Es decir, pibas y pibes más respetuosos en cuyos cuentos las voces mapaternales resuenan desde espacios sagrados poco críticos y son apeladas retomando un tono de veneración característico de la memoria homenaje.

---

3. Precisando el concepto de narrativas infanto-juveniles feministas, hablo aquí de una estética *infanto-feminista* teniendo en cuenta que las tres propuestas se centran en reformulaciones de la voz, el lenguaje y los códigos de la primera infancia, antes que de la juventud.

Otro tipo de ruptura, más que disensual es desobediente y se establece inter-generacionalmente respecto a mapadres militantes, a quienes se acusa de desertores de la economía de los afectos (Amado 157). El relato de una militancia mapaternal épica pasa a ser cuestionado, en diversos niveles e instancias, por hijas que deciden hurgar en su pasado biográfico, iluminando rupturas y formulando nuevos reclamos. En estas propuestas, a la hora de narrar el pasado político, el protagonismo y la agencia pasarán a tenerla nuevas voces provenientes de contextos de silenciamiento vividos durante la experiencia de infancias clandestinas que, en sus narrativas, *se hacen pibas* (mediante un proceso de adopción de un lugar de enunciación subalterno),[4] decidiendo contar sus cuentos sin ataduras, desafiando códigos de obediencias y respetos debidos prescritos desde el discurso de la memoria homenaje, y exponiendo matices adultocentristas y patriarcales del mismo. Este arriesgado argumento es el que me lleva a describir estas propuestas en tanto tramas que devienen feministas mediante esta clave de lectura, retomando la filosofía de Sara Ahmed.

I. Albertina Carri y un espacio de memoria en el presente

El atrevimiento de la narrativa visual *Los rubios* de Albertina Carri (2003) actúa como un punto de quiebre que viene a agitar las aguas posdictatoriales después de la consolidación del discurso de la memoria hegemónica (en su primer y segundo momento de consenso). *Los rubios* fue, desde su estreno, difícil de rotular recurriendo a las categorías de los estudios de la memoria entonces disponibles, incomodando a los primeros críticos que de ella se ocuparon: documental político, testimonial, ejercicio de memoria, película de ficción. Un año después de su lanzamiento, Martín Kohan publica un artículo en la revista *Punto de Vista*, que, argumentando acerca de su postura de recelo para con el film, pone en evidencia la propuesta disensual llevada a cabo por Carri y su equipo de grabación. Para el crítico, el atrevido experimento de la directora:

> (...) parece una búsqueda original de la identidad, parece un ejercicio original de la memoria, parece una evocación original de la historia de los padres, parece un testimonio original de una hija de desaparecidos, parece un documental original de lo que pasó en los años setenta ¿qué podría caberle, con tanta originalidad, si no la incomprensión? (2004a, 30)

---

[4]. Ver Capítulo II.

Como bien apunta Kohan, *Los rubios* parece ser todas estas cosas, pero termina no siéndolo. Es que el film se presenta indefinible, incomprensible cuando se recurre a los términos demarcados por una taxonomía establecida por un *sentido común* entonces consensuado, que clasifica las formas que el recuerdo puede y debe tomar.[5] La película de Carri irrumpe en los espacios de memoria de su tiempo, habla desde ellos sólo para poder distanciarse y pasar a emitir formas nuevas que ponen en tensión las hasta entonces utilizadas.

Varias voces críticas de la academia han apuntado a *Los rubios* como propuesta diferencial y transgresora. Kohan registraba este aspecto en un segundo artículo en *Punto de Vista*: "La visión de Carri (...) es distinta de la de María Inés Roqué en *Papá Iván*,[6] (...) es distinta de la de los testimonios que presentan Gelman y La Madrid,[7] es distinta de la que se expresa desde la agrupación HIJOS" (2004b, 48). Poco después, Sarlo retoma esos mismos ejemplos, agregando la película *HIJOS, el alma en dos* (2002) de Carmen Guarini, para analizarlos en contraposición a *Los rubios*, en la sección de su libro que, no casualmente titula "Ejemplos y contraejemplos" (142).[8]

Gabriela Nouzeilles identifica la particularidad de la producción de Carri con respecto a las propuestas que hasta entonces ocupaban la lista de los trabajos de memoria: "*Los rubios* signifies a form of intervention that is (...) at odds with the ways in which the work of memory had been carried out previously. And in that sense, it can be read as a valuable shift" (Nouzeilles 266). Nouzeilles recurre a la expresión de "desacuerdo" (*at odds*) que permite ser leída en sentido ranceriano como forma de disenso, y también sugiere la

---

5. Hablo del sentido común ranceriano, es decir: del consenso (relacionado a la fijeza en la distribución de los lugares y los cuerpos, y al uso de la palabra).
6. *Papá Iván* de María Inés Roqué (2004).
7. *Ni el flaco perdón de Dios. Hijos de desaparecidos* de Juan Gelman y Mara La Madrid (1997). Aunque los autores pertenecen a la primera generación, el libro compila testimonios de hijes de desaparecides que se agruparon en el colectivo H.I.J.O.S.
8. En los análisis de ambos críticos resuena el mismo mandato: *así no se recuerda*, identificado por Cecilia Macón al analizar la reacción de Kohan a *Los rubios* (Macón 44). Vale la pena aclarar que para Sarlo, *Los rubios* pasa a ser un "ejemplo" de las formas de recordar.

lectura en clave de "giro" (*shift*) que sintoniza con mi mapa de los sobregiros disensuales.[9]

Gonzalo Aguilar, en su análisis sobre el nuevo cine argentino, ve el film de Carri como un híbrido entre el documental y la ficción. Esta calidad de anfibio lo vuelve una de las pocas producciones de los años noventa que confía en la ficción como vía posible para la representación del acontecimiento político pasado (2006, 135). Apunta también Aguilar que sólo cuando hay negación de los lugares comunes, lo ya dicho sobre ese pasado, la reconstrucción permite volverse una tarea más compleja (2006, 189). Por su parte, Ana Amado señala la desobediencia de las reglas de representación como uno de los gestos políticos de *Los rubios*. Este carácter desobediente se entiende sólo en el diálogo y la disputa con un discurso consensual previo. La propuesta de Carri impugna las gastadas fórmulas narrativas disponibles, para pasar a escenificar una especie de laboratorio cinematográfico: "Improvisación, ironía, insolencia y libertad conforman el sentido y la forma de un film donde el juego y la risa, componentes de la infancia, se unen a la gravedad de la consigna de recordar" (Amado 2009, 185). Este laboratorio de arte pone a prueba la solemne forma de memoria canonizada, y la vuelve objeto de lúdicos experimentos formales que, en tanto tales, no dejan de ser políticos para Amado.

Los rubios es analizada por la crítica desde las interrupciones y novedades con respecto a las producciones culturales de memoria hasta entonces articuladas. Muchas de las mismas habrían establecido ciertos lugares comunes –con sus respectivos sentidos comunes– y seguros de la memoria, acompañando el movimiento discursivo hegemónico en sus intentos de asentar y promover un consenso. El sobregiro estético que materializa la película de Carri se constituye como tal con respecto a lo que previamente fue dicho en otras narrativas que, adhiriendo al discurso de la memoria homenaje, terminaron conformando la narrativa-monumento del pasado (Macón 46).

Kohan y Sarlo enumeran algunas producciones culturales que juzgan compuestas por las voces de hijes "más modestos" (Sarlo 155), quienes, comparándoles con Carri, "se si[ntieron] más próximos al compromiso político de sus [ma]padres" (Sarlo 153). Desde mi perspectiva, estas producciones de la

---

9. Rancière caracteriza el desacuerdo (político) en tanto disenso, como aquel que "inventa nombres, enunciados, argumentaciones y demostraciones que instituyen nuevos colectivos donde cualquiera puede hacerse contar entre los no contados" (2011, 69).

narrativa ADN se sumaron al discurso hegemónico de la memoria homenaje, del que *Los rubios* pasaría a distanciarse. En el marco narrativo de dos propuestas de cine documental se encuentran representadas algunas de estas tensiones; me refiero a los respectivos comienzos y finales de las películas de Carri y de María Inés Roqué. El film de Roqué, desde el título, se ubica en una narrativa de memoria cuyo tiempo y espacio de enunciación es el pasado. Carri, con *Los rubios,* se aleja de ese pasado establecido como tiempo sagrado. El sobregiro disensual se da al forjar un nuevo espacio de memorias en un momento preciso: el presente. Un lugar sin conclusiones, que no deja de suceder por su constante estado de redefinición, que emerge como interrogante abierto a la multiplicidad de nuevos lenguajes que pueden darle forma; sin sentir el peso de los condicionamientos y respetos debidos, sin tener que pedir permiso, dejando atrás su condición de ruido y pasando a hacerse contar –ver, decir y sentir– como palabra audible.[10]

En *Papa Iván* (2004) escuchamos la voz en *off* de la directora superpuesta al sonido de una banda instrumental melódica. Mientras se proyectan fotos antiguas de dos niñes junto a una figura paternal, compartiendo risas del juego. Presenciamos la lectura de una carta:

> Agosto 26 de 1972. A mis hijos, Iván y María Inés: Les escribo esta carta por temor a no poderles explicar nunca lo que pasó conmigo. Porque los dejé de ver cuando todavía me necesitaban mucho y porque no aparecí a verlos nunca más. Aunque sé perfectamente que la mamá les habrá ido explicando la verdad, prefiero dejarles mis propias palabras para el caso de que yo muera antes de que ustedes lleguen a la edad de entender bien las cosas. (0'40")

La voz de "Papá Iván" es reencarnada por la de su hija María Inés. La carta del padre se convierte en el marco del documental: lo inaugura y lo clausura. La directora hace coincidir el final de su película con el final de la carta de su padre, leyendo la dedicatoria y firma: "de un papá desconsolado que no los olvida nunca, pero que no se arrepiente de lo que está haciendo. Ya saben: libres o muertos, jamás esclavos. Papá Iván" (52'39"). La voz paternal resuena

---

10. Esta sección recuerda a las frases íntimas inscriptas en las remeras de los habitantes de Beaudottes. El sonido y la mudez también eran parte de una apuesta estética y política semejante.

monumental, a pesar de ser cuestionada a lo largo de la película,[11] no pierde un lugar protagónico y se le concede el marco mismo de la narrativa.

Así como el comienzo y el final de la carta del padre de Roqué enmarcan *Papa Iván*, el campo –el ficcional de los muñecos playmobils y el referencial– es el marco de la película de Carri. El campo inaugura y clausura *Los rubios*. El campo funciona de marco porque desde allí se articula la memoria de Carri. Esta memoria se torna narrativa valiéndose del lenguaje de la ficción, del juego, de la fantasía, ya que su evocación se entrecruza con este código estético de la infancia. La memoria se revela en su carácter de fantasía, carácter que a lo largo del film no se pretende disimular, sino más bien enfatizar.[12] Primero, la escena campestre de los juguetes de la primera toma. Frente a las fotos y los videos del archivo familiar que expone Roqué, la primera representación hogareña que escenifica Carri es la de unos muñecos playmobils moviéndose en cámara rápida: una casita de juguete se enfoca en primer plano y la miniatura se torna escala real.[13] El fondo es la pintura de una vaca desproporcionada con respecto a los caballos playmobils y las figuras humanas de playmobils. Un playmobil niño llega cabalgando y lo recibe un playmobil adulto que le toma la mano. Otro playmobil adulto sale de la casita de campo

---

11. Al respecto de los cuestionamientos de orden generacional y las demandas dirigidas a mapadres militantes en *Papá Iván*, ver el análisis del documental de Pablo Piedras en *El cine documental en primera persona*. A pesar de que la voz de Roqué es, a lo largo del film, crítica de la figura paterna, *Papá Iván* permite verse como contrapunto de *Los rubios* teniendo en cuenta ciertas elecciones estéticas, como el marco y el encuadre, la elección de los personajes entrevistados y el espacio que ocupan en las escenas. Sobre las contradicciones y ambigüedades en el reclamo, ubicado entre el amor y el cuestionamiento, que se articula desde la literatura de hijes de militantes, ver: Fernando Oscar Reati (2015), que lo expresa en una pregunta inconsciente que habita estas producciones: "¿por qué mis padres me abandonaron al desaparecer?".

12. Y de aquí los múltiples niveles que implican la exposición del proceso de filmación del documental –desde la presentación de la actriz que representa a Albertina Carri, la exhibición de los ensayos, el detrás de cámara, entre otros aspectos, en un constante cruce entre los referentes reales y los de la ficción.

13. Para una reflexión sobre la miniaturización de los objetos que se transforman en juego ver: Agamben 101–06.

y también toma la mano del playmobil niño mientras se oyen risas invisibles.[14] Duplicando el espacio infantil del juego y el juguete, las siguientes tomas capturan paisajes rurales reales que maximizan el escenario playmobil agreste del comienzo. El espacio ficcional de juguete se torna "El campito" de la realidad. "El campo es el lugar de la fantasía o donde comienza mi memoria. Cuantas veces vi llegar a mis padres en auto, o a caballo, o en colectivo" (42'). Este diálogo tardío resignifica la escena del inicio del film de la llegada a la casa de campo de unos playmolis cabalgando. El ámbito de la memoria se presenta, desde su primera enunciación, entrelazado con el de la ficción. El campo está también en las últimas escenas que recorren, ya no las figuras de playmobils, sino los integrantes del equipo de grabación con pelucas rubias, a quienes después de los créditos se les ve cabalgando.

El marco del campo y la ficción animada de los playmobils es el abismo que separa la película de Carri de la de Roqué. Mientras *Papa Iván*, desde el título y el principio y el final de la carta del padre se enmarca como una apelación a la narrativa paterna, *Los rubios* escenifica la urgencia por mover del encuadre esa narrativa sagrada para poder encontrar una propia. Narrativa que, según Carri, comienza en la niñez, en tanto lugar estético donde la memoria se entrelaza con la fantasía y la ficción, incluso antes de volverse discurso. Esta apuesta por hacer a un lado (mover del marco) la narrativa paterna de la generación precedente y encontrar la propia queda sonando en el *soundtrack* que musicaliza el final de *Los rubios* (Carri 1:16'). "Influencia", de Charly García, comienza así: "Puedo ver y decir/ Puedo ver y decir y sentir/ Algo ha

---

14. El entramado de voces y susurros son una constante a lo largo del film. Amado argumenta a partir de este detalle. Las palabras y las imágenes pocas veces van de la mano en el film, más bien se expone el desacuerdo que entre ellas hay. En términos de Amado, la operación fílmica consiste en exponer la fisura de "la alianza entre la imagen y la voz" (2009, 186). Ana Forcinito se vale del concepto de "lo acusmático", siguiendo a Michel Chion, para describir la particular dislocación de la voz, "una voz sin rostro que nos asedia" (2018, 10). Y a partir de aquí se impugna cualquier pretensión de unicidad del relato. A esto hay que sumarle el esfuerzo para escuchar, ya que muchas veces las voces llegan desde la lejanía o superpuestas con otros sonidos, o suenan con eco a partir de su reproducción en un televisor. Esta dificultad en la escucha no es inocente si pensamos en el otro esfuerzo que proviene de la voz emisora: el esfuerzo por hacerse oír, por dejar de ser ruido y tornarse palabra.

cambiado". Siguiendo una lectura ranceriana, la palabra de Carri, su memoria narrativa, rompe el consenso y fomenta el cambio. "Influencia" habla de una herencia generacional que no se busca negar ("Yo no voy a correr/ Yo no voy a correr ni escapar/ De mi destino"), sino transformar para enunciar en primera persona. Se trata, en definitiva, del protagonismo del sujeto descendiente. No debe ser casual que el *soundtrack* se vaya esfumando antes de que suenen los dos últimos versos: "Será por tu influencia/ ¡Esta extraña influencia!".

Si Roqué enmarcaba su película alrededor de la voz paterna (que, a pesar de que en el film se cuestiona, no se desenmarca), el primer movimiento transgresor, descortés e irreverente de Carri puede rastrearse desde las primeras escenas. La primera toma de *Los rubios* que desconcierta a la audiencia enfoca una pintura de una vaca junto a unos juguetes campestres. La vaca pintada está quieta, pero no muda. Lejos de la monumental voz que abría *Papa Iván*, el primer sonido que la película de Carri escenifica es el mugido de esta enigmática vaca estática. El ruido del animal se vuelve seguidamente lenguaje humano articulado cuando la voz en *off* de una mujer que habla mientras manipula la cámara, se dirige a la directora, "–Alber... Alber", pidiendo encuadres cinematográficos a un equipo de grabación que se oye fuera de escena. Movimiento disensual ranceriano si los hay, donde, literalmente, se convierten en seres hablantes y audibles quienes antes se oían como animales ruidosos (Rancière 2011, 16).

Junto con el cambio del marco narrativo, el trato que se le da a los testimonios de compañeros y compañeras de militancia es un aspecto más relacionado al enfoque de la cámara que permite leer en contrapunteo las películas de Carri y Roqué. Pablo Piedras enfatiza la crítica que presenta el film de Roqué frente al retrato heroico del padre, sobre todo en lo que respecta a las preguntas que hace la directora, como entrevistadora, acerca de los motivos de la elección de la militancia, incluso a costa del abandono de les hijes. Sin embargo, Piedras concede que este planteamiento se limita al plano declarativo antes que extenderse al estético. Roqué, como directora, reproduce un formato tradicional del documental en el enfoque y el encuadre de sus entrevistas. El espacio particular que se les concede a los testimonios, "las entrevistas con los familiares, compañeros, amigos y conocidos de sus padres" sigue siendo "un lugar privilegiado (...) en el que se inscriben sus cuestionamientos" (Piedras 124).

Carri, en cambio, pone a prueba el formato tradicional del documental y, ante los mismos testimonios que Roqué, adopta una "pose frívola" (Aguilar 183).

Esas voces no abandonan la escena, son incluidas, pero ya no recibimos su narrativa completa y enfocada, sino una manipulada a la vez que desdeñada, como se aprecia en la escena en la que Analía Couceyro (la actriz desdoblada que representa a Carri en muchas de las escenas de la película) se dedica a otras cosas mientras, en un televisor de fondo, van sonando algunas de esas voces (12'). Ana Forcinito habla de un desplazamiento y postergación visual, pero no de una marginalización de estas voces con histórica agencia narrativa (2018, 121). Voces y narrativas hegemónicas que son corridas al fondo, movidas del marco, precisamente, para hacer espacio para la articulación de un cuento propio.

A sabiendas esquivando el tono glorificante de la generación montonera, Carri se interesa y se detiene, en cambio, en las voces de otros "'personajes secundarios' o 'figurantes' que son los vecinos del barrio, más proclives a los matices" (Estay Stange 2023, 57). Y dentro de esas personas figurantes, además de los vecinos que vivían en el barrio en el momento en que secuestran al padre y la madre de Carri, se entrevista a un grupo de niñes que no vivieron la dictadura, sabemos por su corta edad, pero sin embargo comparten en detalle muchas historias sobre las casas del barrio y sus habitantes, las cuales sí escuchamos completas, sin manipulación (39'). Esta escena sigue a una en la que Couceyro, representando a Carri, cuenta lo que recuerda del día del secuestro y afirma no estar segura de cuánto de ese recuerdo fue reconstruido a partir de los relatos de sus hermanas que eran un poco mayores ("Yo tenía tres años, así que mucho no me acuerdo" [36']). Voces infantiles presentadas directa e indirectamente, exponiendo posibles procesos de construcción de estas narrativas. En un atrevido gesto, disensual y anti-adultocentrista, de dar más protagonismo y cámara a las personas secundarias que a las protagonistas, proponiendo nuevas voces principales y revelando una urgencia por reconstruir y transmitir una narrativa personal y presente antes que una ajena y monumentalizada.

"En la casa de Pinocho sólo cuentan..."

En una lectura muy original, Kohan retorna al *país de los juguetes* de Giorgio Agamben para ocuparse en detalle de Carri y el juego que juega con sus muñequitos playmobils. Según Agamben, el juego se vincula desde su origen con la esfera de lo sagrado. El trompo, por ejemplo, dataría de tiempos antiguos y habría comenzado a ser utilizado como instrumento adivinatorio (2007, 99). Pero la operación lúdica no sólo se vincula al ámbito sagrado, sino que se propone doblegarlo. La fórmula del juego pasa a ser: lo sagrado invertido. Si el ámbito sagrado del rito se definía por la unidad repetitiva, el juego se presenta como imagen inversa y fragmentada, como en un efecto de espejos. En el juego, el sujeto rompe con el tiempo circular del rito. En el país de los juguetes al que llega Pinocho "los habitantes se dedican a celebrar ritos y a manipular objetos y palabras sagradas, cuyo sentido y cuyo fin sin embargo han olvidado" (Agamben 2007, 100). Resuena en esto una frase que Carri repite dos veces en una de las escenas inaugurales, durante la entrevista a una vecina del barrio (3'35"). La vecina entrevistada habla a través de la ventana, y por momentos asume que la entrevistadora comparte sus memorias del pasado, mientras Carri repite, desde el otro lado de la reja: "yo no me acuerdo de nada".[15] En el mundo de Albertina, las palabras y las cosas han perdido su conexión sagrada original.

El país de los juguetes que escenifica Carri es el de los playmobils que le habilitan otro uso libre de la narrativa de la memoria homenaje. Carri los pone en escena desde la toma uno, y recurre a ellos en varios momentos a lo largo de la película. Aparecen cuando se habla de la apacible infancia en el campo, interrumpida por miradas inquisidoras. Los muñequitos se mueven infiltrados en el escenario a escala real. Aparecen cuando Couceyro lee un fragmento sobre la reconstrucción de la identidad, y su voz coincide con la imagen de un playmobil que, en cámara cada vez más rápida, muda de sombrero y se transforma sucesivamente en astronauta, chef, obrero, caballero, oficial, vaquero, bombero, rey. Los muñecos también dan vida a una cancha de vóley en el fondo de la casa de la familia Carri, de la que habla antes el testimonio del hermano menor de Roberto Carri (padre de la directora). Y al respecto, emite Kohan su receloso juicio hacia una hija descortés que presenta "una versión acaso demasiado playera de lo que fue un relato sobre la vida

---

15. Esta entrevista (Carri 4') merece una investigación aparte. Reproduzco algunas de las frases de la vecina que, aunque dice no saber nada, cuenta mucho, y en sus declaraciones parece insistir en su inocencia: "Yo no sé nada"/ "No tengo ni idea"/ "Yo no sé por qué a veces estoy, a veces no estoy"/ "Una vive tranquila, no tengo drama con nadie"/ "Jamás me han molestado por nada". Las declaraciones de la entrevistada pueden tomarse como ejemplo de la reacción de una parte significativa de la sociedad ante el accionar genocida de las Fuerzas Armadas, sector de la población que tendió a autodefinirse como apolítico (estudiado en el Capítulo IV).

del grupo de militantes en una quinta del Gran Buenos Aires" (2004a, 29). Kohan descuenta una exigencia de respeto debido, prescrita desde el discurso de la memoria homenaje. Estableciendo un "régimen de descortesía ciertamente significativo" (2004a, 28), para Kohan, la recuperación del pasado político que hace Carri aborda de manera descortés momentos que apelan a la dimensión heroica de les desaparecides. Lo que me interesa enfatizar de este argumento es que dicha dimensión heroica recae para Kohan en la esfera del activismo político, y para nada en la cotidianeidad familiar. Este es uno de los rasgos patriarcales y adultocentristas delineados por la memoria homenaje, donde se desdeñan las dinámicas políticas, económicas y sociales que entran en juego y ponen en jaque a la familia, la cual se considera principalmente relegada a la esfera de los afectos.

Contrarrestando el recelo de Kohan para con *Los rubios*, el argumento de Amado sí señala la dimensión política de la unidad familiar. Para Amado, en filmes como el de Carri se dejan entrever las dificultades de enunciar el discurso propio a partir de "una imagen indecible entre el perfil épico de padres protagonistas de una gesta histórica colectiva, y desertores a la vez en la economía de los afectos privados" (157). Desde aquí se apunta la dimensión política y el aporte económico de la familia en tanto unidad productiva básica del patriarcado (Millet 83). Este aporte de la economía de la institución familiar, frecuentemente invisibilizado, lo denuncia Lina Meruane (2014) en su diatriba feminista *Contra los hijos*, donde argumenta cómo el sistema capitalista descuenta que una parte central de su producción y reproducción sea gratuita y sea realizada mediante un "servicio materno obligatorio (...) de la mujer" (17). "Este sistema le ha endosado a la familia, pero, como siempre, sobre todo a la mujer, la responsabilidad por todo lo que el Estado ya no le ofrece a su ciudadanía. Es la familia, pero sobre todo la madre, quien debe ocuparse de que los hijos sobrevivan y prosperen" (87). Desconociendo, o adrede desdeñando, argumentos feministas de este tipo, Kohan se aferra a los enclaves patriarcales de la memoria homenaje, menospreciando el valor de los integrantes de la familia. Según Kohan, la política acontece exclusivamente fuera del recinto del hogar, en la militancia guerrillera y en los gestos heroicos de arriesgar la vida propia (y las ajenas).

Finalmente, el juego que Carri juega con sus muñequitos es el del momento del secuestro, escena tristemente icónica de la historia argentina, donde el uso sistemático de la violencia fue el método instituido por un gobierno y su política *desaparecedora* –basada en desaparecer personas, desaparecer los crímenes y sus responsables–.¹⁶ Sin darle un respiro a su bisturí policíaco, Kohan señala que "el secuestro, sin embargo, en *Los rubios*, con los playmobil, no es contado así, sino muy de otra manera" (2004 A, 29). Lo que incomoda a Kohan es la reconstrucción del monumental secuestro burlando los códigos consensuados de la memoria homenaje, apelando al país de los juguetes demasiado literalmente: *jugada* que terminaría "frivolizando" y "despolitizando" el contenido representado. El juego es el aspecto central en el análisis de Jordana Blejmar de ésta y otras obras de la generación posdictadura. El recurso de los juguetes, a la vez que reconstruir memorias infantiles y desnudar la conexión entre lo real y lo imaginario, tiene el potencial de rastrear sentidos posibles para lo que se tenía por sagrado e irrepresentable de la desaparición (65). Frente a la afirmación de Kohan de que Carri despolitiza el secuestro de sus mapadres –motivado por razones políticas– representándolo con juguetes playmobils, Aguilar responde: "*Los rubios* no sólo no despolitiza sino que hace una de las críticas políticas más contundentes de la militancia de los años setenta: la que sostiene que al politizar todas las esferas de la vida social, la militancia termina por poner en riesgo ámbitos que deberían quedar a resguardo" (187). Para Aguilar, la percepción infantil es central en la película y ésta se dirige directamente a cuestionar el papel que a les niñes les tocó en las organizaciones armadas de los setenta. Es esta jugada la que termina dejando al desnudo la dimensión adultocentrista de la memoria homenaje y su exclusión de la familia (y les niñes que la conforman) del ámbito político.

En la película de Carri, los emblemáticos Falcon verdes se transforman en naves espaciales que abducen a las figuras maparentales *playmobilescas*. Es de noche en una estación de servicio y un objeto volador con luces, cuya forma no llega a distinguirse bien, despega y desaparece dejando como rastro la electricidad de la estación titilando. Llega luego un auto amarillo cargado con valijas y dos ocupantes y se detiene por algunos servicios antes de retomar la ruta. A continuación, el objeto volador reaparece, esta vez con el contorno definido de una nave tipo plato volador que persigue al auto amarillo y abduce, uno a la vez, los ocupantes del vehículo. La escena concluye con tres playmobils de pelo rubio que caminan por la misma ruta nocturna donde tuvo lugar la abducción, pasando entre medio de las valijas abandonadas en el pavimento como única evidencia del suceso paranormal. Como ha apuntado

---

16. Para un análisis sobre el concepto de la *política desaparecedora* como accionar del Estado represor, ver Pilar Calveiro en *Poder y desaparición*.

Aguilar, el *soundtrack* de la escena proviene del film de serie B de acción y ciencia ficción, *The Day the Earth Stood Still* (1951). Kohan encuentra aquí más semejanzas con los "encuentros cercanos del tercer tipo". Si bien este crítico comenta sobre la intención de la directora de recrear la escena apelando a la mirada de la niña que entonces era, se le escapa algo. En ese preciso detalle (de la esfera de lo absurdo para Kohan) radica uno de los sentidos más transgresores de la propuesta de Carri.

Un poco antes de la abducción, mientras Carri aparece fumando por la ventana del auto, la voz de Couceyro, desde la casa de Pinocho –donde se manipulan las palabras sagradas, cuyo sentido no se recuerda–, cuenta: "Creo que cuando tuve 12 años alguien me contó algo de unos señores malos y unos señores buenos (...) No entendí nada de todo lo que me dijeron. Ni una sola palabra. Lo único que recuerdo de aquella charla es que empecé a pensar en armas, tiros y héroes" (Carri 41'36"). Los objetos voladores no identificados (popularizados por su acrónimo, ovnis) estallan como síntoma de esa incomprensión en la que perviven conceptos vacíos, vueltos imágenes. Definiendo una estética lúdica que presenta nuevas formas de abordar el pasado dictatorial entre artistas de la generación posdictadura, Blejmar apunta que la memoria de esta generación está compuesta por una hibridez de voces y discursos en los cuales rara vez se mantenían intactas las esferas de la ficción y la realidad (14). El retorno a la hibridez como estética torna explícita una dificultad autobiográfica de delinear fronteras impermeables entre ambos espacios discursivos. Lejos de ridiculizar el pasado histórico, Carri elige representarlo estéticamente a través del juego, desnudando el acontecimiento político en su naturaleza de injusticia e incertidumbre: tal y como lo vivió; o, tal y como lo recuerda, la ficción colada en la realidad y viceversa.

Siguiendo la analogía propuesta por Agamben, el rito sagrado es el *monumento* del pasado del que hablaba Macón (aquel artefacto que buscaba sellar la memoria); es el *lugar común* de Aguilar; es el *museo de larvas* de Agamben (contracara del *país de los juguetes*); *es el régimen consensual* de Rancière que distribuye lo sensible. El juego de los playmobils es entonces el contramonumento; es el nuevo espacio de memorias construido en el presente, en vez de apresado por el pasado; es el disenso a partir de una correspondiente redistribución feminista y anti-adultocentrista de los tiempos y espacios, de los cuerpos y las voces.

Recordemos que el disenso de la propuesta de Carri a la vez que estético, es político. Carri mira y enfoca con la lente de su cámara dos vertientes posibles: la del arte comprometido y la del *artepurismo*. El estudio de la historia del arte moderno y posmoderno fue principalmente encauzado en dos vertientes: la primera, identificada como el arte comprometido, percibida desde sus intentos de eliminar la distancia entre la vida política y el arte; la segunda, nombrada *artepurismo*, proclive a desconectar esa pretendida igualdad y reclamar la autonomía del arte. Rancière enuncia, a partir de esta bifurcación, las dos paradojas de la "política de la estética", y propone una suerte de tercera vía que rompa el choque dialéctico: el arte crítico/político. Éste es el que conserva "algo de la tensión que empuja la experiencia estética hacia la reconfiguración de la vida colectiva, y algo de la tensión que deslinda el poder de la sensibilidad estética de las otras esferas de la experiencia" (Rancière 2006, s/p). La jugada que la tercera vía del *arte crítico* realiza, para Rancière, "consiste en desplegar el encuentro y posiblemente el choque de elementos heterogéneos [los cuales provocan] en la percepción, una ruptura que revela cierto nexo secreto entre las cosas" (2006, s/p). Y éste es el procedimiento al que la película de Carri se atreve.

Hay una escena donde Couceyro observa sin hablar una imagen encuadrada de "una arquitectura bonita", un cuarto con sillas amontonadas y una ventana abierta (49'). Su voz ausente cuenta la anécdota de un encuentro casual con unas fotos de un matadero que la impactaron y que la llevaron a pensar: "no me gustan las vacas muertas, prefiero las arquitecturas bonitas". Y entonces se descubre realizando un gesto frívolo (gesto que más bien celebra antes que desdeñar) al enmarcar la imagen del cuarto con sillas amontonadas, sin ninguna vaca muerta en él. Aguilar lo explica de forma muy visual: "esas dos fotos (la de la arquitectura bonita y la de la vaca muerta) son las dos pequeñas ventanas de la estética desde las cuales Carri espía la política" (2006, 184). Las vacas muertas pueden asociarse a una propuesta de arte comprometido con la vida, y la arquitectura bonita (sin animales sacrificados) a una opción que se orienta hacia la autonomía del arte. Pero Carri (a quién la anécdota pertenece), no elige sin rodeos la segunda vía, sino que se encarga de exponer la frivolidad que supone dicha elección. Frivolidad hacia la que no puede evitar sentirse atraída. Y es desde esta encrucijada donde admite estar espiando a la política. Lo que enfatiza sobre la anécdota es el conflicto mismo que la decisión supone. Contraponiendo las vacas muertas del matadero a la arquitectura bonita de una habitación desorganizada, optando finalmente por la segunda, y remarcando la frivolidad del gesto, se intenta exhibir una decisión entre opciones que se presentan como antagonistas, pero que pueden dejar de serlo. En este gesto se revela el nexo secreto que mantenía en pie a este par por su supuesta relación de oposición, relación que Carri termina por burlar.

Los rubios, en tanto acontecimiento político y estético, emerge como *arte crítico*. Desde su narrativa visual y auditiva plantea un giro que redistribuye el orden establecido de lo sensible, entablando un *malentendido*[17] con el discurso consensuado de la memoria homenaje y sus palabras-sagradas, desde el cual se manifiesta resistencia e incomprensión. El giro disensual de la película de Carri impugna ciertas relaciones necesarias entre las palabras y los significados consensuados, enunciando un nuevo sentido común polémico desde un espacio de memoria vacío, ubicado en el tiempo presente, no predeterminado y que se pasa a ocupar libremente apelando a códigos aquí caracterizados como infanto-feministas que acaban denunciando algunos de los rasgos patriarcales y adultocentristas del discurso de memoria hegemónico.

II. Paula Markovitch y un espacio solitario de memoria

Si en su narrativa Carri escuchaba, desobedientemente, las versiones de los protagonistas de la historia (compañeros y compañeras de militancia de sus mapadres), para Markovitch, en la historia que tiene que contar, hay sólo una protagonista que entra en el marco: la piba que la vivió, quien adopta ese lugar enunciativo para articular su narrativa. La película *El premio* de Paula Markovitch (2010), narra en clave autobiográfica las vivencias de una niña de ocho años, Cecilia, y su madre, en el pueblo playero a donde escaparon poco después del golpe de Estado y la desaparición del padre de Cecilia. La búsqueda estética-representativa por contar apela a una reconstrucción de lo que describo como un lenguaje infanto-feminista que se vale de los modos de entendimiento en que se vivieron las respectivas memorias. Intentar desandar y denunciar el adultocentrismo de la memoria homenaje, apelando a la estética infantil del juego, es lo que leo como el atrevido componente feminista de esta narrativa. Desde el momento en que la niña sobre patines de rueditas ocupa

---

17. Retomando el concepto del "malentendido literario" de Rancière.

la pantalla, se visibiliza un nuevo sujeto de enunciación que cuestiona lo que hasta entonces se oyó como ruido de fondo, y se pasa a enfocar en primer (y casi exclusivo) plano: una historia de una infancia clandestina.

La escucha interferida por el sonido de un hostil ambiente playero representa plásticamente las dificultades individuales de la articulación de memorias que buscan tornarse audibles, visibles. Dichas memorias se encuadran entre los momentos de apertura y clausura del film, donde se enfoca a la niña sola. En la primera escena, en una playa desierta, con el mar y el viento con rol protagónico, la niña está subida sobre unos patines y avanza insistente, desafiando la inviabilidad de la actividad. La última escena también repite la imagen solitaria de Cecilia sentada en un médano, con la cabeza escondida entre sus rodillas, rodeada de una tormenta de arena. El último sonido que se escucha entre el viento es el llanto de su soledad. Esta narrativa articula su cuento desde una soledad enfática en la que se halla arrojada la niña.

El insilio maternal: una maternidad desromantizada

Desandando tanto la constante apelación a la esfera de los sentimientos, como el recurso de representación de la historia política en términos de "dramas familiares", y la consecuente "sacralización de la maternidad" (recursos estéticos promovidos, como ya apuntaba Hugo Vezzetti, desde la narrativa del *Nunca más*, sostenida por Abuelas y explotada en la película de Luis Puenzo), uno de los aspectos de ruptura centrales que propone *El premio*, respecto al entramado discursivo patriarcal de la memoria homenaje, es una representación desromantizada de la maternidad, narrada desde la perspectiva de la hija. Mientras en el ciclo *Televisión por la identidad* (2007), apoyado por Abuelas, la maternidad se presentaba como vía de la mujer para sobrellevar toda adversidad ("Nunca vi tan feliz a tu mamá como cuando quedó embarazada de vos (...) La desaparición de tu papá dejó un vacío muy grande (...) Por esos días tu mamá esperaba a Laurita. Pensamos entonces que su nacimiento dejaría el dolor atrás" ("Tatiana" 59"), el personaje de la madre de Cecilia está marcado por la pérdida, la ausencia, el miedo y la desolación que la encierran en un destierro dentro de ella misma. La hija y su universo no se presentan como salvación posible. Leonor Arfuch describe este ensimismamiento materno en términos de "exilio interior" o "insilio". Como contracara del exilio, el insilio constituye un movimiento de salida, pero sin abandonar el espacio físico personal. Un quedarse quieta sin poder sentirse presente en tiempo y coordenadas. El insilio, en el film, se traduce como silencio hacia el exterior que interfiere la esfera de los afectos maternos, e implica, a la vez, el aturdimiento frente al lenguaje interno de los pensamientos. El insilio de la madre la abstrae casi por completo del universo de su hija. Cecilia transita sola la mayor parte del largometraje, sumergida en su microcosmos, compartiendo espacios físicos con su madre, enfrentándose a su abstracción y palpando entre ambas una distancia insalvable.

Gran parte de la atención del personaje adulto se concentra en las noticias que intenta recibir del exterior que le indiquen alguna pista sobre el paradero o destino del padre de Cecilia. A lo largo de la película, la madre está obsesionada con sintonizar alguna frecuencia a través de una radio destartalada que no consigue arreglar y cuya única recepción es una lluvia eléctrica que prolonga el sonido y presencia protagónica del viento y el mar. Estos elementos sonoros y visuales simbolizan el canal de comunicación interferido entre madre e hija, así como los reiterados intentos frustrados de Cecilia destinados a reestablecer ese lazo comunicativo. Por ejemplo, cuando se lanza a la misión de reparar el aparato radial y no consigue más que empeorar las cosas, costándole otro disgusto de su madre.

El vínculo quebrado entre la figura adulta y la niña se materializa en una escena donde un vidrio-ventana media entre ambas. Cecilia está volviendo de la escuela y se detiene para observar a su madre dentro del rancho que hace de nuevo hogar. Mientras es observada por su hija, la mujer se halla ensimismada, empeñada en la tarea manual de construir unas figuras con caracoles del mar. La cámara captura, a través del vidrio de la ventana, el reflejo de Cecilia contemplando el cuadro. Cuando la niña ingresa finalmente a la casa, la madre apenas la percibe y no interrumpe su ocupación. No hay lugar para una escena familiar afectuosa que reconstruya el retorno al calor del hogar siguiendo los códigos afectivos del lenguaje de las emociones familiares característico de la memoria homenaje. En cambio, madre e hija intercambian breves miradas y un postergado saludo rutinario: "Hola ma". Cecilia se muestra preocupada e intenta llamar la atención de su mamá con movimientos corporales que no consiguen establecer el diálogo verbal, como si el vidrio mediador siguiera en pie, aunque ambos cuerpos se encuentran físicamente, frente a frente, en la misma habitación. Finalmente, la nena articula su preocupación: "Escribí una redacción en la escuela [silencio largo] Ma, no sé si la hice bien, ¿la querés leer?" (1:02'27"). Pero la respuesta vendrá a aletargar la consternación de Cecilia: "Bueno, ahora, dejala por ahí que ahora voy. Después la leo"

(1:02'43"). La niña decide esperar y se sienta en la mesa apoyando la cabeza en su libro, entregándose al cansancio. Sólo entonces la madre interrumpe su quehacer, contempla a la hija durmiendo y le acaricia la cabeza. Las muestras de afecto entre madre e hija en *El premio* figuran siempre postergadas, atenuadas o impedidas. En esta secuencia, sólo ocurren mediadas por el sueño de la niña.

La anteúltima escena de la película expone el fracaso del intento por establecer un diálogo intergeneracional. El vínculo entre madre e hija queda truncado. La nena vuelve a la casa luego de asistir al evento militar en el que el ejército la condecora por su redacción a la patria (redacción que es la versión contraria a la escrita en primera instancia, que les podría haber costado la vida, donde Cecilia atrevidamente denunciaba el accionar militar que desaparecía cuerpos). La madre había intentado hacerle dimensionar el horror: "No entendés nada (...) ¿Para qué querés que los militares te den un premio?" (1:27'). Y había revelado en esa misma ocasión, ante la hija, el destino probable del padre desaparecido: "–¿Lo mataron? / –A lo mejor sí" (1:28'). El premio de Cecilia, otorgado por las manos de los probables asesinos de su padre, viene impreso de una perceptible carga de culpa y de allí que la niña pide perdón a la madre: "Perdoname, perdóname, mami, mamá, ma, perdoname" (1:35'11"). Un suave "sí" se escucha como respuesta. Luego, silencio. La niña busca el cuerpo de la madre, la persigue por la casa, tironea de su ropa y sólo encuentra resistencias. Se descubre sola, con un padre desaparecido y una madre insiliada. Esta anteúltima escena concluye con el abrazo de Cecilia a su perro.

La narrativa cinematográfica de Markovitch representa a la madre como un personaje deprimido, acallado, ensimismado en sus pensamientos, distante de la hija y del mundo cotidiano familiar. Un retrato que, lejos de ser venerativo de la generación militante, lejos de sacralizar la maternidad como salvación femenina, se realiza en clave anti-heroica (Arfuch 2015, 823) y anti-romántica. Aspecto disensual al compararse con aquellas representaciones que idolatraban acríticamente a las figuras mapaternas, propuestas que Sarlo juzgaba de "modestas y obedientes". En *El premio*, a partir de la exposición del insilio de la figura maternal, noto la articulación de una narrativa infanto-feminista crítica del accionar adultocentrista de la generación precedente, y, en particular, de la vulnerabilidad y soledad a la que quedaban arrojadas la generación de les hijes de militantes.

El lenguaje del juego: reescritura agentiva del silencio

Forzadas a mudarse a un rancho frío a orillas del mar de invierno, Cecilia comparte y respira el insilio de su madre. Este universo silencioso y desolador no consume el lenguaje del juego. En *Los rubios*, los playmobils eran el medio estético por el que se presentaba una infancia politizada, denunciando el grado de exposición de les niñes; en *El premio*, el juego se construye como reescritura agentiva del mandato de silencio impuesto a las niñeces clandestinas. El día a día de las vidas de estas infancias está marcado por un mandato de silencio enunciado por la generación anterior.

Uno de los juegos agentivos sucede al regreso de la escuela. Cecilia y su amiga Silvia, transitan el espacio extenso y desierto de la playa y sus médanos. Cada día, la amiga cae rendida sobre la arena, en una siesta rutinaria. Cecilia comienza a poner montones de arena sobre la espalda dormida de Silvia, mientras *cuenta*: "O si no va a venir alguien y vos no vas a estar. Van a decir *¿adónde estás?, ¿adónde está?* Y no vas a estar. Vas a estar enterradita" (1:12'20"). El juego actúa de forma sintomática, pone en evidencia "las perturbaciones de [la] subjetividad" (Arfuch 2015, 824). Lo que aflora en la lengua del juego es lo que está prohibido decir en el lenguaje cotidiano. Desde la mudanza, Cecilia fue entrenada por su madre en la memorización de una coartada, *¿qué vas a decir si te preguntan?:* "Que mi papá vende cortinas y mi mamá es ama de casa" (10'14"). De la memorización de esa mentira depende la vida. Cecilia, que durante la mayor parte del film no dimensiona lo que le pasó a su papá, sabe exactamente lo que le pasó a su prima: está muerta porque la mataron. Si hay algo que es seguro para ella es que quienes desaparecen, dejan de estar para quienes siguen por ellos preguntando. La experiencia anterior al juego del entierro de la amiga es la confirmación de la madre sobre el destino de la prima de Cecilia:

> –¿Qué te dije yo? ¿Qué te conté? ¿Por qué estamos acá?
> –Porque nos quieren encontrar (…)
> –A cualquiera, a cualquiera lo pueden encontrar. Como a tu prima Ernestina, a cualquiera.
> –¿La mataron?
> –Si te había dicho. (30'30")

En el juego, Cecilia habla de unas personas que vendrán a buscar a Silvia. Siguiendo la explicación de la madre, Silvia, como cualquiera, puede ser encontrada. Pero la niña juega a que no van a poder encontrarla, ella esconde a su amiga para que nadie pueda encontrarla. El lenguaje del juego es mediador entre la experiencia de la pérdida y la forma en que ésta es procesada.

Otro juego agentivo es el que busca una señal de complicidad con la madre, que cava un pozo bajo la casa del mar para enterrar libros, mientras la niña se dispone a enterrar el propio (23'). Pero la madre sentencia que no se trata de un juego: "–¡Dejate de joder!". En la filosofía de Walter Benjamin "el mundo de la percepción del niño muestra por todas partes las huellas de la generación anterior y se enfrenta con ellas, [y] lo mismo ocurre con los juegos. Es imposible confinarlos a una esfera de fantasía, al país feérico de una infancia o un arte puro" (90). En el juego infantil, no sólo se recorren escenarios de otros mundos fantásticos, sino que muchas veces se transita el mundo adulto, traduciendo vivencias. El juego reproduce en clave lúdica, desde la creatividad y la significación infantil, alguna experiencia vivida, algún aspecto de la vida cotidiana. Tendrá que ser Cecilia, sola, la que emprenda la tarea de ocultar sus propios libros (1:01'). Irónicamente, allí también encuentra la resistencia de su perro que quiere jugar el juego contrario: desenterrar lo que Cecilia quiere enterrar.

Callar la historia, ocultar los hechos, disimular el miedo, mentir sobre la identidad. De estas normas existenciales depende la vida propia y la de los seres queridos. El mundo adulto prohíbe las vías de comunicación con el exterior donde se debe sostener la coartada, y también imposibilita la comunicación con el interior, ya que el insilio de la madre trunca cualquier intento de diálogo. En este panorama, el juego se presenta como una forma de reescritura agentiva de la normativa de silencio. El juego, desde su estética y política, permite decir y *contar* la realidad en términos propios. Más que reivindicación en clave sagrada, en esta narrativa se elabora una lectura crítica del papel jugado por la generación de militantes, particularmente por la figura maternal, pintándose una maternidad desromantizada que, a la vez, denuncia el grado de abandono de las infancias y la deserción mapaterna a la economía de los afectos.

III. Laura Alcoba. La búsqueda de la voz narradora en *La casa de los conejos*

Trazando un recorrido de intermedialidades desde los estudios audiovisuales al análisis literario, en la narrativa de Laura Alcoba, *La casa de los conejos* (publicada originalmente en francés en el año 2008), se hilvana una voz infanto-feminista bajo una posteriormente declarada pretensión de con ella haber buscado sortear una "doble trampa": caer en la veneración o en la condena de la militancia política de los setenta (Alcoba 2019, 279–80). Esta novela de auto-ficción se encuentra en lo que termina conformando la *Trilogía de la casa de los conejos* (*La casa de los conejos*, *El azul de las abejas* y *La danza de la araña*),[18] una serie de novelas breves que narra el recorrido de vida de la autora, hija de militantes montoneros, desde el momento en que el golpe del '76 se sabe inminente, pasando por el pasaje a la clandestinidad, y el exilio final en Francia.

La mayor parte de la novela está narrada en primera persona y en tiempo presente desde la perspectiva de una refinada voz infantil que, con una simpleza y destreza en la expresión, cuenta cómo todo en su vida comenzó a cambiar al verse forzada a pasar, junto a su madre y el resto de la organización guerrillera Montoneros, a la clandestinidad: "Entiendo lo que mamá me dice (...) *Para vos, todo va a ser como antes. Con que no digas a nadie dónde vivimos, ni siquiera a la familia, suficiente*" (2018, 17). Si la narradora dimensiona en el acto la nueva situación donde se vuelve necesario esconderse y resistir, el personaje adulto de la madre es quien ofrece la respuesta de pronóstico menos acertado, porque precisamente de eso tratará la novela, de cómo todo nunca volvería a ser como antes para la hija. La voz infantil narradora va acompañada por la de una narradora adulta que le da estructura, marco y sostén al relato. Mientras Alcoba admite ceder lugar a la voz adulta, esa voz no se le presenta libre de problemáticas. Si la voz adulta le permite, por un lado, explicar y guiar el relato, por otro lado:

> (...) no me convencía del todo, en parte porque me hacía entrar en consideraciones que no quería abordar. Para mí era muy importante no caer en lo que yo veo como una doble trampa: por un lado, la idealización de una lucha que no fue la mía y por otro lado una forma de crítica o de condena de la militancia. Quedarme en la posición infantil me hacía sentir legítima para contar una militancia que no fue mía. (2019, 279–80)

---

18. Los tres textos aparecen por primera vez compilados bajo el título *Trilogía de la casa de los conejos* en el año 2021. La autora comenta que la trilogía no fue premeditada, sino que cada libro se fue dando como el siguiente paso necesario en su narrativa de memoria. La serie permite leerse también como una *Bildungsroman*, que cuenta el pasaje de la infancia a la juventud.

La doble trampa que apunta Alcoba sintetiza dos de las modalidades discursivas adoptadas por la segunda generación al abordar el pasado de niñez en tiempos de dictadura: la veneración de la lucha armada de las organizaciones guerrilleras, o su condena. Alcoba, valiéndose de la voz de niña, cree evitar adoptar estas dos opciones antagonistas. La voz infantil le otorga a la adulta escritora un halo protector que traza una dirección contraria a la esperada en las sociedades adultocentristas, donde la figura adulta es la que debe amparar a la niña. Optar narrar las memorias con una voz infantil resguarda a Alcoba de anticipadas miradas de recelo provenientes de la generación militante de sus mapadres, y la salva, o cree salvarla, de tener que optar por la veneración o la condena de la militancia. Mi argumento es que la voz infantil narradora, leída en clave infanto-feminista, ofrece la perspectiva menos venerativa y más crítica, mientras que la voz adulta presentada desde el marco e interrumpiendo el relato principal, es la que se esfuerza por sortear la doble trampa. Tal cual apunta Fernando Oscar Reati, la mirada crítica y la denuncia de la militancia no se enuncian de modo explícito en la novela: "Si hay un reclamo en Alcoba por el destino que le tocó vivir (el miedo, el exilio, la infancia inusual) éste se encuentra tan 'embutido' como la imprenta clandestina o la carta en el cuento de Poe, revelándose su presencia sólo para quien sepa evitar la desatención ocular" (Reati 22). Justamente la mirada atenta al detalle, menos propensa a la desatención ocular, es una de las características que Benjamin rescata del actuar desinteresado de las infancias. En mi lectura, la lucidez en el mirar críticamente, contar y denunciar irradia desde la narrativa de la voz infantil que, sumándose a la cuenta, choca contra un sistema de violencias basado en el silenciamiento y la exposición constante al peligro de sujetos niñes cuya identidad política es objetivizada.

Si la carta del padre de María Inés Roqué funcionaba como marco del documental *Papá Iván*, en la novela de Alcoba una carta imaginaria e imposible también estructura el relato ("Te preguntarás, Diana, por qué tardé tanto en contar esta historia" [2018, 13]), pero en este caso la escribe la narradora adulta a su otra madre,[19] Diana E. Teruggi,[20] militante montonera asesinada

---

19. Sobre el contraste entre las figuras maternales de la madre biológica de Alcoba y Diana, ver Victoria Daona (2013).
20. A Diana Esmeralda Teruggi la asesinan los militares el 25 de noviembre de 1976 junto a otros seis militantes montoneros que se encontraban con ella donde funcionaba la principal imprenta clandestina del movimiento, *Evita Montonera*, que

por los militares en la "casa de los conejos", poco tiempo después de que Laura Alcoba y su madre se exiliaran de la Argentina. Las últimas palabras de la novela también son a ella dirigidas: "Estoy segura, Diana, que [Clara Anahí] tiene tu luminosa sonrisa, tu fuerza y tu belleza" (2018, 136). Si la voz narradora adulta concede cierto espacio de reconocimiento a la generación mapaternal,[21] la voz narradora infantil adopta una tonalidad enunciativa mucho más crítica, detallando nuevas problemáticas acerca del grado de exposición de las infancias clandestinas y denunciando algunas de las violencias adultocentristas padecidas.

Alcoba reflexiona en distintas oportunidades sobre sus elecciones estéticas a la hora de decidir narrar sus memorias de una niñez vivida en dictadura.[22] Durante el proceso de escritura, la voz de la narradora habría ido surgiendo naturalmente, pero a la vez le generaba cierto recelo: "La voz infantil (…) surgió espontáneamente durante la escritura. Pero me costó aceptarla (…), durante meses intenté que la acompañara constantemente en la narración una voz adulta. Una voz que supiese, entendiese" (conferencia). Su desconfianza primera ante la voz narrativa se da por una supuesta falta de comprensión de la niña, un límite del entendimiento, de ahí la intención de darle una guía a aquella voz infantil: "Empecé a escribir con la idea de una alternancia de voces:

---

se ocultaba bajo el perfil de un criadero de conejos. Diana tenía una bebé de tres meses, Clara Anahí, secuestrada por los militares, cuya búsqueda –liderada por Abuelas de Plaza de Mayo junto a la fundadora de la asociación y abuela paterna de Clara Anahí, Chicha Mariani–, aún continúa.

21. Hay que aclarar al respecto que, a pesar de que en *La casa de los conejos* el personaje del padre tenga un lugar secundario (ver Victoria Daona) y la principal crítica sobre "la falta de amor de los progenitores" (Basile 2019, 121) vaya dirigida a la madre, en las dos siguientes novelas de la trilogía el lugar de la voz paterna adquiere uno más protagonista en el sentido de que ambos textos se estructuran mediante una comunicación epistolar entre la hija exiliada y su padre, preso político.

22. Me refiero aquí a dos en concreto: a una presentación en la conferencia *Memory, Trauma and Human Rights at the Crossroads of Art and Science* –University of Minnesota, 2019– [cito las referencias a la conferencia indicando: (Alcoba, conferencia)] y a un texto publicado en el volumen *Vestigios del pasado: Los sitios de la memoria y sus representaciones políticas y artísticas* editado por Megan Corbin y Karín Davidovich.

una voz adulta que vaya explicando y alternando constantemente con la voz infantil" (2019, 279). Una escritura atravesada por mandatos adultocentristas de una voz paternalista, con la autodesignada capacidad de entender, representar y explicar aquello que la voz original se esforzaba por contar, devolviendo al lugar de infancia –en tanto no-voz– a aquella primera narrativa.

Fuera de toda vacilación sucedida en la instancia de escritura, en *La casa de los conejos* la voz adulta emerge tres veces a lo largo de la novela. En tres momentos claves que forman el esqueleto o el marco del texto: el principio, el medio y el final. Teresa Basile se refiere a esta estructura narrativa como "doble enunciación" o "doble dirección temporal" (2019, 122). Cuando Alcoba reflexiona sobre esta decisión estética de organización de la narrativa, deja entrever una concepción de la niñez entendida en términos cronológicos: "Como yo tenía entre siete y ocho años cuando viví esa experiencia, la voz infantil fue más fuerte y finalmente la voz adulta solo quedó en el principio, el capítulo del embute y el final" (2019, 279). Mi propuesta de lectura es pensar la representación de la niñez y el lugar enunciativo de esta narrativa de memoria no en el sentido temporal cronológico, sino en tanto modalidad de la experiencia (siguiendo la propuesta de Santiago Morales y Gabriela Magistris) que se da coexistiendo con otro tipo de experiencia que es la de la adultez. La niñez en tanto modalidad enunciativa (*hacerse* piba mediante la escritura) y experiencial (reconstruyendo memorias infantiles y adultas a la vez).

El libro está dedicado a Diana, protectora de la escritora durante sus días de infancia clandestina en la casa de los conejos, quien también es el "personaje más cercano al mundo de los afectos" (Basile 2019, 120). "Te preguntarás, Diana, por qué tardé tanto en contar esta historia" (2018, 13). La primera línea de la novela enuncia una preocupación central y recurrente a lo largo del texto: para la niña de siete y ocho años que Alcoba era, contar no sólo no era una opción, contar estaba prohibido: "No voy a decir nada (...) Yo ya entendí hasta qué punto callar es importante" (2018, 20). Alcoba es consciente de su problemática relación con el lenguaje, la cual señala como recurrente entre otros integrantes de su generación. Explica que se trata de una relación

> (...) marcada por el miedo, el espanto, el pánico que se inscribió (...) en quienes vivieron siendo niños la experiencia de la clandestinidad y del miedo a decir la palabra de más, la palabra que podía poner a todos en peligro. Es difícil salir de ese pacto de silencio (...) Muchas personas de mi generación con una experiencia similar tienen una relación complicada con el lenguaje. (conferencia)

La relación conflictiva le impide a la autora apelar a la lengua natal en que fue vivida su historia, el castellano. La lengua francesa surge como mediadora de la experiencia traumática, una experiencia atravesada por el silencio. En el pasado, de no-contar dependía la vida; en el presente, el contar implicaba temor a futuras preguntas y exigencias de explicaciones ("me abrumaba la sola perspectiva de tener que explicar" [2018,13]). Toda la trilogía de Alcoba, escrita en francés, parte entonces de la ruptura de ese mandato adulto de silencio impuesto a la niña, y a la niñez, que repercute hasta el presente enunciativo, donde la narradora adulta confiesa todavía sentir "temor de sus miradas" (2018,13). Como bien apunta Victoria Daona, la obediencia del mandato adulto de silencio no está fundada "en la seguridad de los lazos afectivos, sino en el terror" (4). Aquí se hace patente uno de los reclamos más fuertes de la novela que nubla el tono venerativo característico de la memoria homenaje, y que a la vez revela la reproducción de códigos de crianza patriarcales tradicionales dentro de las familias militantes, donde la autoridad mapaternal seguía recurriendo a métodos del disciplinamiento filial mediante el terror, al estilo del cuento folclórico del viejo de la bolsa que secuestra a niñes desobedientes (Daona 4) y lejos de cualquier intento de una filosofía que anticipe una *pedagogía de la ternura* (Santiago Morales). Este mandato de silencio fundamentado en el terror se ve en el pasaje donde la niña "acepta sufrir la tortura" (Basile 2019, 123) antes que convertirse en delatora: "Ni aunque vengan también a casa y me hagan daño. Ni aunque me retuerzan el brazo o me quemen con la plancha. Ni aunque me claven clavitos en las rodillas" (2018, 20).

Alcoba empieza su "pequeña historia argentina" (subtítulo de la edición en francés) como pidiendo a la vez perdón y permiso a aquellos adultos protagonistas de lo que se deduce como la "gran historia argentina" de la militancia de los setenta. Es decir, los montoneros, con Diana como representante. Resuena aquí una escena del final de *Los rubios*, donde una voz en *off* relata: "La generación de mis padres (...) reclaman ser protagonistas de una historia que no les pertenece" (1:10'). Como en Carri, en la introducción de *La casa de los conejos* hay un movimiento estético para mover del centro la narrativa de esos protagonistas (incluso a pesar del "temor de sus miradas" [13]), haciendo lugar para articular la propia. Una voz adulta se introduce amadrinando la voz infantil que pasará a contar "desde la altura de la niña que fui" (2018, 14). En la representación que seguirá de la identidad infantil, la niñez se corre de su lugar clandestino de mudez, al menos momentáneamente y bajo la tutela de una voz adulta que estructura el relato.

Compañerismo entre pares y microviolencias intergeneracionales

En la novela se expone la complicidad entre niñes pares que transitan similares circunstancias dramáticas, donde la vida propia y la de las figuras familiares más cercanas corre siempre peligro. Uno de los episodios que ilustra el compañerismo entre pares[23] es cuando hija y madre se alojan en la casa de una pareja militante y dos hijos de aproximadamente la misma edad que la narradora. Los niños no hacen preguntas a la desconocida que se suma a la rutina familiar. Se limitan a compartir juegos y juguetes: "Entre nosotros nunca hablamos de lo que está pasando, ni de la clandestinidad (...) ni de la guerra en la que estamos metidos (...) No hablamos del miedo, tampoco. No hacen ninguna pregunta, no quieren saber (...) Es un alivio increíble (...)" (2018, 44).

En otra oportunidad, relocalizada en la casa de los conejos, la niña narradora sale con Diana a repartir ejemplares de *Evita Montonera* disfrazados de regalos que ella misma había colaborado en envolver. La acción ocurre en un clima de tensión permanente, cada día matan y desaparecen más militantes montoneros y la entrada de los militares a la casa se teme inminente. "El miedo estaba en todas partes. Sobre todo en esa casa" (2018, 111). La voz infantil se muestra desbordadamente aliviada en los breves momentos en que se le permite dejar la casa del terror, que ya ningún conejo podía proteger. En esta salida de la casa con Diana, se encuentran en una plaza con otra mujer también acompañada de una nena como ella:

> Nunca la había visto antes pero le sonreí y ella respondió a mi sonrisa. Estaba probablemente en una situación semejante a la mía. En todo caso, su mirada me bastó para comprender que ella vivía también en el miedo (...) Ese día, entre las dos (...) fue como si cargáramos juntas con el peso del miedo. Claro, así resultaba un poco menos pesado. (2018, 112)

Frente al miedo que va invadiendo la totalidad de la existencia de estas infancias vulnerabilizadas, se encuentra refugio momentáneo entre pares. Ese

---

23. Digo entre pares y no generacional ya que este acompañamiento se expone entre niñes que se encuentran en una situación similar de clandestinidad debido a la militancia de sus mapadres. En cambio, no se presenta este tipo de vínculo con otros niñes de la misma generación. Por ejemplo, con las nenas del colegio cristiano al que asiste la narradora niña que "se portan espantosamente bien" y a quienes se describen como dóciles y mudas.

refugio, que se materializa más en el lenguaje del juego o el corporal que en el código lingüístico, les permite breves suspensiones del sentimiento abrumador de la vida bajo amenaza. No hace falta hablar del miedo a la muerte, de la guerra disfrazada. Entre pares que fueron sometidos al silencio, se encuentran cómplices, entrelazando soledades. Este compañerismo se presenta también como una forma de sustitución del vínculo atenuado, interrumpido o roto con las figuras mapaternales. Y en este punto pueden fusionarse las narrativas de niñeces clandestinas de Carri, Markovitch y Alcoba. En el momento de extrema vulnerabilidad que transitan estas pibas, donde el miedo y la amenaza se vuelven un estilo de vida, deben construirse a sí mismas sin el acompañamiento ni la contención de las figuras mapaternales.

En un fragmento de *Los rubios* que aborda el tema de la búsqueda de la identidad, se detalla que "el estigma de la amenaza perdura desde aquellas épocas de terror y violencia (...) Construirse a sí mismo sin aquella figura que fue la que dio comienzo a la propia existencia (...)" (29'). En ese clima de desolación y abandono, el refugio puede pasar a significar saberse acompañadas por otros pares –como en *La casa de los conejos* y *El premio*–.

En *El premio*, el vínculo se intenta con una par generacional que no comparte la condición de clandestinidad, y tal vez por eso se ve interferido en la escena de la delación de la amiga de Cecilia. Cecilia y Silvia inician su amistad en el espacio del aula de la escuela del pueblo. Walter, se suma pronto al grupo. En un examen, la maestra descubre que Walter ha hecho trampa y que alguien lo ha ayudado, y decide interrogar a todo el curso. Frente a la repetición insistente de la pregunta ("¿Quién le pasó los resultados a Carmasotti?"), se dispara la risa colectiva del grupo. La maestra ve su autoridad cuestionada y se propone restaurarla obligando a sus alumnos a caminar en círculos alrededor del patio, bajo la lluvia y en silencio. Frente al cansancio que impone el castigo corporal, la acusación es enunciada por Silvia (la niña a quien el agotamiento la entregaba al sueño cada día después de la escuela). Silvia se separa de la fila y señala a Cecilia: "Seño, fue ella (...) Yo la vi que le pasó los resultados a Walter" (38'55"). En un movimiento foucaultiano, el mecanismo de vigilancia del cuartel militar se traslada y reproduce a escala en la escuela: la acción promovida por la maestra es la de la delación.[24] Así es como Cecilia se ve traicionada por su confidente más cercana, Silvia. Sólo hacia el final de la película hay un restablecimiento parcial del lazo de amistad. Es en el acto del ejército donde

---

24. Se puede pensar en la referencia al sistema de acusaciones y denuncias donde señalar a un posible "subversivo", podía salvaguardar el pescuezo propio.

se entregará el premio. A Cecilia algo le duele, y no son sólo los zapatitos un número más chico que le hace usar la maestra para lucir linda para el ejército. Silvia descubre la tristeza de su amiga: "–¿Qué te pasa? /–Me aprietan los zapatos. Y mi mamá dijo que mi papá puede llegar a estar muerto" (1:31'24"). Silvia se da vuelta de la fila para darle un beso, frente al cual, Cecilia, esboza una sonrisa. Parece que su amiga la entiende, un poco. Es que ella no vive en la clandestinidad y en eso sigue estando irremediablemente sola. El refugio intra-generacional acontece, pero interferido por el desconocimiento de la situación de clandestinidad.

El compañerismo entre pares se presenta como urgencia por llenar el vacío dejado por las figuras de mapadres militantes. Esta es una de las críticas más duras que, en *La casa de los conejos*, enuncia la voz infantil narradora, no la voz adulta. La intención de Alcoba de sortear la doble trampa de la veneración o la condena de la militancia y salvaguardarse detrás de una voz infantil (a quien no se pudiera acusar de lo uno u lo otro, ya que –desde su impuesta minoría de edad– no sabía, no entendía, no dimensionaba) se ve frustrada en la instancia misma de enunciación: es precisamente la voz infantil la que entiende (pensando la experiencia de niñez coexistiendo con una modalidad adulta de la experiencia, siguiendo la propuesta de Morales y Magistris) mejor que nadie lo que estaba viviendo. Su narrativa, y no la narrativa de la voz adulta que se esfuerza en ampararla, no hace más que transpirar denuncia para quien esté dispuesta a ver y escuchar. La pregunta-reclamo que "no termina de formularse pero sobrevuela incómodamente un relato que gira alrededor de lo dicho y lo no dicho, lo visto y lo no visto, lo embutido y lo que sale a luz" (Reati 22), flota en estas narrativas que reescriben situaciones de una clandestinidad impuesta. Reati la formula en los siguientes términos, apelando a la responsabilidad ética de madres y padres: "¿Se justifica ideológicamente la crianza de una niña entre armas y en una casa que oculta una imprenta clandestina?" (22).

En las tres obras estudiadas en este capítulo la responsabilidad ética de las madres y los padres no es medida en los mismos términos. Si bien el rasgo principal que analizo de las narrativas que agrupo en el primero de los sobregiros disensuales de memorias posdictatoriales es el desafío de aspectos patriarcales y adultocentristas del discurso de la memoria homenaje, eso no impide que en ocasiones pueda rastrearse la existencia de continuidades y latencias respecto de la narrativa hegemónica. Una de estas latencias brota en el reclamo intergeneracional que se dirige enfáticamente –sino exclusivamente– hacia la madre y no hacia el padre. En Carri, si bien los interrogantes son otros, el reclamo es el mismo y se dirige explícitamente hacia la madre desaparecida: "¿Por qué no se fue del país? Me pregunto una y otra vez (...) ¿Por qué me dejó aquí en el mundo de los vivos?" (1:04').[25] En Markovitch, la desaparición del padre afecta a la protagonista, pero de lo que se trata *El premio* es del abandono posterior y de la soledad que le cuesta a la niña el insilio de la madre. En Alcoba, en *La casa de los conejos* el padre cae preso, pero no es eso lo que parece afectar la relación entre la hija y la madre (Daona 9). Estos residuos evidencian latencias de mandatos patriarcales que siguen señalando a la madre como garante incuestionable de todo tipo de resguardo, físico y emocional, "quien debe ocuparse de que los hijos sobrevivan y prosperen" (Meruane 87).

Otra de las denuncias que figura "embutida" en la narración de la voz infantil se representa a partir de la exposición de una serie de escenas que revelan microviolencias intergeneracionales y exponen las lógicas machistas y adultocentristas de las organizaciones guerrilleras –de Montoneros específicamente–. En la novela, a la niña narradora siempre se le regalan muñecas. Esta sola mención no bastaría para ser indicio de una crítica a la industria juguetera y su maquinaria heteronormativa. La narradora va más allá de la simple mención de esta división patriarcal de los roles de género, mientras espera junto a su abuelo la aparición de la madre, a quien no ve desde hace algunos meses. En las plazas son comunes los encuentros y las reuniones clandestinas porque el componente público las ayuda a camuflarse.[26] Esta vez, la cita es junto a la calesita. El reencuentro de la hija y la madre se cuenta en la misma tonalidad en que se describe la transacción siguiente entre compradora y vendedora en una juguetería: "Como cada vez que me reencuentro con mamá después de una larga ausencia, me toca una muñeca de regalo (...) – Dale, elegí. La que más te guste" (2018, 34–35). La muñeca, antes que juguete, es para la narradora una prenda culposa de la ausencia y desatención de la madre (Basile 2019, 117). Sumada a la frialdad y la desafección en el tono de la narración, está el silencio. No sólo no hay explicaciones del motivo de la separación prolongada, sino que en la escena prima el silencio: "No sé muy bien en

---

25. En esta escena se expone también la relación problemática con la lengua que Alcoba apunta como aspecto característico de la generación de hijes de militantes. El reclamo a la madre estalla en un grito en *Los rubios*, denunciando los límites representativos del lenguaje y los trabajos de memoria. Para un análisis pormenorizado de esta referencia, ver: *Óyeme con los ojos*, Ana Forcinito.
26. Hay un juego en toda la novela con la cuestión de la evidencia excesiva que se toma de "La carta robada" de Edgar Allan Poe. Ver: Fernando Oscar Reati (2015).

dónde estamos, menos aún adónde nos dirigimos (...) Mi mamá de pelo rojo avanza a paso firme, sin decirme palabra. Entre la muñeca y ella sigo el compás sin atreverme a romper el silencio" (2018, 37). Como argumenta Meruane retomando a la escritora Diamela Eltit, la muñeca en brazos de una niña no es nada inocente y es uno de los tantos "relatos que enaltecen de manera precoz la procreación" (8). Mientras a la narradora se la busca compensar regalándole el destino de la procreación, a los niños que aparecen en el relato se los describe jugando con autos de juguete. A las mujeres, la imposición del servicio de maternidad obligatorio; a los hombres, el señalamiento de la vida social y la conducción política fuera del ámbito feminizado de lo doméstico.

Las muñecas vuelven a jugarle una mala pasada a la narradora en otra oportunidad, cuando la niña acompaña a la madre a una reunión fuera de la casa de los conejos. Durante el traslado se sigue el protocolo de seguridad para evitar que se sepa la ubicación exacta de los lugares de encuentro, pero sólo la adulta se venda los ojos. En el asiento delantero del auto van dos militantes hombres. En el recorrido la narradora reconoce la vidriera de la juguetería y unas muñecas nuevas le llaman la atención. Trata de compartir algunos detalles de estos enseres de plástico, pero sus comentarios no hayan eco: "Mi madre sigue sin contestar (...) –¿Pero te podés callar? ¡Callate, che! Esa fue la única vez que el hombre me dirigió la palabra. Herida por sus gritos y el silencio persistente de mamá (...) Me guardo las preguntas y no abro más la boca" (2018, 46). Les niñes no tienen permitido desarrollar su propia narrativa ya que el mandato de las infancias clandestinas es callar.

Además del personaje de Diana, hay una relación intergeneracional que la narradora establece con el personaje del Ingeniero, que asiste regularmente a la casa para monitorear los avances de las obras de construcción. La narradora, en su mirar atento, pasa sus días en la casa de los conejos mirando el avance de dos obras: la de la fachada del criadero de conejos y la clandestina del montaje de la imprenta montonera. Al Ingeniero, a quien la niña admira por la perspicacia de sus diseños y por su belleza, le gusta alardear sobre la grandiosidad del dispositivo técnico que permite la instalación oculta de la imprenta. Cuando las obras están por finalizarse, la narradora teme la ruptura del lazo paternalista y edípico, e intenta extender la supuesta complicidad. La forma de llamar la atención que encuentra es ostentar una cámara fotográfica que describe como un "aparato de adultos" y jugar a gatillar enfocando al hombre. El juego desata el episodio de microviolencia: "(...) irrumpe [el Ingeniero] en mi habitación, furioso, y me arranca la cámara de las manos (...) Después la arroja en mi cama y me agarra del brazo, me aprieta muy fuerte y me sacude

(...) Yo bajo la cabeza y me pongo a llorar" (2018, 63). Les niñes no tienen permitido proponer su visión de las cosas, como queda simbolizado en esta censura de la actividad lúdica y creativa con el dispositivo óptico.

Estas escenas, que exponen el mandato adultocentrista de silencio de la generación militante hacia la generación descendiente, devuelven a les niñes a un lugar de infancia –en tanto sin-voz–. No se les considera(ba) sujetos pensantes, políticos y con agencia, con capacidad de entendimiento de la gravedad de las circunstancias y poder de decisión. La generación precedente se autoasignó la tarea de decidir en su lugar. Y esta decisión no fue siempre justificada a ojos de infancias que quedaron libradas a vivir un mundo decodificable a partir de pequeños trozos de información. Este movimiento adultocentrista es el que encuentra resistencia desde las páginas de *La casa de los conejos*. Cuando Alcoba escribe su narrativa de memoria, su cuento de piba desafía el mandato de la generación precedente, que juzga(ba) su voz como muda –infantil–. La búsqueda de Alcoba por encontrar la voz narradora para elaborar sus memorias concluye cuando le da lugar a la voz infantil: "Terminé el libro cuando, al fin y al cabo, le dejé el espacio que reclamaba" (conferencia). Si, por un lado, acepta esa voz infantil que reclamaba hablar libremente, afrontando las miradas de recelo; por otro lado, a esa voz sólo la escuchamos bajo un madrinazgo de la narradora adulta que la introduce, pidiendo permiso para contar. Sin embargo, cuando la voz infantil habla y cuenta, no pide más permiso y se atreve a inscribir sus denuncias del adultocentrismo patriarcal de la memoria homenaje que serán sólo evidentes para quien pueda alertar la vista y arriesgarse a lecturas feministas, esa es una de sus tretas.

A partir de las propuestas políticas y estéticas de Carri, Markovitch y Alcoba se articulan consecutivos espacios nuevos de memorias. En este giro disensual se visibilizan voces-textos antes ilegibles e inaudibles. Las pibas de la posdictadura, volviéndose nuevos sujetos de enunciación de sus propias memorias, invaden y desafían el discurso hegemónico al contar sus versiones del pasado dictatorial. Sumándose a la cuenta, irrumpiendo en el escenario social, político y cultural y desestabilizando la selectividad y la significación del relato consensuado del pasado (Steve Stern), estos cuentos, leídos en clave infanto-feminista, exponen distintas violencias del adultocentrismo patriarcal y denuncian agentivamente experiencias de infancias clandestinas relegadas a la mudez.

CAPÍTULO IV

Denuncias del silenciamiento y la inacción: voces de resistencia al interior de las zonas grises

> ... la guerra en la que estamos metidos, aunque la
> ciudad esté llena de gente que no participa de ella y
> que en ciertos casos, incluso, parece ignorar que
> existe. Si solo aparentan ignorarlo, bueno, lo
> consiguen sorprendentemente bien.
> Laura Alcoba, *La casa de los conejos*

ESTE CAPÍTULO ABORDA EL segundo de los sobregiros disensuales: el que encabezan las hijas de mapadres que, durante la dictadura, no fueron ni militantes de izquierda ni represores, un sector nada minoritario de la sociedad en el que se atestiguaron distintos grados de silenciamiento, consentimiento y/o complicidad ante el accionar genocida. Este sector lo conformaba gente que, según la narradora de *La casa de los conejos*, "parecía o aparentaba ignorar" el circuito de centros clandestinos de detención, tortura y exterminio que se localizaban, muchas veces, en los epicentros urbanos. En *Poder y aparición: los campos de concentración en Argentina*, Pilar Calveiro (1998) lleva a cabo un estudio de las correspondencias entre el circuito concentracionario y la sociedad argentina. Estas correspondencias constatan que los centros clandestinos no eran tan clandestinos como su nombre indicaba, y en muchos casos se trató de un secreto a voces. Calveiro describe la utilidad del plan sistemático que decidía qué encubrir y qué exponer de la maquinaria genocida, donde era "preciso mostrar una fracción de lo que permanec[ía] oculto para diseminar el terror, cuyo efecto inmediato e[ra] el silencio y la inmovilidad" (1998, 44). Mientras en la sociedad se diseminaban los secuestros –en los que siempre había testigos–, y se intuía o se constataba el destino de la tortura y el asesinato de las personas desaparecidas, iba ganando terreno una sensación de terror generalizada de que cualquiera podía caer en esa infinita cacería de brujas donde toda actividad podía pasar a ser considerada subversiva –de aquí se desprende el argumento del prólogo del *Nunca más* (9)–. La implementación del plan genocida de la dictadura dependía, en parte, de esa respuesta de inacción social, del miedo como paralizador de voces disidentes.

Promoviendo lo que Cecilia Sosa llama una nueva hospitalidad de la memoria, las narrativas que abordo en este capítulo empatizan con testimonios provenientes de distintas comunidades del dolor (Añón Suárez y Forcinito 9) donde "a non-biological narrative of grief (…) [can] be shared and transmitted among those who had not been directly touched by violence" (Sosa 127). Estas narrativas son las de hijas que transcurrieron sus infancias y juventudes inmersas en un nebuloso espacio de la sociedad que, de una u otra forma, miró hacia otro lado sin disentir frente a las acciones genocidas del Estado. Se trata de un sector intra-generacional todavía poco escuchado y estudiado,[1] cuya singular experiencia articula nuevas vertientes de memorias que se esfuerzan por abandonar su condición de ruido ranceriana y sumarse a la discusión política y estética: estas pibas de la dictadura –que denuncian vertientes de la zona gris familiar y se posicionan políticamente– reclaman ser tenidas en cuenta como sujetos políticos una vez *privados* de voz (hago uso del matiz doble del término "privado", en tanto relativo al ala de lo íntimo y personal, y en tanto prohibición y silenciamiento). En un giro anti-adultocentrista (por ende, feminista), la infancia-juventud silenciada es la que resignifican las pibas en sus narrativas.

---

1. Entre los principales estudios críticos que abordan explícitamente narrativas culturales de este sector en Argentina, menciono tres que serán puestos en diálogo en este capítulo. Los libros *Queering Acts of Mourning in the Aftermath of Argentina's Dictatorship: The performance of blood* de Cecilia Sosa (2014); *Playful Memories. The Autofictional Turn in Post-Dictatorship Argentina* de Jordana Blejmar (2016) (ambos se detienen en la obra de Lola Arias); y el ensayo "Cicatrices que arden: horror, espectralidad y memoria en *Nuestra parte de noche*, de Mariana Enríquez" de Ana Forcinito (2023). Retomando estos, entre otros, aportes centrales, este capítulo se propone como una expansión del diálogo centrándose en la definición de una estética infanto-juvenil y la consecuente crítica al adultocentrismo inherente de la memoria homenaje.

Analizo los cuentos "Réplica en escala" de Paula Tomassoni, que aparece en la colección de *Golpes. Relatos y memorias de la dictadura* (2016); "La hostería" de Mariana Enríquez, parte de *Las cosas que perdimos en el fuego* (2016); y las dos piezas teatrales de Lola Arias, *Mi vida después* (2009) y *Melancolía y manifestaciones* (2012), que marcan la conexión clave entre los tres sobregiros disensuales de la memoria. Se trata de reescrituras que rompen con las tibiezas políticas, la inacción y los silencios de los progenitores, condenando la parálisis social a la que podrían haber sido arrastradas las voces enunciadoras por su pertenencia filial al círculo familiar de las zonas grises. Mi propuesta es leer esta selección de *cuentos* de pibas de la posdictadura como posicionamientos políticos que exponen un compromiso con las causas de los derechos humanos, sin atenuarse a una repetición acrítica del discurso de la memoria hegemónica; donde la particular revisión que me interesa enfatizar es la del adultocentrismo reinante en las versiones oficializadas por la memoria homenaje.

Ni genio maligno, ni víctima indefensa

Para adentrarnos en este sector inmovilizado de la sociedad gris, es necesario un breve recorrido histórico que dé cuenta del consentimiento que fueron ganando los gobiernos militares a lo largo del siglo XX en Argentina. Desde 1930 hasta 1976, en Argentina, las Fuerzas Armadas –con el Ejército a la cabeza– fueron cobrando fama creciente y captando la autonomía necesaria para convertirse en un verdadero actor político independiente que representó, primero al proyecto de la oligarquía nacional, y que definió después sus intereses propios. En un panorama de fracasos constantes de los partidos políticos y sus intentos de implementar una propuesta hegemónica, la oleada de golpes militares del siglo pasado (1930, 1943, 1955, 1962, 1966 y 1976) fueron progresivamente no sólo bienvenidos, sino reclamados por un sector amplio de la sociedad –conformado, en línea general, por las clases medias– que exigía la acción de salvataje. "Que vuelvan los militares" fue la frase gastada que expresó la preocupación de este sector ante la inestabilidad política; sector que, irónicamente, se autoidentificó como apolítico. Frente a un contexto de caos social, político y económico en el que la Triple A (Alianza Anticomunista Argentina), brazo parapolicial de derecha del gobierno peronista, desplegaba la persecución indiscriminada, el asesinato y la desaparición de militantes de las organizaciones de izquierda; y mientras la guerrilla iniciaba sus acciones armadas con bombas, asesinatos y secuestros, la sociedad civil –que vivía los daños colaterales de esa violencia– clamaba la restauración de cualquier tipo de orden. Aquí se articula el discurso militar del último golpe, bajo la promesa de exterminar la subversión, y atribuyéndose la misión de rescatar a los ciudadanos liderando el reclamado Proceso de Reconstrucción Nacional.

Analizando los incómodos roces y alianzas establecidas entre las Fuerzas Armadas y grandes capas de la sociedad civil, Calveiro recurre a las palabras de dos de los presidentes de facto. El general Jorge Rafael Videla exponía la conexión en términos de: "una guerra que fue reclamada y aceptada como respuesta válida por la mayoría del pueblo argentino" (en Calveiro 1998, 155). Mientras el general Benito Reynaldo Bignone declaraba: "Nunca un general se levantó una mañana y dijo: 'vamos a descabezar a un gobierno'. Los golpes de Estado son otra cosa, son algo que viene de la sociedad, que va de ella hacia el Ejército, y éste nunca hizo más que responder a ese pedido" (Bignone en Calveiro 1998, 10). Calveiro corrige este razonamiento tramposo apuntando que los golpes de Estado más bien "vienen de la sociedad y van hacia ella; la sociedad no es el genio maligno que los gesta ni tampoco su víctima indefensa (...) Civiles y militares han sostenido en Argentina un poder autoritario, golpista y desaparecedor" (1998, 10). Sumándole el apoyo recibido por los sectores más conservadores de la Iglesia, surge la referencia a una dictadura militar-cívico-eclesiástica. El autoritarismo de Estado no se limitó a crear autoritarismo social, sino que se volvió posible por su capacidad de potenciar un autoritarismo social que de antemano lo habilitó y sostuvo.

En *Poder y aparición*, Calveiro parte de la premisa necesaria de mirar los campos, no como una realidad tenebrosa y abyecta, sino como un reflejo que se retroalimenta de la sociedad en la que estos campos cobran forma. Si la sociedad estaba agotada ante el clima de violencia y desorden, su reclamo de orden aceptó sin cuestionamientos la implementación de la nueva modalidad represiva: la violencia general sería liquidada con una violencia mayor, organizada y administrada desde el poder mismo. El consenso social generalizado que tuvieron los militares al momento de tomar el poder por las armas, en 1976, estaba dado por la misión de extirpar la subversión. En este contexto, la naturalización de los secuestros que sucedían a plena luz del día, para que todo el mundo viera, sucedió casi de forma decantada. Allí funcionó el poder del discurso cotidiano del "*algo habrán hecho*" (donde reside alguna cuota de responsabilidad frente al accionar genocida) que justificaba la causa del desaparecimiento y los métodos ilegales de castigo asumidos por el Estado.

Si bien es central revisar el aspecto de responsabilidad social de un sector de la población que incitó, permitió y/o sostuvo la implementación del orden autoritario y sus políticas exterminadoras, esta responsabilidad no debe, necesariamente y en todos los casos, traducirse en complicidad. Calveiro no señala a la sociedad como genio maligno gestor del plan macabro. La sociedad que primero le dio piedra libre a la metodología concentracionaria y desaparecedora, también sufriría los efectos de dicha violencia en carne propia. Y no solamente por el hecho de haber perdido a seres queridos en manos del poder, sino por clima del terror generalizado y obediencia debida que se instauró en la cotidianidad de la vida en los tiempos del golpe, donde cualquier tipo de expresión de la individualidad o colectividad podía ser arbitrariamente calificada de subversiva, con los peligros que eso implicaba. La creencia generalizada, y no siempre justificada, era: "cualquiera puede caer" (argumento retomado en la narrativa del *Nunca más*). La sociedad se volvió la principal prisionera de un campo de concentración extendido.

Frente a la diseminación del terror, la reacción que describe Calveiro es la de la parálisis social que generaría una estricta sumisión a la omnipotencia del poder y sus mecanismos de vigilancia y castigo: "una buena parte de la sociedad optó por no saber, no querer ver, apartarse de los sucesos, desapareciéndolos en un acto de voluntad" (1998, 151). Dicha sumisión incluía el "no ver" y el "no saber" como formas de autopreservación, cuando la verdad sobre los centros clandestinos y las gravísimas violaciones a los derechos humanos estaba frente a los ojos de todo el mundo. Calveiro define no sólo un poder desaparecedor para describir las prácticas genocidas de los militares, sino una política desaparecedora que desapareció personas, a la vez que diseminó la responsabilidad de los crímenes entre todo el entramado social (1998, 151). Me refiero a este entramado como *la maraña de la sociedad gris*, donde se dieron distintos grados y formas de silenciamiento, consentimiento y/o complicidades.[2]

Las "zonas grises" es el concepto que Primo Levi empleó –y Agamben retomó– para hablar de "la maraña de contactos humanos en el interior del

---

2. Verónica Estay Stange hace referencia a la reciente polémica académica en torno al concepto de "zonas grises" que fue conectado al argumento de los negacionistas. Puntualiza la escritora la importancia de enfatizar que, desde el plano judicial, "los estatutos de 'víctima' y victimario' son inalienables" (2023, 54), y es central que lo sigan siendo. Ubicando su contribución en el marco de la semiótica, desde allí propone abordar las problemáticas de los conceptos dicotómicos de "víctima" y "victimario", "héroe" y "tirano" en tanto "funciones narrativas", proponiendo el

Lager", refiriéndose a prisioneros judíos que resultaban útiles a los nazis integrando las *Sonderkommando* (Escuadras Especiales). Así como en el campo quienes fueron detenides-desaparecides sucumben en un espacio dudoso que se empeña en difuminar adrede las fronteras entre víctimas y victimarios, el groso de la sociedad quedó manchado por la maquinaria genocida y desaparecedora desplegada por el gobierno militar. Nadie permaneció intocable, aún quienes permanecieron sumisos ante el poder (paralizados por el terror, o resguardándose bajo la etiqueta de apolíticos). En su mirada evasiva residió, muchas veces, su consentimiento, su cuota de responsabilidad.

La inmovilidad social –que implicó incapacidad de reacción y de oposición– ocurrió sólo en un sector de la sociedad y no en la totalidad de su entramado en el que circularon distintas fuerzas e identidades heterogéneas. Las acciones de sumisión completa al poder se vieron contrapuestas por otro tipo de actividades realizadas por entidades que demostraron distintos grados de resistencia. Y aquí figuraron los espacios culturales y los subterfugios de las expresiones artísticas para sortear la censura y denunciar el autoritarismo. Con respecto a la vertiente organizada de esta resistencia, el rol ejercido por las Madres y Abuelas de Plaza de Mayo, entre otras organizaciones de derechos humanos, fue central al visibilizar y denunciar desde un primer momento, local e internacionalmente, los crímenes de lesa humanidad perpetrados por el gobierno militar. Si la sociedad no logra ubicarse del todo bajo la etiqueta del genio maligno, tampoco puede decirse que ésta fue una víctima indefensa. Resistir fue una opción de alto riesgo que no todo el mundo estuvo dispuesto a correr. Sólo unas pocas se atrevieron a semejante acto de heroísmo, mientras otras capas de la población transitaron distintos espacios de las zonas grises.

En distintos puntos ubicados entre la distancia que va desde los conceptos extremos del "genio maligno" y la "víctima inocente" se encuentran la gama de grises del sector social al que me aproximo en este capítulo. La represión estatal y su política desaparecedora funcionaron arraigadas a los actos cotidianos

---

concepto de *zonas paradójicas* (2023, 51–58). Aunque Estay Stange se centra en los conflictos y disidencias registrados en el interior de los círculos genocidas, al hablar en este capítulo de la maraña de la sociedad gris, o de las zonas grises de la sociedad, me hago eco del concepto de zonas paradójicas extendiendo su aplicación a los sectores civiles donde se registraron distintos grados de silenciamiento-complicidad ante el accionar genocida.

de este sector. Algunos, convenientemente, se autoproclamaron "apolíticos" y se dejaron "rescatar" por los "reorganizadores nacionales" de los bastones largos. Como distingue la voz infanto-feminista de *La casa de los conejos* que habla en el epígrafe de este capítulo, si sólo estaban pretendiendo no saber lo que sucedía, lo consiguieron demasiado bien.

Narrativas *privadas* de la niñez y juventud familiar

Estos nuevos cuentos se suman a aquello que Ana Forcinito definió como el campo de las *batallas de las memorias* y las disputas interpretativas sobre el sentido otorgado al pasado (2013, 93). Elizabeth Jelin abordó esta problemática en torno a la conformación de la memoria oficial consolidada en un relato histórico hegemónico, nunca inocente de intencionalidad desde el presente político que se enuncia y en el delineamiento de un correspondiente programa futuro. Diversos actores sociales entran en juego en esa definición del pasado, cada uno buscando "afirmar la legitimidad de 'su' verdad" (2002, 40). En estas disputas de sentido, para Jelin el Estado cumple un rol central y, en el proceso de consolidación de una narrativa oficial, algunos de los relatos terminan silenciando otros, convirtiéndose en hegemónicos. Como resultado de estas pugnas simbólicas, Jelin califica de *narrativas alternativas* a aquellas voces-relatos acallados por los ámbitos oficiales, que consiguen perpetuarse únicamente en el espacio íntimo familiar, encontrando allí refugio y lugar de resistencia y supervivencia (2002, 41). Son las narrativas *privadas* de la niñez y la juventud familiar las que sobreviven resistiendo y consolidan el segundo de los sobregiros disensuales de memorias en la posdictadura.

Lo que caracteriza a estas propuestas narrativas es el nuevo sujeto de enunciación –provenientes de las zonas grises sociales– que se suma a los discursos de memoria existentes, pero articulando fragmentos de una historia hasta entonces silenciada por otras voces enaltecidas por su categoría de "víctimas" o "familiares". Las voces de estas hijas articulan su cuento desde los márgenes. Sus familias no fueron protagonistas de la historia mayúscula – no fueron ni víctimas, ni victimarios; ni héroes, ni villanos–. Este segundo sobregiro estético-representativo es disensual porque es enunciado por nuevas voces de memoria que proponen redistribuciones rancerianas de la palabra y el ruido. A su vez, este sobregiro extiende la desobediencia que caracterizó al primero, con respecto a las narrativas mapaternas. Las pibas que cuentan en estos textos exponen, denuncian y se distancian del lugar de inacción que eligieron sus familias. Sus propuestas literarias y artísticas escenifican una mirada crítica y desobediente y una postura política de resistencia.

I. Paula Tomassoni, la escala del golpe

El cuento de Tomassoni aparece publicado en el libro *Golpes. Relatos y memorias de la dictadura*, editado por Victoria Torres y Miguel Dalmaroni en marzo del 2016, en el marco de la conmemoración de los cuarenta años del golpe militar, donde se convocó a escritores y escritoras que hubieran sido niñes durante los años de la dictadura, pero cuyos recuerdos no hablaran de una niñez épica o trágica. La intención fue rescatar ciertas vivencias ordinarias que parecían haber sido imposibles y que sucumbieron, por largo tiempo, bajo la sombra de otras experiencias traumáticas, como lo fue la de ser hije de desaparecides. De allí nació el título que pluraliza el golpe. Los relatos compilados, en tanto memorias *privadas* de lo *privado*, entretejieron múltiples golpes, propagados por el gran golpe, que fueron sentidos en las rutinas de lo cotidiano, en el barrio, en la escuela. Haciendo eco de las *narrativas alternativas* de Jelin, estos relatos se aferran al espacio íntimo familiar, encontrando refugio y un lugar de supervivencia (2002, 41). En cierta forma, *Golpes* funciona como intento de sistematizar este segundo sobregiro estético desde su convocatoria a voces provenientes de las zonas grises que se articulan rompiendo un círculo de silenciamiento y distintos grados de complicidad social con los crímenes perpetrados por el terrorismo de Estado.

Narrado en primera persona, "Réplica en escala", de Paula Tomassoni (2016), recorta momentos de la infancia de una niña siguiendo la forma autobiográfica. Como el título indica, se trata de la repercusión que tres fechas de los años del golpe (1982, 1979, 1976) tuvieron en la esfera de lo personal. El texto se fragmenta en tres correspondientes secciones que funcionan como escenas de lo familiar, a simple vista triviales, recortadas de la historia política mayúscula. Aunque la magnitud de los daños difiere, la réplica en escala se puede ver en paralelo con el subtítulo original de la novela de Laura Alcoba: "Pequeña historia argentina". Los acontecimientos históricos de la represión y sus mecanismos de control coinciden, como en efecto dominó, con vivencias personales que quedan grabadas en la memoria de la voz adulta que recuerda ("conservo en mi memoria algunas certezas" [31]; "ni siquiera me había dado cuenta de que me acuerdo" [37]) y que se limita a hacer algunas intervenciones, cediendo la mayor parte del espacio a la voz niña, contemporánea a los hechos relatados.

IV. Denuncias del silenciamiento

Excepto por el comentario que desliza al pasar la voz adulta que realiza el ejercicio de memoria, ingresamos al espacio biográfico de la protagonista, una nena que practica patín en un club de barrio. En esta atmósfera de lo cotidiano irrumpe un personaje disciplinario que replica en escala el orden y la obediencia del cuartel, la Señorita Mercedes:[3] "usaba bastón; llevaba el pelo gris siempre tirante y sujeto en un rodete en la nuca (...) Nos causaba pavor" (31). Esta viva imagen del rigor va de inspección al club para "torturar" a las alumnas de patín demandando figuras artísticas imposibles. Sus pruebas se convierten en verdaderos martirios, y su juicio evaluador resulta una ofensa directa a la psique de las patinadoras: "Si la figura nos salía mal, si nos traicionaban los nervios o la suerte, no decía nada. El silencio era más doloroso que los gritos: era como si no existiéramos, como si no nos hubiera visto" (31). En esta lectura del silencio adulto que propone la narradora, el callar intencional de la Señorita Mercedes elige ignorar lo que preferiría no haber visto. Magnificando la imagen, se encuentra el silencio perpetuado por un sector de la sociedad y su inmovilidad o falta de reacción –que optó por no ver y no decir–.

La instantánea en movimiento de la Señorita Mercedes es una preparación para la siguiente captura visual: el multitudinario desfile, en homenaje del aniversario de La Plata, al que asisten en formación las patinadoras de todos los clubes de la ciudad, cuyo recorrido sobre ruedas se clausura con un saludo ante la cúpula de los generales. En el evento cívico se ven implementadas las lógicas militares del adiestramiento de los cuerpos infantiles:

> Para armar la formación, nos separaron. Las más altas oficiábamos de guía, entre grupo y grupo. En cada uno había quince chicas repartidas en tres filas de cinco. Si se miraba la formación desde el cielo, se veía una hilera de rectángulos y entre esos un puntito, que éramos las guías. Me encantó ser de las altas, ir en el medio, ser guía, ser puntito. (31–32)

La niñez del personaje figura permeada por un dispositivo mayor que vigila hasta la disposición de los cuerpos, en términos foucaultianos, a partir de un sistema de premios y castigos. Uno de los premios toma la forma del orgullo que le ocasiona a la niña ser líder ("puntito") de la formación. Durante la

---

3. Este disciplinamiento de los cuerpos se ve en el Capítulo III, en la escena en que la maestra de *El premio* castiga a su grupo de estudiantes e incita la delación entre pares.

dictadura, la lógica del cuartel invadió la calle, controlando y ordenando espacios y cuerpos en pos del mayúsculo "Proceso de Reorganización Nacional".

No todos los cuerpos niños sucumbieron ante la omnipotencia de la vigilancia y el poder. Emparentada con la diversidad en las formas de resistencia presentadas por la sociedad adulta ante el accionar genocida de los militares, una similar gama de reacciones puede señalarse en la generación de niñes. Antes de que el desfile comience, la niña puntito y su formación son sometidas a una espera de horas antes de su turno de entrada. La espera, que multiplica las expectativas y el cansancio, también es monitoreada. Sólo por permiso se puede relajar la postura y tomar asiento. Las visitas de las madres también ocurren por permiso. Pero, a una de las compañeras del club –Eugenia, "la chica calladita" (33)– la visita la abuela. La narradora conocía a Eugenia, pero no eran amigas porque "era muy callada" (32). La pregunta que quiebra el clima es la que hace una de las patinadoras en voz baja: "¿No tiene mamá?" (34). Eugenia es la única que no acepta la oferta de renovar su maquillaje y, en consecuencia, es a quien se le nota más el cansancio cuando llega la hora del saludo al general Bignone. Eugenia es la única que no levanta el brazo: "Avanzamos, todas derechas, espaldas rectas, enfiladas. Al escuchar el grito que nos indicaba el saludo, levantamos la mano, mirando al frente. Nunca entendí bien adónde estaba el presidente. Con mi mano sobre el hombro de Laura, la miraba a Eugenia, que patinaba con sus dos brazos colgando a los costados del cuerpo" (34). Esta escena, trivial en apariencia, tiene una potencia particular: dar testimonio de la resistencia. El terror no circunscribía su espacio al de los centros clandestinos de detención, tortura y exterminio; acontecía a los ojos del mundo en la nena de mamá desaparecida. Y es Eugenia quien resiste a escala. Renegar el maquillaje la prepara para el verdadero gesto de disidencia: renegar el saludo oficial mandatorio en símbolo de genuina y silenciosa protesta. Su par generacional, la voz-niña narradora, no dimensiona en el acto la heroicidad del gesto. Enceguecida por la maquinaria de disciplinamiento, trata de reprimir a su compañera desobediente: "Traté de que me escuchara. Que levantara el brazo (...) que yo era la guía y era el día del desfile y nada de nada tenía que salir mal" (34). El autoritarismo estatal solo es posible por un autoritarismo social que lo sostiene, y, en este caso, lo reproduce. Los cuerpos niños se vigilan entre ellos. Si, contemporáneamente, la voz-niña malinterpreta el gesto de la compañera, sí lo recupera en su magnitud la narrativa de memoria. Una memoria que recuerda de arcadas, según explica en algún momento la voz adulta. Arcadas que son los flujos narrativos surgidos ante la urgencia por romper con la zona gris familiar y sumarse a la historia política mayúscula, reescribiendo y denunciando la falsa ilusión de neutralidad. Arcadas de la aversión que ocasiona descubrir que la familia propia sí dimensionaba la ausencia de una madre. Entendían, y callaban.

Como el club de barrio, la televisión era otro de los ambientes cotidianos compartidos en familia. Un programa televisivo hace de marco de la tercera sección del cuento titulada: "Mil nueve setenta y seis". La familia decide hacer un paseo en un domingo aburrido de invierno, mientras el abuelo se queda en la casa capturado por el programa de Silvio Soldán, "Feliz Domingo para la juventud".[4] No va a ser ningún feliz domingo. La familia decide ir a una casa de juegos en el centro de la ciudad y al padre se lo ve perturbado frente a la decisión de dejar el auto estacionado en un sitio no permitido, temiendo recibir una multa: "Papá daba algunos pasos y se daba vuelta para mirar el auto, dudando. Se decía que lo que lo tranquilizaba era que había varios estacionados. Lo repetía como para convencerse" (38). Ya en el local de los juegos, mientras la familia se entretiene, el padre sigue distraído y meditando sobre su decisión de dejar el auto mal estacionado. Al no soportar más su propia inquietud, se marcha para estacionar en otro lugar el auto y no recibir una multa. En la calle, queda atrapado en el medio de un tiroteo, pero no le sucede nada y vuelve ileso a reencontrarse con la madre y sus hijes: "caminó rápido hasta abrazarnos. No pasa nada, no pasa nada. Ya pasó todo. Nos tocaba las cabezas, las caras. Estamos todos bien, repetía, explicándonos" (41). Cuando el caos se desata afuera, la narradora describe: "los movimientos de la gente que se iba enterando sin saber bien qué, de que algo sucedía, y los gritos y lamentos cuando finalmente sospechaban qué era lo que pasaba en el exterior" (41). El cierre del episodio relata la vuelta a salvo a la casa, luego del encuentro con el exterior amenazante.

A lo largo de esta instantánea en movimiento, la narradora enfatiza la preocupación paterna frente a la legalidad de las acciones ciudadanas como automovilista. El padre no quiere estacionar en un lugar que no esté permitido

---

4. Emisión popular de la televisión argentina. Todos los domingos, grupos de estudiantes de la escuela secundaria participaban por un viaje de egresados a Bariloche. El abuelo de la narradora, como muchos otros, elegía a un equipo y lo seguía a través de la contienda que transcurría durante la tarde entera. Hasta el año 2012 un programa como éste siguió emitiéndose en Argentina los domingos, con otro nombre y otro presentador.

y ganarse una multa, aunque en ese lugar en el que está prohibido estacionar, haya muchos autos estacionados. Refugiándose en esa especie de anonimato de su pequeña infracción, el padre se entrega al acto de la marea temporariamente, hasta que no consigue lidiar más con el riesgo de ser multado. Esta obsesión con la legalidad de las acciones automovilísticas se revela irónica en el marco a escala en el que acontecían los secuestros y las desapariciones perpetuadas por las fuerzas del orden que, como ciudadano ejemplar, el padre de la narradora –como tantos más que comprenden a tiempo lo que sucede en el exterior del recinto comercial– opta por no cuestionar.

El final del relato narra el regreso a la seguridad y al refugio del hogar: "Entonces dormimos, tranquilos, como que no éramos una familia que estaba destinada a desaparecer" (46). El disenso de esta narrativa se ve en la problematización de las etiquetas y los lugares comunes que, durante el primer consenso en la transición democrática, indicaban que cualquiera hubiera podido caer en la redada en esa caza de brujas generalizada, como oficializa el prólogo del *Nunca más*. La última sección de cuento se titula "Mil nueve setenta y seis", el año del golpe. En la sección intermedia anterior se narra un episodio con los militares en un puesto de control, los reflectores, las armas y el miedo del padre y la madre que hacen esconder a sus hijes en el piso del auto. Aquí se ve la utilidad de la diseminación del terror para garantizar la sumisión social, tal como apuntaba Calveiro (1998, 45). La llegada a la casa, en esa oportunidad, es una restitución de la seguridad individual familiar, a pesar de que la narradora no hubiera podido conciliar el sueño esa noche: "Mamá pasó a taparnos a todos (...) Apagó la luz, y me quedé en mi cama, en mi casa, a salvo, abrazada a la bolsa tibia, sin poder dormir" (37). Y una vez más resuena Calveiro cuando señala que la sociedad, en este caso la familia de la narradora, "aceptó la incongruencia entre (...) lo que se sabe y lo que se ignora como forma de preservación" (1998, 151).

"Réplica en escala" se estructura de forma cronológica retrospectiva: de la escena más actual (año 1982), a la escena más antigua (año 1976). En este orden subyace, a mi entender, la crítica central del relato de Tomassoni. Se trata del regreso al hogar de una familia de las zonas grises que experimentó el sentimiento de paranoia ante las acciones de los represores, pero que también se sintió "víctima inocente", en el medio de un "conflicto ajeno". El gesto de esta hija transgrede las narrativas mapaternas denunciando la inacción familiar y el silenciamiento como modos de auto-supervivencia, problematizando los consecuentes grados de consentimiento.

A lo largo del cuento, la audiencia lectora ingresa a los escenarios cotidianos de la sociedad de los setenta (los clubes deportivos, la familia, la televisión, los desfiles cívico-militares). Estos espacios públicos y privados se narran invadidos por una sensación de miedo y control. El poder desaparecedor de los militares se replica en estos ambientes. La voz-niña relata tres instantáneas en movimiento, tres fragmentos de la infancia que resultaron una réplica en miniatura de una historia mayor, la del golpe. Estos recuerdos perduraron como narrativas privadas de la niñez familiar, como piezas que no encajaban del todo en el rompecabezas a escala real en el que acontecían las experiencias mayúsculas. Vivieron como memorias acalladas por su simpleza (Jelin 2002, 40), y ése se vuelve su lugar de enunciación. Los diminutivos, la falta de pronombres al referirse a los mapadres, las repeticiones y las frases simples nos transportan a una modalidad de la experiencia de niñez y su lenguaje. Aquello que las habría privado de visibilidad se convierte en la estrategia para rearticularse: la voz predominante del relato es la voz narrativa de una piba que hace que su cuento cuente.

II. Mariana Enríquez, la memoria que brota del cuerpo

Mariana Enríquez, celebridad literaria local e internacional, es representante exponencial de aquello que Elsa Drucaroff identificó como la nueva narrativa argentina y también como narrativa de las generaciones de posdictadura. Su obra, catalogada por la crítica entre los géneros del fantástico, el terror y el gótico (Álvarez Lobato 61), renueva la apuesta del fantástico rioplatense. En el siglo XX, Cortázar, Borges y Ocampo, entre otros, ya se alejaban de los castillos y los monstruos tradicionales del género para transitar con una mirada extrañada los espacios localizados en la cercanía regional y temporal (casas, autobuses, bares). En Enríquez, el material del horror también se encuentra fronteras adentro, en eso que la autora, entrevistada, identificó como el *mare magnum* de la violencia en América Latina (Rusell). Detallando esa posición, en otra entrevista comenta sobre su necesidad de "hacer un terror nacional, argentino, latinoamericano (...) una oscuridad relacionada con lo político y lo social" (Boix). En muchas oportunidades, Enríquez ha enfatizado su conexión emocional y literaria con la dictadura y cómo ésta marcó su formación y su escritura desde la infancia: "pasé toda mi primera infancia en dictadura (...) no era un horror hacia afuera, se hacía todo adentro. El verdadero horror era el secuestro y la tortura, y eso era dentro de la casa, en el espacio seguro"

(Gómez). Eso le interesa a Enríquez volcar sobre sus páginas, un terror político: "Hasta que entendí cómo hacer funcionar nuestros miedos con el terror como género, qué es una casa embrujada en América Latina, qué es un asesino serial, qué es el mal. Hasta que lo entendí y pude pensarlo no pude escribir terror" (Gómez). El plano del entendimiento parece aludir a los tres o cuatro años de edad que tenía la escritora al comenzar la dictadura militar, donde resuena uno de los interrogantes que aborda Forcinito al estudiar a Enríquez: "¿Cómo se revela el horror frente a lo que parece ser sobrenatural y macabro y que produce, además, el abismo de no poder entenderlo o definirlo?" (2023, 203). La esfera del entendimiento y la representación se asocian a la construcción de una narrativa, ficcional y literaria en este caso, que apela a estéticas infanto-juveniles, las cuales propongo leer en tanto tramas feministas en su descentramiento del adultocentrismo del discurso de memoria hegemónico, a partir de la representación de voces y vivencias infantiles y adolescentes.

Forcinito rastrea cómo la narrativa de Enríquez está afectada por "su experiencia como parte de la segunda generación (Generación Hijes), marcada por esas cicatrices que deja el horror anclado en las atrocidades de la dictadura" (2023, 202). Este lazo, que se vuelve el hilo conector de su obra, se da a pesar de que la escritora no cuenta con una filiación biológica ni con desaparecides, ni con genocidas. Es decir que Enríquez no ha "sobrellevado la desaparición y la detención de los padres, el exilio propio o de familiares, la clandestinidad o el secuestro y el robo de identidad" (2023, 203). Sobre el posicionamiento familiar, Enríquez comenta: "Yo había notado el encierro, mi familia no era militante, pero mi madre tenía amigos que sí, entonces se vivía en un ambiente muy tenso" (Gómez).

La propuesta disensual en el cuento "La hostería" (2016) reside en presentar una memoria privada de la juventud familiar sobre el pasado dictatorial que no se adquiere en el pasado autobiográfico, sino a partir de un discurso social aprendido y transferido en la escuela. Como argumenta Fernanda Bustamente Escalona al describir la ficción y autoficción fantástica en la literatura de Enríquez, allí se "vela por una práctica literaria denunciante del horror político, a partir de la composición de historias en las que más que reflexionar y rearticular el pasado, [se] interroga la herencia de este en el presente" (42). El discurso aprehendido durante la escolarización se manifiesta como memoria corporal, se experimenta en carne propia, emerge del cuerpo de la voz juvenil que *cuenta* lo que una vez fue privado de relato. La articulación de esta narrativa no se limita a presentar lo político inmiscuido en un suceso sobrenatural (Forcinito 2023, 215), la narración disidente conlleva un modo de resistencia a la vez que de denuncia de la actitud de indiferencia familiar: contando se reescriben las tibiezas políticas de la sociedad gris a las que el sujeto narrador podría sucumbir por cercanía de parentesco, ya que fue parte integrante del grupo familiar.

El principal eje temporal de la narración de la mayoría de las obras hasta aquí estudiadas fue la última dictadura militar. En este caso, el punto de enunciación del relato "La hostería" pasa a ubicarse treinta años después, aproximadamente en el año 2006. El cuento explora los túneles temporales que entrelazan dos momentos de la historia: el presente enunciativo y el pasado del golpe. El sujeto de enunciación también es otro. Hasta aquí las narrativas de pibas de la posdictadura estudiadas elaboraban memorias propias, ya que la dictadura fue experimentada de primera mano. Enríquez se ubica en esta generación posdictadura, nace en 1973 y transita los años de su educación primaria en los tiempos del golpe. En cambio, la protagonista de "La hostería", que tiene entre doce y trece años y nació en la década del noventa, pertenece a otra generación que no vivió la dictadura en carne propia. Este salto generacional permite indagar en los mecanismos de transmisión generacional del trauma colectivo específicamente entre un sector de la sociedad que no lo heredó por narrativa familiar, sector que muchas veces coincidió con las capas grises de la sociedad. Al igual que la segunda generación a la que pertenece Enríquez, esta tercera generación problematiza la postura de conformismo y silenciamiento perpetuada por el núcleo familiar.

"La hostería" es un cuento que arrasa con los tiempos del pasado, el recuerdo y la memoria. Antes que un sujeto que cuente el pasado individual, es un pasado narrativo el que se cuela en la vida del sujeto narrativo, clamando ser contado. La memoria, en sus anacronismos y concediéndose "todas las discordancias posibles en el orden temporal" (Didi-Huberman 62), no se vale de un tiempo lineal cronológico. Los anacronismos de la memoria humanizan al pasado, al mismo tiempo que aseguran su transmisión. Siguiendo a Didi-Huberman, la superposición de tiempos y el montaje ficcional del relato posibilitan decantar al pasado histórico de cualquier pretensión de objetividad, y, a través de esa pérdida, el pasado se humaniza y se vuelve cuento transmisible. En la experiencia que ficcionaliza Enríquez, la herida en la memoria resulta no sólo discursivamente transmisible, sino corporalmente transferible.

Los sujetos de memoria que emprendían la acción de narrar el pasado trabajaban sobre recuerdos propios, se trataba de testigos y protagonistas.

Dichos relatos partían de la certeza de que las memorias se circunscribían al espacio del cuerpo propio, les pertenecían a sus narradoras. ¿Se encuentran las memorias limitadas a un solo sujeto que ha vivido los acontecimientos o pueden también presentárseles a otros? Marianne Hirsch aborda los mecanismos de transmisión generacional de la memoria en el marco de la segunda generación de sobrevivientes del Holocausto, proponiendo el concepto de *posmemoria*. Para Hirsch, "in certain extreme circumstances, memory *can* be transferred to those who were not actually there to live an event" (3). Su estudio se enfoca en descendientes directos de víctimas de eventos traumáticos, y parte de su recorrido autobiográfico: su niñez estuvo marcada por los *raccontos* familiares de un pasado traumático no vivido ("These moments from their past were the stuff of dreams and nighttime fears for, as a child, it was at night [...] that I imagined myself into the lives they were passing down to me [...]" [4]). Según Hirsch, la posmemoria, en tanto estructura generacional, se transmite adoptando diversas formas de mediación, el lenguaje y el arte entre ellas. Con respecto a estos mecanismos generacionales de transmisión, abordo el cuento de Enríquez a partir de estos, entre otros, interrogantes: ¿Es posible salirse de la zona gris familiar y adoptar una postura disensual, política y estética? ¿Puede la memoria del trauma transferirse cuando no hay desaparecidos entre los antepasados directos? Y, en tal caso, ¿se vuelve la memoria una narrativa social, ya no familiar?

Narrado en tercera persona y adoptando la perspectiva de la protagonista, "La hostería" cuenta la historia de Florencia, una adolescente que vive en la capital de La Rioja, provincia del norte argentino. La acción transcurre en Sanagasta, un pueblo alejado de la capital, donde la familia tiene una casa de fin de semana. El inicio de la acción lo marca un viaje en auto, desde la capital hacia el pueblo, junto con la madre y la hermana mayor. Florencia es cautivada por el paisaje de las sierras, "la Pollera de la Gitana, esa parte del cerro que parecía la marca de una catarata de sangre ya seca" (36). Esta descripción geográfica funciona como antecedente de la grieta temporal en la que caerá la protagonista junto a su mejor amiga y primer amor, Rocío. Las heridas de la memoria social figuran grabadas en el espacio natural. En esas sierras se derramó sangre.

La brecha temporal es la que habilita la transferencia de la memoria de la dictadura. El suceso se enmarca en el plan de Rocío, que quiere vengarse de la dueña de la única hostería del pueblo, Helena, por haber echado del puesto de trabajo a su padre, Mario, el guía de turismo. Había rumores de una relación amorosa entre Mario y Helena, pero Rocío los desoye. La versión que ella le cuenta a Florencia es que Helena se había enterado de que el padre hablaba demás en los recorridos guiados, ofreciendo información sensitiva que podía comprometer el negocio: les contaba a los turistas que, en el lugar, antes de volverse hotel, había funcionado una escuela de policía hacía treinta años. Rocío le explica a su amiga: "[Helena] no quiere que los turistas piensen mal, dice mi papá, porque fue escuela de policía en la dictadura, ¿te acordás de que lo estudiamos en el colegio?" (39). Aluden al pasar a la última dictadura militar, y apuntan que lo que saben sobre ese acontecimiento histórico lo aprendieron juntas, en la escuela. No hay memoria del pasado traumático legado por una narrativa familiar, sino por un discurso social transferido en la escuela. Siguen las amigas: "¿Qué, mataron gente ahí? / Mi papá dice que no (...) que ahí fue escuela de policía nomás" (39). El papá de Rocío presenta a la hija una versión negacionista de los hechos; muchas de las instituciones dependientes de la policía funcionaron como centros clandestinos de detención, tortura y exterminio. Si se aprendió sobre la dictadura y les desaparecides en la escuela es porque de eso no se hablaba en las casas de estas adolescentes, cuyas familias de clase media se identificaron probablemente como apolíticas (a pesar de que, en el presente narrativo, el padre de Florencia está en campaña electoral para concejal de la provincia).

El plan de venganza de Rocío consiste en una mochila llena de chorizos, destinados a descomponerse lentamente, escondidos dentro de los colchones de las habitaciones de la hostería de Helena. Las dos chicas llevan a cabo la venganza por la noche, colándose entre los pasillos de la ex escuela de policía, que mucho se parecían a los de un cuartel. Pero algo termina delatándolas: sus gritos de terror. A partir de un ruido "repentino e imposible" (44), las dos chicas ingresan al quiebre temporal. Lo que sucede durante los siguientes cinco minutos, sólo ellas lo podrán recordar. Escuchan motores a máximo volumen, son alumbradas por faros incandescentes, sienten corridas, golpes metálicos contra las persianas, vidrios rotos y muchos gritos de hombre. Las amigas se abrazan y gritan, hasta que a Florencia el miedo no la deja respirar, y se hace pis. Entonces irrumpen en la habitación Helena y una empleada nocturna, después de haberlas "escuchado gritar como si las estuvieran matando" (45). Las mujeres adultas, a pesar de ser testigos del shock de las chicas, no creen lo que Rocío intenta explicar. Helena piensa que las amigas intentan engañarla con una historia de fantasmas para arruinar el negocio, igual que había intentado arruinarla Mario. Extendiendo el gesto del esplendor adultocentrista, tampoco las respectivas familias les creen lo sucedido. "Fue todo cierto" (46), se dicen las amigas al separarse, confirmando la validez de su experiencia y su relato.

Cuando Hirsch describe el trauma y la posmemoria, alude a un tipo de memoria corporal que cobra forma en el espacio del individuo. Hirsch afirma que la memoria puede, en efecto, ser transmitida a quienes no vivieron un evento. Pero entre el primer sujeto de memoria y aquel que adquiere la posmemoria habría una crucial distinción:

> For survivor of trauma, the gap between generations is the breach between a memory located in the body and the mediated knowledge of those who were born after (...) The wound inflicted on the skin can be read as a sign of trauma's incommunicability, a figure for the traumatic real that defines a seemingly unbridgeable gap between survivors and their descendants. (79–80)

En principio, el trauma infringido en la piel no podría transferirse completamente a la siguiente generación. Sin embargo, Hirsch señala una concesión para el ámbito del arte donde la brecha imposible podría ser sorteada y la transmisión acontecer de modo tan profundo y efectivo "as to *seem* to constitue memories in their own right" (5; énfasis en el original). Dicha performance estética, basada en la proyección y la identificación, habilitaría la transmisión de la memoria corporal del trauma. La imaginación –en tanto ficción– juega un rol central para Hirsch ya que funciona como mediadora de la experiencia no vivida de primera mano, permitiendo dimensionarla al pasarla por la piel en un acto de reencarnación. Alison Landsberg, estudiando los medios de comunicación masiva, acuña el concepto de la *memoria prostética* que funciona como forma de transmisión generacional que se materializa en una extensión artificial adosada al cuerpo, al estilo de una prótesis. La memoria prostética "emerges at the interface between a person and a historical narrative about the past" (2). Dicha persona no se limita a adquirir la narrativa histórica del pasado histórico que no vivió, sino que la incorpora en un nivel más profundo. La narrativa se adhiere al cuerpo propio. En este caso, la transmisión no se limita a experiencias del trauma acontecidas en el plano familiar, se habla aquí del trauma colectivo y la posibilidad de su repercusión en la sociedad.

Las jóvenes de "La hostería" aprendieron en la escuela la narrativa hegemónica de la memoria de la dictadura articulada entre el primer y el segundo momento de consenso analizados en el Capítulo I. Ese aprendizaje se materializa al sospechar que algo de lo que asimilaron sobre esa época podría haber acontecido en un lugar por ellas muchas veces transitado, la hostería de Helena. La proximidad y familiaridad con el sitio de los hechos acorta la distancia emocional con la que las amigas reciben la lección de la dictadura. El clima ficcional de cuento de terror es habilitado por el deseo de venganza de Rocío y el plan de irrumpir en el lugar por la noche. Los pasillos ya no se perciben como lugares familiares, desde que se sabe que allí mismo podrían haber matado gente. Los pasillos también funcionan como portal de ingreso hacia el pasado. Finalmente, la grieta temporal es la que habilita la transferencia y adopción corporal de la memoria: los gritos de terror de los campos de concentración se escuchan treinta años después. La pregunta crítica que deja sobrevolando el cuento es: ¿cómo hubo quienes ignoraron los gritos? Y, ¿cómo son capaces de seguir desoyéndolos en sus presentes reverberaciones?

La narrativa consensual transmitida en la escuela se transforma en memoria corporal que experimenta el sujeto, al estilo de las que describen Hirsch y Landsberg. De vuelta en la casa familiar, Florencia, por miedo a que los hombres que corrían volvieran a buscarla, "decidió que nunca más iba a apagar el velador" (46). El pasado traumático colectivo resignificado, corporeizado, transmisible desde el presente de la enunciación.

Al respecto de estas narrativas de transmisiones del trauma colectivo, Nelly Richard aborda la memoria desde las teorías del resto. Desde allí analiza funciones de repliegues de componentes *residuales*; del *sedimento* que se resignifica en el momento en que la memoria irrumpe con la fuerza explosiva del *acontecimiento* (2000, 171). En estas brechas anacrónicas, la literatura del terror político de Enríquez –en tanto mancha temática generacional (Drucaroff 34)– quiebra "los automatismos perceptivos que construyen la pasividad y la indiferencia frente al recuerdo" (Richard 2000, 172). El *acontecimiento* literario, resistente desde su poética y su gesto político disidente que denuncia silencios y complicidades de la maraña de la sociedad gris, impulsa un mecanismo transgeneracional comprometido de transmisión de la memoria.

III. Lola Arias y las memorias intra-generacionales de *Mi vida después*

Con una prolífera obra en constante renovación temática, principalmente dentro de las aguas del teatro documental, uno de los proyectos teatrales de Lola Arias, escritora, directora de teatro y cine y performer, marca un punto de inflexión en mi argumento, funcionando como conector de los tres sobregiros disensuales de memorias abordados en *Cuentan las pibas*. *Mi vida después* se estrena en el año 2009 y contiene los sujetos enunciadores que encaran cada uno de los tres sobregiros: hijes de militantes y/o desaparecides, hijes de familias de las zonas grises, e hijes de genocidas. Arias explica en el prólogo de la edición en formato libro donde aparece su trilogía teatral (*Mi vida después*, *El año en que nací*, *Melancolía y manifestaciones* [2016]) que no quería mostrarle al público otra historia más de la dictadura contada por hijes de militantes de izquierda. Su intención era evitar la repetición de discursos monumentales sobre el pasado. Y así define su movimiento precursor para retratar la generación de hijes de los setenta –su propia generación–: "elegí un grupo de seis actores cuyos padres y madres representaban figuras arquetípicas de la época [los setenta]: el exiliado, el militante muerto en combate, el apolítico, el cura, el desaparecido, el policía encubierto" (10). Algunos de estos sectores sociales estuvieron típicamente enfrentados; sin embargo, les hijes se ponen de acuerdo en cómo contar la historia sin por ello dejar ninguna cabida a un discurso de la reconciliación. La intención de retratar las historias de personas jóvenes nacidas entre los años 1972 y 1983 remarca la necesidad de contar la historia del golpe –que los caracteriza como generación– según estos protagonistas lo vivieron. Una historia marcada tanto por la nube del período dictatorial, como por los respectivos relatos mapaternos. Todo entremezclado de un clima fantástico, desligado de la lógica del logos adulto que sobrevuela la época de la niñez y la juventud.

Arias, nacida en 1976, no tiene parientes desaparecides, igual que Enríquez y Tomassoni, no ha vivido las experiencias traumáticas de la clandestinidad, el secuestro, el exilio, ni ha sido privada de su identidad. Como argumenta Cecilia Sosa, su trabajo se ubica fuera de lo que esta crítica identifica como "narrativas de la sangre" (110). Siguiendo un argumento sociológico que retoma la concepción de Jelin del monopolio de la sangre y el *familismo* operante en la memoria hegemónica, para Sosa, las narrativas culturales de memoria como la de Arias no pueden considerarse de modo aislado respecto de las narrativas oficiales estatales y sus tendencias. La nueva era de una memoria no-biológica es, para Sosa, inaugurada por el gobierno de Néstor Kirchner y su política nacional de duelo y conmemoración de las víctimas, y el protagonismo otorgado a los familiares de éstas. Desde la administración kirchnerista se daría una expansión de las fronteras biológicas del discurso de memoria donde "the lineage of loss was not only restricted to those who have been 'directly affected' by violence but could be inhabited by those who, for any reason, assumed mourning as a personal commitment" (18).

Encarnando una de las formas de asumir el duelo y la memoria como una causa personal es como Arias articula su propuesta artística, exponiendo el lugar desde el que se enuncia y respondiendo a quienes la entrevistaban por su propio pedigrí: "*¿Quién o qué te da derecho a hablar de este tema?* (...) Era como si solo 'los hijos de' –los militantes, los desaparecidos, etc.– estuvieran autorizados a hablar sobre la dictadura" (15). Denunciando la pertenencia y pertinencia de estas historias generacionales cobra forma una propuesta de memoria disensual, crítica de las ataduras respecto a la generación antecedente y que se propone revisar los lugares comunes y repeticiones de las narrativas monumento.

El debate en torno a la pertenencia y la pertinencia de estas voces recuerda a *Los rubios*. Hacia el final del film, la actriz que representa a Albertina Carri camina por lo que una vez fue el centro clandestino en el que estuvo secuestrada la pareja Caruso-Carri, mientras la voz en *off* cuenta: "La generación de mis padres, los que sobrevivieron a una época terrible, reclaman ser protagonistas de una historia que no les pertenece" (1:10'). De lo que se habla es de la abstención del INCAA (Instituto Nacional de Cine y Artes Audiovisuales) a auspiciar el proyecto, argumentando el requisito de un "mayor rigor documental" en el tratamiento de los testimonios de los compañeros de militancia de los mapadres de la protagonista. Carri reacciona contra esta exigencia que niega la pertinencia y la pertenencia de la historia que quiere contar, la suya.[5]

A partir del formato del *biodrama* y el teatro documental, Arias potencia este desafío de pertenencia y pertinencia de las historias de su generación. Un movimiento de desobediencia es hacia la generación mapaterna que se desplaza del centro de la narrativa. En escena, actuarán sus memorias y las vidas propias les pibes protagonistas de las historias, a partir de nuevos acuerdos que hacen para convivir en el escenario pibas y pibes, con y sin pedigrí. En el teatro, cada actor y actriz conserva a su nombre propio y se vuelve como un doble de riesgo de los momentos más difíciles, encarnando en cuerpo las historias de las madres y los padres, propios y ajenos. En *Mi vida después* no hay sitio, ni siquiera marginal, para testimonios de héroes o protagonistas del

---

5. Se puede ver en paralelo *Melancolía y manifestaciones*, donde Arias mira como hija la historia de la generación anterior, que toma cuerpo en su madre. Al presenciar la pieza teatral, la madre de Arias comenta: "esa [no soy yo, esa] es la madre de mi hija" (17). Amado reflexiona sobre este diálogo intergeneracional de autoconstrucción, desde la distancia diferencial (165).

evento histórico. Tal cual argumenta Sosa, la obra encuentra nuevas formas de "mostrar y contar" y lo hace

> (...) on behalf of those who seemingly do not have the 'right' to speak, those who lack *pedigree* and, thereby, do not have the most 'interesting' roles within the current discourses of memory (...) show[ing] how seemingly underestimated subjects of politics can have surprising things to say, if they are allowed to step into 'main' roles. (127)

Retomando este reclamo de cambio de posta de las voces enunciadoras, me interesa combinarlo con el punto central de mi lectura en *Cuentan las pibas*: los sujetos políticos subestimados que Sosa describe toman la posta apelando a propuestas anti-adultocentristas (lúdicas en este caso) donde se empoderan cuerpos, vivencias y códigos infanto-juveniles. Este aspecto me lleva a agrupar ésta y las principales obras estudiadas en este libro en tanto tramas que devienen feministas en mi lectura, desde la problematización que escenifican del discurso adultocentrista y patriarcal de la memoria hegemónica donde niñes y jóvenes son tomados como objetos antes que sujetos políticos, privados de la posibilidad de volverse agentes de memoria.

Arias desafía el protagonismo exclusivo de la primera generación y también se aleja de la memoria homenaje de la narrativa ADN. En *Mi vida después* la acción no pasa por la simple imitación o la consagración del legado, sino por la reformulación del pasado familiar e histórico, por la enunciación en primera persona donde les hijes "empieza[n] a escribir la historia de los [ma]padres" (10) y se esfuerzan por no sucumbir ante el peso de la herencia simbolizado en las pilas de ropa de los setenta que caen y se lanzan como hilo conductor durante toda la obra. El título mismo apunta hacia el tiempo futuro, y, precisamente en el final, es un hije de la tercera generación el último en abandonar la escena, que queda llena de ropa desparramada. Y la participación de un niño de cuatro años en la obra, como señala Jordana Blejmar, invita a considerar lo impredecible como parte definitoria del acto mismo de memoria en constante redefinición, atado al presente enunciativo y problematizador de toda narrativa cerrada (188).[6]

---

6. La participación y actuación de bebes, niñes y jóvenes en varias de las producciones de Arias (*Futureland* [2019]; *Atlas del comunismo* [2016]; *The Art of Arriving* [2015]; *Familienbande* [2009]; *Niños portátiles* [2008]; *Trilogía. El amor es un francotirador* [2007]) significaron un punto de inflexión en su forma de pensar el

Esta conexión del ejercicio de memoria con el tiempo presente y los sujetos de la enunciación la explica Mariana Eva Pérez: "(...) Arias's piece is rather about what the performers do and have done with the legacy of the past, than about 'overwhelming inherited memories' (Hirsch 2008, 107), postmemory does not seem to be the most appropriate theoretical frame in which to examine it" (10). Indicando la referencia directa del título de Arias, Pérez remarca el tema de *Mi vida después*: más que preocuparse por la carga de las memorias heredadas (en lo que Hirsch enfatiza al desarrollar el concepto de *posmemoria*), la obra trata sobre lo que las pibas y los pibes en escena han hecho y continúan haciendo con el legado del pasado. De modo similar, Sosa también rebate la aplicación de algunas de las asunciones de Hirsch: antes que la revictimización de la segunda generación, en Arias "performance appears (...) as the potential engagement for producing an alternative future" (113). El proyecto teatral de Arias irrumpe como segundo sobregiro disensual crucial que posibilita una nueva reconfiguración de las memorias y un diálogo no sólo intergeneracional, sino también intra-generacional. Sabiendo que sus legados provienen de ámbitos históricamente enfrentados, les pibes de la dictadura se miran entre sí para contar y contarse su historia e imaginar futuros posibles.

Jugar con la ropa de los setenta

Desde el comienzo y a lo largo de *Mi vida después*, al escenario caen ropas de los setenta que los actores y actrices revuelven, se prueban y revolean. La ropa del pasado es el hilo conductor de la obra que puede verse en paralelo a los playmobils que se movían como personajes en momentos claves de *Los rubios*. Las ropas tienen un doble símbolo: por un lado, traen a escena el peso del pasado y materializan ausencias; por otro, aluden al lenguaje lúdico de la

---

teatro (según explica en una charla magistral dictada por Zoom y moderada por el Instituto Nacional de las Artes Escénicas y de la Música de España en el 2020). Arias comenta cómo la presencia protagónica de una bebé en su obra *Striptease* (2007) estuvo marcada por la impredecibilidad, sumada a la dosis de no-ficción y presente que la bebé traía a cada puesta en escena, lo que la llevó a emprender su búsqueda en las riquezas del teatro documental, el cual no abandona hasta estos días. Me interesa considerar esta intención de explorar las conexiones de la ficción, el teatro y la vida sobre todo pensándola como gesto anti-adultocentrista que invita a la escena a niñes desde roles protagonistas, apoyando la posibilidad de su autorrepresentación.

niñez. En el prólogo de la trilogía Arias apela a una doble imagen del juego. La primera es una mención de las muñecas rusas y su "juego de madres infinitas" (9) ya que, como en un efecto de encastre, las tres obras estaban contenidas una dentro de otra, nacidas de la misma idea-madre.[7] Y esta idea-madre nace del juego infantil de representar a las figuras progenitoras vistiendo sus ropas –segunda invocación lúdica–. En *Mi vida después* la ropa tiende puentes entre dos temporalidades y hace interceptar el lenguaje de la adultez y el de la niñez. La ropa es la memoria del juego infantil y habilita el tono de humor que envuelve a la obra. Es a partir de ese tono que se expresa el gesto de discordia –que se replica en mayor o en menor grado entre los personajes– para con la generación mapaterna. El trabajo de Blejmar acuña y teoriza a partir de los conceptos de *playful memory* y *playful aesthetics* (memorias lúdicas, estética lúdica) argumentando cómo la generación posdictadura propone nuevas y provocativas formas artísticas de lidiar con el trauma y las memorias de la dictadura, apelando al humor, los juegos infantiles y las lógicas escolares para reconstruir sus historias (2), en lo que la autora describe como *giro autoficcional*. Estos tres aspectos mencionados por Blejmar (el humor, los juegos infantiles, las lógicas escolares) conviven en la obra de Arias y son su componente central. En mi argumento, se trata de selecciones estéticas vinculadas al esfuerzo por promover lógicas anti-adultocentristas que denuncien el adultocentrismo de la memoria homenaje.

La primera escena se inaugura con la ropa. En la acotación se lee: "Cae ropa del techo sobre el escenario vacío. Entre las prendas, cae también Liza y queda cubierta por la montaña de ropa. Se levanta, saca un jean del montón y camina hacia adelante" (21). La primera actriz en escena, Liza Casullo, hija de una pareja de militantes intelectuales montoneros exiliados en México, se ve aplastada por el peso de la generación pasada, y decide librarse de la magnitud de éste y caminar hacia su futuro. Sin embargo, en su movimiento, antes que renegar el recorrido personal, intenta apropiárselo al seleccionar una prenda de ropa y adherírsela a la suya: "Cuando tenía siete años me ponía la ropa de mi madre y andaba por mi casa pisándome el vestido como una reina en miniatura. Veinte años después, encuentro un pantalón Lee de los setenta de mi madre (...) y empiezo a caminar hacia el pasado" (21). Liza rescata el lenguaje lúdico de la niñez donde representaba a su madre en una versión a

---

7. Los sobregiros disensuales de memorias pueden verse funcionando en un juego de encastre similar.

escala. Este código funciona como disparador, en el presente del escenario, para contar su narrativa privada de la niñez familiar, marcada y determinada por los acontecimientos monumentales de la historia política del país.

Liza sigue jugando a vestirse de reina en miniatura en otra escena. Esta vez la visten con ropas de conductora de televisión mientras ella cuenta que su madre tenía dos caras: la de chica del noticiero con belleza hegemónica, y la de militante montonera. La hija decide jugar a habitar la piel de la madre y probar cómo se sentía dar noticias que habían pasado por la censura. Mientras Liza intenta leer una serie incoherente de noticias (el establecimiento de la pena de muerte, la reapertura de espectáculos familiares, las expediciones espaciales, las clausuras de diarios, una pelea de boxeo, el estallido de bombas, los secuestros, etc.), le empiezan a caer lluvias de ropas que se acumulan en una montaña que la termina cubriendo por completo. Es uno de los momentos cargados de humor –componente central de la obra que se diluye en el texto escrito– donde la risa tiene una función catártica, de la mano del lenguaje lúdico de la niñez.

En la siguiente escena, junto con Liza, todos los personajes en escena van a probar el juego de encarnar a sus padres a través de la ropa o los uniformes que usaban (sotanas, mamelucos, trajes). Vestidos como sus antepasados, tres actores reconstruyen coralmente un día de las vidas inconexas –incluso enfrentadas– de sus padres (un cura, un desaparecido y un apolítico), y las hacen dialogar en el espacio ficcional.

La ropa vuelve a tener un rol protagónico en la escena en que Liza habla de los distintos libros que escribió su padre y se los reparte al elenco. Mientras lee su fragmento preferido sobre una descabellada revolución futura, el resto de los personajes inicia un juego de guerra donde los proyectiles se arman con las pilas de ropa que casi siempre ocupan el fondo de la escena. El foco de ataque termina siendo Liza que, una vez más, tiene que gritar para que se la escuche desde abajo de una montaña de ropa que la cubre. Después, se suma ella misma a la zona de fuego y se convierte en atacante.

Desde este punto hasta que cae el telón, la ropa ya no abandona el decorado de la escena y cumple una función protagónica. En la escena siguiente, los personajes enuncian fragmentos de sus vidas en el marco temporal que va desde el final de la dictadura, hasta el tiempo presente. Desde un entrepiso, cada uno grita su línea por un megáfono y salta a la montaña de ropa. Abajo, los misiles de tela no se detienen. Las revoleadas de les hijes van impresas de un gesto que mezcla la rebeldía y el enojo. En la escena final, la ropa es usada para recrear varios cuerpos sin volumen sobre sillas dispuestas en el centro del escenario. Las siluetas vaciadas recrean posiciones corporales, a una de ella se la coloca cruzando las piernas. Los personajes corren y se resbalan entre las ropas desparramadas, siguen revoleando prendas, se ponen algunas y acomodan otras sobre las sillas. Uno a uno, van abandonando la escena. Liza, se lleva consigo el *jean* de su madre. La obra concluye sin personajes, con la ropa por todos lados, y los cuerpos vacíos en las sillas.

Voces corales y melódicas

A lo largo de la obra hay un trabajo delicado en la presentación de las voces que narran las memorias privadas de la niñez y la juventud familiar. Esto resulta un elemento intraducible al texto del libro, se comunica exclusivamente en la representación teatral. Las voces de los personajes figuran muchas veces, no sólo entrelazadas, sino superpuestas, como si la urgencia por contar fuera tal que no se puede esperar el turno para hablar. Las líneas de los personajes suelen ser cortas y precisas, y el final de la frase de un hije coincide con el comienzo de la frase de otro, desafiando la capacidad de escucha de la audiencia. Al respecto de esta concepción activa del público, Sosa retoma a Rancière y su teoría de la emancipación del espectador que sólo comenzaría "when we challenge the opposition between viewing and acting (...), when we understand that viewing is also an action that confirms or transforms this distribution of positions" (Rancière en Sosa 125). Y esta invitación a la audiencia a escuchar nuevas voces protagonistas y agentes, replanteando códigos adultocentristas de la memoria hegemónica, también extiende un gesto de rebeldía para que sujetos hasta entonces ignorados por los mandatos del exclusivismo biológico y el pedigrí puedan pensarse como agentes de memoria y posicionarse políticamente como espectadores no solo expectantes, incluso proviniendo de sectores familiares donde se registraron distintos grados de tibiezas y complicidades.

En el caso de Liza, su voz se ve interferida y dificultada por las ropas que la atacan y van cubriendo. Pero en la mayoría de las escenas, la voz no se ve interpelada por el pasado que simboliza la ropa, sino que se la presenta en un flujo constante y dialogando con las voces del presente: las de otros hijes y hermanes generacionales. Aproximadamente en la mitad de la obra todos los personajes se sientan intercalados en una hilera de sillas dispuestas en el centro del escenario, cada uno ensimismado y sin prestar atención a los otros. Uno a la vez, cada hije comienza a narrar un sueño conflictivo con su padre, pero las voces se van superponiendo de modo *in crescendo* hasta que no se puede distinguir bien qué están diciendo. Un cuarto repleto de bebés de distintos colores, un campo con pasto de billetes, una ciudad extranjera, un remolino en el mar, un salto imposible en un circo, un viaje de visita a dios en tortuga voladora. Cada sueño igual en grandilocuencia y simbolismo con la vida de los personajes. Cuando todos los sueños finalizan casi a la vez con un "y ahí me despierto", uno de los personajes saca una caja llena de melódicas que se van distribuyendo, imitando esa dinámica escolar del profesor que pasa a un alumno un pilón grande de hojas destinadas a ir repartiéndose, mano a mano, hasta alcanzar al grupo. Comienza entonces un concierto de melódicas que suenan primero a coro, luego individualmente, en clave de pregunta y respuesta y como pasándose la posta. Ahora los personajes se reconocen acompañados, ya no hay poses de indiferencia y ensimismamiento. Los actores y actrices vueltos instrumentistas, se miran entre ellos, se escuchan, se dan permiso, ya no pisan sus melodías, sino que las hilvanan. El peso de cada melódica es el mismo, pero el verdadero ritmo lo adquieren cuando suenan en conjunto y no de forma aislada. En definitiva, todas las historias que los personajes narran son igual de pertinentes –no hay pedigrís sobrevaluados– y cobran fuerza desde la enunciación colectiva.

El flujo constante de las voces que se superponen y terminan armando una melodía va de la mano de los cuerpos prestados por los actores y actrices que ayudan a representar la historia personal. En *Mi vida después* los personajes hacen de ellos mismos, de mapadres propios y ajenos, y de cualquier persona que sea necesaria incluir en la reconstrucción de la memoria a narrar. En estos entrecruzamientos de vidas e historias, surgen momentos provocadores como cuando el hijo de un padre desaparecido (Mariano Speratti) representa a un padre genocida (el padre de Vanina Falco). Al mismo tiempo, no hay un personaje más protagónico que otro. La horizontalidad entre los actores y actrices apunta a la pertinencia –y urgencia– de todas las historias contadas. Este constante entramado de voces desencadena en la conformación de una melodía compuesta colectivamente, a partir de las melódicas.

La escena final es una continuación del concierto de melódicas. Liza toca la guitarra eléctrica y Vanina (hija de un policía de inteligencia que se apropió un bebé) repite palabras que ya se escucharon en boca de otros personajes. Se trata de los sueños contados en la escena intermedia. Su voz, amplificada desde un megáfono, va hilvanando los espejismos nocturnos de cada hije con su padre, entremezclando las fantasías de todos los personajes en una sola línea narrativa. La música, y Vanina a la vez, va acelerando el ritmo y el volumen. El relato de Vanina se hace más difícil de distinguir tapado por los acordes de la guitarra y una batería, hasta que se desata en un grito de ira que acompaña el movimiento desenfrenado del resto de los personajes que lanzan prendas de los setenta y juegan con ellas, mientras el más chico del elenco (Moreno, el hijo de Mariano, que tiene la misma edad que Mariano tenía cuando desapareció su padre) corre por toda la escena.

Si la escena del concierto de melódicas termina con una imagen parsimoniosa del entrelazamiento de las narrativas de hijes de sectores disímiles y enfrentados de la sociedad de los setenta, la escena final pone en entredicho la convivencia pacífica, reconciliada de las voces. Vanina pronuncia los sueños de todos los personajes a la vez, pero no los convierte en una narrativa unívoca. Amplificándolos con el megáfono, los distorsiona. Más bien, su voz corporeiza las tensiones que implica la suma de estas voces y su intención declarada de provocar disenso, lejos de cualquier apología del discurso negacionista de la reconciliación. De allí que la voz se vuelva grito, como un estallido del lenguaje disponible y un reclamo que denuncia la incomodidad ante lo ya dicho y la búsqueda de nuevos recursos para conferir sus historias.

Lola y/o Pablo

Después de estrenar *Mi vida después*, Arias vuelve a la encrucijada de dar respuesta a la pregunta sobre el pedigrí para hablar de la época de la dictadura y decide probar el experimento de su obra con ella misma, ya que la suya también podría ser una historia generacional. Así nace *Melancolía y manifestaciones*, estrenada en el 2012. En *Mi vida después*, Arias había incluido la narrativa de Pablo Lugones, un hijo proveniente del sector gris de la sociedad cuya familia argumentaba no interesarse por la política. Con este personaje, Arias hace el primer movimiento que habilita el segundo de los sobregiros disensuales de memorias. Arias no quiere volver a contar la historia de les hijes de militantes de los setenta, o no quiere contarla como ya fue contada. Su jugada abre la escena a personajes antes privados de voz en las batallas de la memoria. Arias inaugura un diálogo intra-generacional inédito, que, como ya expuse, no resulta uno reconciliador. Las voces que se suman no se acomodan y ajustan al diálogo de memoria como las piezas faltantes de un rompecabezas, más bien irrumpen –desde su doble lugar de pertinencia y pertenencia– para seguir desarmando discursos monumentales, sumando nuevas problemáticas presentes en la revisión de la violencia pasada.

IV. Denuncias del silenciamiento

Pablo Lugones es el hijo de un matrimonio de trabajadores del Banco Municipal de La Plata. El hijo presenta a sus mapadres como desinteresados por la política. En la escena en que tres de les hijes juegan a meterse en la piel de sus padres, a través de su ropa, para reconstruir la rutina de un día de sus vidas, Pablo encarna a su padre que se etiquetaba como apolítico: "1 pm. Termino el informe y bajo al comedor del banco. Mis compañeros organizan una asamblea y yo me quedo pensando en la casa que me quiero construir" (40). En sólo dos líneas, el personaje de Pablo marca la distancia irreconciliable entre dos proyectos opuestos de vida: aquel de quienes buscaban la realización personal –y familiar– simbolizada en la adquisición de un inmueble, y el proyecto izquierdista de militantes dispuestos a sacrificar su vida –y la de sus familias– en pos de la victoria de la revolución popular. Pablo sabe que, en los setenta, la política la habían jugado actores más arriesgados, mientras su madre y su padre iban impertérritos a cumplir la jornada laboral al banco.

Pablo incluye un epílogo personal a la escena donde reconstruye un día rutinario de la vida de su padre. Allí narra lo que su padre le contó sobre los tiempos del golpe, cuando un militar que intervino el banco donde trabajaba le señala que usar barba es cosa de terrorista y que, si quería conservar su puesto, iba a tener que afeitarse: "La mañana siguiente mi padre se levantó, se miró un largo rato frente al espejo y se cortó la barba" (41). Este epílogo no incluye cuota de humor. El tono en que el hijo narra la anécdota es más bien uno de decepción ante la decisión del padre de acatar la orden militar, callar, obedecer, ajustarse y seguir mirando hacia un costado ante el ejercicio de la violencia genocida.

Hacia el final de la obra, el hijo de la zona gris se esfuerza por reescribir las tibiezas políticas familiares. Pablo ya había reproducido su árbol genealógico en una escena cargada de humor, hacia el comienzo de la obra. En esa ocasión, había concluido: "Mi rama de los Lugones es la de los hombres invisibles: ni héroes, ni ricos, ni revolucionarios, ni suicidas, ni nada" (31). Pablo siente una atracción por otra rama de los Lugones, una a la que le sobra adrenalina. Es tal el deseo de acabar con la monotonía y quebrantar la zona gris, que, al imaginar su muerte en la anteúltima escena de la obra, elegirá morir de forma grandilocuente: "Yo me muero el 3 de octubre de 2030, ahorcado en un ombú como un gaucho melancólico" (64). Su muerte reescribe la imperturbable zona gris en la que vivieron sus antepasados, sin animarse a tomar partido y asumirse como seres políticos. En estos gestos estéticos reside la carga de resistencia política y posicionamiento de les hijes de este sector gris. La narrativa de Pablo es el paso inicial para la articulación de otras historias enunciadas por quienes fueron pibes durante el golpe de Estado, pero no sufrieron de él las consecuencias más devastadoras. Pibes y pibas de la dictadura cuyos progenitores, en los setenta, no fueron ni héroes ni traidores, ni revolucionarios ni represores.

Melancolía y manifestaciones

El inicio de la obra, que muestra a Lola Arias en escena –actuando de ella misma–, marca una conexión explícita y brutal entre la historia personal, y la del país: "*Hija*: Cuando yo nací, el útero de mi madre explotó (...) Era 1976 y el país también había explotado bajo un golpe militar" (146). El sangrado materno desemboca, como un brazo de un río, en la magnitud de la sangre derramada por los genocidas. Lo político se vuelve íntimo. En el prólogo Arias comenta sobre su proyecto *El año en que nací*, que funciona como extensión de *Mi vida después* en el caso chileno. Allí narra la historia de Macarena Teké, cuyo padre se suicida cuando la hija tiene seis años, en plena dictadura de Pinochet. Macarena participa del taller germinal previo a *El año en que nací*. Explica Arias: "Fue muy osado de nuestra parte poner a un suicida en la lista de las víctimas del terrorismo de Estado" (140). Para Arias, la historia de su madre –que, desde el año del golpe que coincidió con su nacimiento "cayó en una depresión que la tiene cautiva desde entonces" (141)– es una historia gemela a la de Macarena y su padre.

La narrativa de Lola y Pablo puede analizarse desde su conexión diferencial. Pablo se inserta de lleno en el sector social que describí en la introducción de este capítulo como la maraña de la zona gris. Proviene de una familia que se identifica como apolítica, que conserva su puesto de trabajo durante la dictadura –aunque el lugar esté intervenido por los militares–, y cuyas preocupaciones distan mucho de aquellas expresadas en las manifestaciones de izquierda que ocurren en su entorno. Pero la madre de Lola –"una profesora de literatura con estrafalarias ideas de izquierda pero no practicante" (176)– sí tiene convicciones políticas. Desde el golpe, la madre de Lola pierde su trabajo en la universidad y se dedica a dar clases en el nivel secundario en un colegio donde les estudiantes engrosaban las listas de les desaparecides. La pregunta disensual que lanza la hija al público es: "Me pregunto si la enfermedad de mi madre no tuvo también una causa política. Si se hiciera una lista de los deprimidos por la dictadura, ¿cuántos nombres habría en esa lista?

¿Treinta mil, cincuenta mil, un millón?" (176). Con este gesto, y recurriendo a la categoría de "víctima", Arias salva a su madre del sector gris de la sociedad, cómplice del accionar genocida.

La obra se divide en dos partes indicadas por las dos palabras del título. Durante "Melancolía" se narra la enfermedad crónica de la madre, sus períodos eufóricos de estabilidad, y su nueva caída en picada. Todo en un tono humorístico tragicómico. En "Manifestaciones" se encuentra la raíz del gesto disensual de la hija donde, en una vuelta de tuerca de uno de los lemas feministas, lo político se torna íntimo. La hija cuenta que la madre escribía de todo, menos literatura. Hasta que, a partir de un ejercicio indicado por uno de sus psiquiatras, la madre escribe crónicas de su vida cotidiana. En esas crónicas, cuenta la hija, uno de los temas predilectos son las manifestaciones callejeras, y cita un fragmento: "Murgas de bancarios, bajo la lluvia. Los de uniforme atraviesan la calle y aferran la cachiporra. El griterío (…) me impide quedarme en la cama, con mi propio llanto. Y esta mañana yo la había destinado a llorar" (185). Se establece aquí un diálogo diferencial con el padre de Pablo, un bancario que desoía las manifestaciones de sus compañeros mientras pensaba en la casa que quería construir. Para esta hija, su madre no es como el padre de Pablo, aunque ambos pertenezcan a ese bloque heterogéneo de las silenciosas capas medias. Si lo político se había vuelto íntimo en la madre, si el golpe había causado su depresión, y si la madre sólo dejaba de llorar con el griterío de las manifestaciones, la hija se pregunta: "¿puedo curarla llevándola en cama hasta la Plaza de Mayo?" (16). Esta postura de la hija y su confianza en la lucha de las organizaciones de derechos humanos, a la vez que salva a la madre de la cuota de responsabilidad de la sociedad gris, también conlleva un acto individual y público de posicionamiento y resistencia, política y estética.

El caleidoscopio auditivo de Arias

¿Escenifican *Mi vida después* y *Melancolía y manifestaciones* un arte crítico político? Según Rancière, el arte crítico político debe fomentar "formas de colisión o disenso que reúnen (…) elementos heterogéneos (…) [cuyo] choque se produce en la medida en que la heterogeneidad de los elementos trabaja contra el significado homogéneo" (2006, s/p). A contracorriente de narrativas momificadas, *Mi vida después* promueve una heterogénea reescritura constante que reestructura el reparto de lo sensible, visibilizando la escucha de nuevas voces disensuales. Aguilar apunta al respecto: "Hay en Lola Arias una política de la palabra, de la escucha y de la memoria, pero sobre todo la política se juega en el dispositivo de expresión que hizo este libro posible" (2016, s/p). La política de la palabra de Arias surge de su convocatoria intra-generacional que habilita y fomenta la articulación de nuevas memorias disensuales. La política también está directamente vinculada a la propuesta estética que, no sólo propicia nuevas formas de disenso, sino que las crea a partir de su formulación artística. *Mi vida después* fue por primera vez estrenada a principios del 2009. Para Arias, se trata de "una suerte de criatura viva que se va reescribiendo a medida que se reescribe la vida misma de sus protagonistas" (11). La versión publicada en formato libro es fiel a la última representación en el año 2014. En el ínterin, la obra fue modificando dramáticamente la vida de los personajes y los actores incluían esos cambios en la siguiente puesta en escena, en un círculo de retroalimentación donde la direccionalidad se iniciaba en la ficción. *Melancolía y manifestaciones* extiende el gesto disensual iniciado en *Mi vida después*, lo político se lee en clave íntima, sin restringirse a la pertinencia que garantizaba la relación sanguínea con las víctimas. El espíritu de flujo y reescritura que ronda el proyecto teatral de Arias refleja las características del segundo sobregiro disensual de memorias. Adaptando una metáfora que usa Calveiro, en Arias, el pasado del golpe se interpela a través de un caleidoscopio auditivo que apunta a la totalidad coral, pero se rehúsa a proyectar voces armónicas.[8]

Reescrituras de las tibiezas genealógicas

Indagando en las franjas de la maraña de la sociedad gris –que se ubicó más cerca o más lejos de los extremos del "genio maligno" y la "víctima inocente"– las pibas de la posdictadura que crecieron en estos ámbitos hilvanan sus narrativas privadas de la niñez y la juventud familiar, y toman partido político en un movimiento re-escriturario de las tibiezas genealógicas. Sus *cuentos* denuncian el silenciamiento y la inmovilidad social que describía Calveiro entre las capas medias de la sociedad. Tomassoni describe el terror y la inacción familiar a partir de una lengua privada de la niñez que, desde su cronología retrospectiva, comunica las repercusiones localizadas del golpe en el disciplinamiento de los cuerpos niños, al mismo tiempo que denuncia un grado de consentimiento familiar. Enríquez explora las cadenas que habilitan y/o

---

8. Sobre la metáfora de Calveiro, revisar nota de la Introducción.

aprisionan la transmisión generacional de la memoria del trauma colectivo y su impacto en los cuerpos jóvenes de terceras generaciones que no vivieron los tiempos dictatoriales, pero, sin embargo, se vinculan afectivamente con ellos de una forma política y estética, a pesar de que ese vínculo y compromiso estuvo ausente en sus progenitores de la zona gris. Arias, desde un heterogéneo diálogo intra-generacional que cuestiona los pedigrís de pertinencia, y en un movimiento coral donde lo político se tatúa en los cuerpos de sujetos-actores, proyecta su reescritura disensual a partir de una estética lúdica (Blejmar) que no deja cabida al discurso negacionista de la reconciliación. Tomadas en conjunto, estas propuestas (representativas y artísticas) visibilizan voces-textos antes ilegibles e inaudibles, desestabilizan los discursos de memoria disponibles e impugnan el adultocentrismo de los mismos presentando voces *privadas* hilvanadas a partir de códigos y melodías infanto-juveniles que no se presentan, sin embargo, como resueltas.

CAPÍTULO V

Las hijas de genocidas, un coro de Antígonas. Del silencio debido al grito de-vida

Como personajes en una tragedia clásica, las hijas de genocidas se ven arrojadas a una encrucijada que deja en vilo la existencia propia: condenar públicamente los crímenes del padre implica traicionarlo; optar por no hacerlo implica volverse cómplices. Y aquí la complicidad no se limita a perpetuar la inmovilidad social de la sociedad gris, abordada en el capítulo anterior. En este caso la complicidad se extiende al silenciamiento sobre el paradero de centenares de bebés robados aún privados de su verdadera identidad y cuyas abuelas y familias continúan buscando, como también al destino de los cuerpos de les desaparecides. Verónica Estay Stange define el concepto de la *condición trágica* para abordar la experiencia límite que encarnan les hijes de victimarios. Esta condición trágica se entiende como una "confrontación ineluctable con la fatalidad. Como si se estuviera destinado a la transgresión, cualquiera sea el camino que se escoja" (2019, III). En las narrativas que estudio en este capítulo cada tipo de transgresión va dirigida específicamente contra un conjunto de leyes particulares: la traición al padre quebranta las leyes de parentesco sobre las que se erige el Estado patriarcal; la complicidad para con los crímenes de lesa humanidad viola las leyes de la justicia universal y las de los derechos humanos.[1]

---

[1] Con *justicia universal* hago referencia al principio de extraterritorialidad de la ley que demarca una jurisdicción universal que velaría por los derechos humanos evitando la impunidad de los crímenes cometidos contra la humanidad.

El doble plano de leyes recuerda a la discusión generada en torno a *Antígona*, la tragedia clásica de Sófocles, donde la protagonista se enfrenta a una aporía con su aparente obediencia a las leyes divinas y su transgresión de las leyes de los hombres.[2] Antígona, violando una ley pública, da sepultura a su hermano Polinices –argumentando un seguimiento de las leyes de los dioses–. La heroína trágica anticipa su propio acto describiéndose devota y rebelde a la vez. Devota ante sus dioses (o ideales propios), rebelde ante los hombres. La aporía que Antígona enfrenta también implica un dilema radical ya que cualquiera sea el camino por el que opte, está destinada a transgredir un conjunto de leyes que la conducen hacia la autodestrucción. O muere castigada por desobedecer la ley pública, o permanece muerta en vida por desoír las leyes no escritas de los dioses.

Tanto Antígona como las hijas de genocidas provienen de una genealogía criminal maldita. En el caso de la hija de Edipo, el crimen de violación y pedofilia de Layo (padre de Edipo) repercute en una serie de oráculos funestos que condenan sucesivamente a la estirpe.[3] Nos movemos aquí en el ámbito de la predestinación. En el caso de las hijas de genocidas, ellas nacen de padres que cometen crímenes sin atenuantes posibles: los de lesa humanidad. Ninguna elige nacer de sus padres, pero, al mismo tiempo, ninguna vive su vida sin revertir esa pasividad o falta de agencia frente al linaje criminal y maldito. Antígona abandona el recinto de lo familiar-femenino y enfrenta la tiranía del Estado patriarcal que encarna su tío Creonte. Es decir que, rompiendo el orden de la predestinación, opta por el libre arbitrio. Las hijas de genocidas desobedecen el mandato íntimo-familiar de silencio y obediencia dictado por el padre, denunciando y condenando los crímenes paternos en la esfera pública. Las transgresiones de Antígona y de las hijas contemporáneas atestiguan, respectivamente, el libre arbitrio y la agencia, en contra del

---

2. Digo aquí "leyes de los hombres" y no "leyes humanas" enfatizando la naturaleza patriarcal del sistema de gobierno ateniense.
3. Layo, personaje mitológico central en la fundación de Tebas, antes de tomar el poder es expulsado de su tierra y acogido por el rey Pélope. En su exilio, Layo se vuelve el tutor del hijo de Pélope, Crisipo, a quien termina secuestrando y violando cuando regresa a reclamar el trono de Tebas. El joven Crisipo se suicida y Pélope lanza una maldición a Layo condenando a su estirpe a exterminarse a sí misma. Maldición que repercute en el oráculo de Delfos: "tu hijo te matará y se casará con tu esposa".

determinismo y la predestinación.[4] Se trata de personalidades feministas que desafían el orden patriarcal de un Estado tiránico, representado éste tanto por la figura del tío Creonte, como por el padre genocida que sostuvo el autoritarismo y el terrorismo de Estado durante la dictadura militar.

Antígona, en tanto mujer excluida del campo de la política y las leyes de los hombres, trasgrede su lugar asignado al dominio de lo familiar-privado y convierte su cuerpo y su voz en los instrumentos de su agencia política. Siguiendo la lectura feminista de Judith Butler en *El grito de Antígona*, dicha agencia es física –al enterrar el cuerpo del hermano– y verbal, ya que, al ser acusada, reafirma sus actos públicamente.[5] Este esquema patriarcal también se da en el caso de las hijas de genocidas en cuyas familias solían reproducirse a escala las dinámicas machistas del Estado genocida que relegaban a la mujer al ámbito de lo doméstico, sometida y silenciada. La transgresión de estas hijas también traspasa el recinto familiar y se inscribe en el ámbito de lo público cuando exponen ante la sociedad su condena al padre, e incluso se esfuerzan por hacer su denuncia en el plano judicial, reclamando la modificación de dos artículos del Código Penal que, valiéndose de un mandando patriarcal de obediencia filial, les impiden testimoniar contra el padre.[6]

---

4. Para el caso clásico aludo a los términos de predestinación y libre arbitrio; para el caso contemporáneo, actualizo dichos términos: determinismo y agencia. Con el determinismo me refiero exclusivamente al plano biológico de haber nacido integrante de una genealogía criminal determinada (no elegida). Este determinismo caduca cuando les hijes ya no pueden argumentar que desconocen la historia oficial –los crímenes atroces cometidos por todo el engranaje genocida del que sus padres formaron parte–. Ante esta verdad, de conocimiento público generalizado, algunes hijes optan no sólo por no condenar el accionar genocida paterno-familiar, sino por defenderlo abiertamente.

5. Butler explica que llega a la figura de Antígona preguntándose "qué había pasado con aquellos esfuerzos feministas por enfrentarse y desafiar al estado" (15). A partir de este interrogante, la autora mira con ojo crítico la tendencia de "algunas feministas actuales que buscan el apoyo y la autoridad del estado para poner en práctica objetivos políticos feministas" (15). Su análisis literario de la obra *Antígona* surge como respuesta de su oposición feminista al estatismo, y cita a Luce Irigaray como representante de esta postura.

6. En noviembre del año 2017 el abogado Pablo Verna, respaldado por el colectivo Historias Desobedientes, presenta una propuesta de enmienda de estos dos

¿Es posible trascender la condición trágica a la que se llega por medio de la predestinación y el determinismo, ya que no se elige nacer hija de un genocida o nieta de un violador de menores? Trascender la condición trágica equivaldría a sortear los caminos de una u otra transgresión que desembocan en la autodestrucción. Antígona es condenada por las leyes de los hombres a ser enterrada viva en una cárcel-tumba siguiendo la ley de un hombre en particular, su tío Creonte, un tirano que desoye de la opinión pública –como le recuerda su hijo Hemón y, más tarde, el coro de ancianos–. Pero Antígona reescribe su muerte valiéndose únicamente de las propias vestimentas para quitarse la vida. Se llega a la condición trágica a través del camino de la predestinación, pero se reafirma el libre arbitrio en el momento final de la autodestrucción. Antígona, aunque transgresora del patriarcado y con agencia política (pública e íntima), no intenta eludir su condición trágica: aceptándola es precisamente como elige pronunciar su agencia. Antígona reclama la validez de sus actos, incluso antes de cometerlos, y recurre al apoyo que le es negado por su par generacional, su hermana Ismena. Tanto Ismena como Hemón (prometido de Antígona) intentan aliarse a Antígona cuando ya es demasiado tarde; Antígona desafía las leyes de los hombres sola, primero con su cuerpo y después con su discurso. ¿Será que para trascender la condición trágica se requiere que la transgresión y la agencia acontezcan más allá del plano individual, alcanzando la potencia del colectivo?

Regreso ahora a las hijas de genocidas. Como anticipé en el Capítulo IV, en *Mi vida después* dirigida por Lola Arias (2009), figura el primer testimonio público de una hija, Vanina Falco, que condena los actos del padre durante la dictadura militar.[7] Esta hija transgrede primero las leyes de filiación en el ámbito doméstico; luego en el ámbito cultural de la obra de teatro y, finalmente, en el ámbito judicial a través de una solicitud para denunciar a su padre en el juicio por la apropiación de un menor, su hermano no-biológico

---

artículos de la legislación penal nacional que prohíben que les hijes testimonien contra sus padres. Ver nota periodística de Uki Goñi en *The Guardian*.

7. En Argentina, Falco es la primera hija de un represor que denuncia al padre en el ámbito cultural y jurídico. Falco es la "hija de un policía torturador que se apropió de un niño nacido en cautiverio" (Arias 10), niño que pasa a ser su hermano no-biológico. Gracias a *Mi vida después*, Falco consigue declarar en el juicio contra su padre por la apropiación de su hermano, bajo el argumento de que ya lo estaba haciendo en la obra de teatro (Arias 58).

–que recupera su identidad y se reconoce como Juan Cabandié (caso abordado en el Capítulo I)–. Casi diez años después de la primera declaración de esta hija cobra forma el colectivo Historias Desobedientes que agrupa a "hijas, hijos y familiares de genocidas por la memoria, la verdad y la justicia". La agrupación se da a partir de una convocatoria lanzada en las redes sociales con motivo del fallo judicial en el marco del gobierno macrista[8] –conocido como "el 2 x 1"–, que buscaba sacar a genocidas de la cárcel.[9] El 21 de mayo del año 2017 (días después de que se consigue revertir el fallo del "2 x 1", gracias a la presión de repudio social) Analía Kalinec publica en su Facebook un posteo titulado "Hijas de represores: 30.000 motivos". Lo reproduzco parcialmente:

> (...) está sucediendo. Nos encontramos. No porque nos teníamos que encontrar, ni porque el destino así lo había marcado. Nos encontramos porque lo estábamos buscando (...) [para] manifestar que ser la hija de un represor no es gratis ni agradable. Que lo que nuestros padres hicieron nos da vergüenza y algo de culpa también. Que lloramos en soledad por lo que fueron capaces de hacer y que somos repudiadas en nuestras propias familias por tener estos sentimientos y por necesitar romper con el mandato de silencio que se impone en nuestras lógicas intrafamiliares (...) Juntarnos para hilvanar la historia, para producir dato y para gritar más fuerte que nunca: Memoria, Verdad y Justicia. Me ofrezco a gestarlo y a darle forma, casi como una necesidad. Sed de justicia.

---

8. Presidencia de Mauricio Macri (2015–2019).
9. La revista digital *Anfibia* (creada por la Universidad Nacional de San Martín) le da una cobertura central al tema. El 12 de mayo de 2017, dos días después de la marcha contra el "2 x 1" convocada por las principales agrupaciones de derechos humanos en la que se exige: "Señores jueces: Nunca más privilegios a los criminales de lesa humanidad", Juan Manuel Marianno publica en *Anfibia* la crónica de Mariana D. (Mariana Dopazo, hija del genocida Miguel Etchecolatz), titulada: "Marché contra mi padre genocida". Las fundadoras de Historias Desobedientes citan esta nota como movilizadora de su encuentro. A la crónica de la hija de Etchecolatz le siguen una serie de notas publicadas por escritores e investigadores (como las de Féliz Bruzzone, Leonor Arfuch, Carolina Arenes y Astrid Pikielny), que, aunque con objetivos políticos en algunos casos opuestos, visibilizan la aparición de este nuevo actor social de memoria. Marianela Scocco habla de un "nuevo ciclo de memoria" y hace un recorrido por estas publicaciones en *Anfibia*, sobre les hijes de genocidas.

En las palabras de Kalinec resuenan los opuestos del determinismo y la agencia política. Si bien sus nacimientos como hijas de sus padres no fueron elegidos, son ellas las que deciden encontrarse y unir sus recorridos trágicos por voluntad propia ("porque lo estábamos buscando").[10]

Kalinec refiere, implícitamente, a la condición trágica que implica la transgresión a las leyes del parentesco ("somos repudiadas en nuestras propias familias"), condición que las arroja a experimentar el límite de la autodestrucción ("vergüenza", "culpa", "lloramos en soledad"). Su agencia traspasa el ámbito doméstico "intrafamiliar", y se proclama en el ámbito público a nivel social, cultural y jurídico. Es decir, trasgreden las leyes del parentesco (se acusa al seno familiar) y las leyes de los hombres del Estado patriarcal (las leyes de los genocidas durante el gobierno de facto y las reproducciones de las lógicas machistas en la posdictadura),[11] para reestablecer el equivalente a las leyes divinas clásicas, que cobran forma en las leyes de la justicia universal y de los derechos humanos. Sólo que en este caso no se trata de una única Antígona actuando en desobediencia, sino de múltiples Antígonas que entrelazan sus voces para hacer estallar distintas leyes: las del parentesco, las del patriarcado y las del lenguaje mismo.

La última voz que nos llega de Antígona es su grito; propongo leer las narrativas de las hijas de genocidas entrelazadas en uno o en múltiples gritos que desbordan el lenguaje consensual patriarcal del parentesco biológico

---

10. En la página web que posteriormente crea el colectivo se presentan como "herederxs de una historia con la que no elegimos nacer, pero sí elegimos qué hacer con ella", en un texto firmado por Bibiana Reibaldi. Se acentúa aquí también la ruptura del determinismo a partir de la agencia. Hay que notar que Kalinec presenta primero al padre desde la categoría de represor, pero una vez formado el colectivo se adoptará la etiqueta de "hijas de genocidas", enfatizando la postura política que el término implica. Recordemos que algunos tribunales que juzgan los crímenes de la dictadura recurren al término de "genocidio". Los trabajos de Daniel Feierstein indagan sobre este último aspecto.
11. La primera aparición del colectivo bajo una bandera ocurre en el marco de la marcha feminista Ni Una Menos, el 3 de junio del año 2017. En esta oportunidad, son sólo mujeres las que marchan denunciando los femicidios y los abusos del patriarcado experimentados en carne propia en sus hogares.

y heteronormativo.[12] Para esto, es necesario definir primero dos planos de análisis en los que se escriben las transgresiones al patriarcado: el plano del parentesco y el plano del lenguaje.

El plano del parentesco

Tanto Antígona como las hijas de genocidas trascienden la predestinación y el determinismo y actúan declarándose agentes políticos ante el patriarcado y las leyes de los hombres. El argumento que presenta Antígona, y que Hegel retoma, es que su agencia busca restablecer las leyes no escritas de los dioses del hogar, es decir, las leyes del parentesco sanguíneo. Dichas leyes velarían por una sepultura con honores para aquellos del mismo linaje, más allá de la falta cometida. Según Butler, para Hegel en Antígona quedan dibujados los límites que separan la familia y el Estado, la ley divina y la ley humana, lo privado y lo público; en definitiva: lo femenino y lo masculino. Se pregunta Butler:

> ¿Significa la muerte de Antígona la superación del parentesco por parte del Estado, la necesaria subordinación de aquél a éste? ¿O su muerte es, precisamente, un límite que ha de ser leído como una acción de poder político que determina qué formas de relaciones de parentesco serán inteligibles, qué maneras de vivir pueden ser aceptadas? (49)

Si Antígona fue leída desde Hegel hasta Lacan como defensora de las leyes de parentesco, es decir, un conjunto de leyes divinas no escritas pronunciadas por quienes serían los dioses del hogar, Butler presenta, en cambio, una lectura diferencial donde Antígona pasa a representar "una fatal aberración del

---

12. En la traducción del trabajo de Butler figura la referencia al grito, *El grito de Antígona*; sin embargo, en su argumento, Butler no retoma explícitamente la escena del grito del personaje trágico de Sófocles. Me refiero a la escena del relato que un mensajero hace ante Eurídice (esposa de Creonte y madre de Hemón) y el coro. Este hombre cuenta cómo realizan junto a Layo –ya arrepentido de su condena a Antígona– los honores de dar entierro al cuerpo de Polinices antes de dirigirse a la cámara de piedra donde se encuentra prisionera Antígona, con la intención de liberarla. Desde el camino es donde el mensajero escucha "un grito lejano y agudos gemidos" (27) que es la última voz que emite la protagonista de la tragedia de Sófocles.

parentesco" (32). Más que encarnar el ideal del parentesco, Antígona sería la deformación y el desplazamiento de éste.

Butler recurre a la etimología del nombre *Antígona* y señala que *gonê* es "generación", por lo que Antígona significaría "anti-generación". Heredera de la enmarañada y maldita genealogía de Edipo, la hija es hija y a la vez hermana del mismo individuo: Edipo, ya que ambos nacieron de la misma madre, Yocasta. Los hermanos Polinices y Eteocles, y la hermana Ismene (también hijes de Edipo y Yocasta), son a la vez hermanes y sobrines de Antígona; es decir que ella es hermana y tía de los otros tres hijes de Edipo y Yocasta. Antígona, la anti-generación, deforma cada lazo de filiación y hace estallar los vínculos del parentesco normativo.[13]

Retomando a Butler, la agencia de Antígona no se justificaría plenamente desde una obediencia a las leyes del parentesco —leyes que la castigarían si dejara sin sepulcro al hermano—. La existencia misma se torna un desafío y una explosión de los lazos de filiación; recordemos que, hacia el final de la tragedia, Antígona no acepta la complicidad de su hermana, renegando de su vínculo, al igual que rechaza casarse con Hemón y perpetuar su linaje maldito. La agencia de Antígona estaría movilizada por ideales propios antes que por mandatos ancestrales.[14]

Las leyes de parentesco también estallan en el caso de las hijas de genocidas. Al optar romper los lazos filiales con el padre, las hijas de genocidas se encuentran en la condición trágica de tener que romper, por extensión, el vínculo con los miembros de la familia que eligen el camino del negacionismo, la no-condena y la complicidad. Desandando una genealogía maldita, estas hijas se encuentran huérfanas de mapadres muertos en vida. Estay Stange

---

13. Hay un rol dentro de los espacios de parentesco que Antígona no ocupa y es el de madre. En la lectura etimológica de Julia Kristeva, Antígona es la anti-*engendración*, que muere sin producir descendientes, es decir, sin reproducir el linaje (220).

14. Al respecto, Butler indaga en el tabú de un incesto insinuado entre Antígona y Polinices que enturbiaría los principios normativos del parentesco que prohíben las relaciones sexuales. Antígona enterraría entonces a un hermano-sobrino amante. Siguiendo a Teresa Basile, Antígona permite narrativizar "nuevas arquitecturas que quiebran el modelo de la familia ideal, heterosexual y ordenada desde el tabú del incesto" (2019: I). Antígona, heredera de la genealogía maldita y criminal de Edipo, desestabiliza todos los lazos de filiación y ocupa, a la vez, más de un rol de parentesco.

describe este estallido de las leyes del parentesco como un consecuente parto de sí mismas. Como Antígonas, las hijas de genocidas también ocupan simultáneamente dos roles de parentesco, en este caso opuestos: madre/hija como individuo único; o sea, madres de sí mismas como seres desemparentados de la genealogía patriarcal. Desafiando el determinismo genealógico, la ruptura con los lazos familiares normativos cede lugar para la imaginación de nuevas genealogías feministas.[15]

El plano del lenguaje

La desobediencia de Antígona es al menos doble: física, al enterrar con sus manos a Polinices en contra del edicto sancionado por Creonte, y verbal, al reafirmar sus actos en el plano público. Sin embargo, la agencia de Antígona se vuelve más performática y desafiante del poder en su instancia verbal que en su instancia física. Siguiendo a Butler, el enunciado público es el que completa el acto de insubordinación en un desafío abierto al poder patriarcal.

La declaración de Antígona pronunciada frente a Creonte y el coro es: "Yo digo que lo hice y no lo niego".[16] No se trata de un enunciado simple: a la vez

---

15. Retomo el argumento central de Cecilia Sosa que, aunque en algunos puntos se distancia de mi lectura (particularmente en mi descripción de los códigos patriarcales de la memoria homenaje de la narrativa de Madres y Abuelas), encuentra otros momentos dialógicos. Según Sosa, la narrativa de las Madres reinventa *queermente* las relaciones familiares heteronormartivas. Por ejemplo, al retomar el lema de las Madres: "*Nuestros hijos nos dieron la vida*", Sosa apunta "an irregular inversion of biological roles, which actually breaks 'straight times' framed by traditional family narratives" (17). Una desestabilización del tipo ocurre con las hijas de genocidas y su decisión de parirse a ellas mismas desafiando las narrativas de la familia tradicional (militar). Otro paralelismo con la lectura queer de la agencia de las Madres y el argumento de este capítulo de la agencia feminista de las hijas de genocidas se puede encontrar volviendo a la figura de Antígona y su impugnación de las leyes públicas y del parentesco. Las madres no existían como un colectivo político antes de la desaparición de sus hijes y sus acciones se inscriben materialmente en la vía pública (Sosa 17); las hijas de genocidas también saltan a la escena pública y conformando su colectivo a partir de la adopción de una nueva identidad no-normativa (auto-parida): la de "hijas de genocidas".
16. Retomo la versión de la traducción más literal que cita Butler (23).

que se admiten los actos, se los reafirma al pronunciar un acto de habla performativo.[17] Si el cuerpo de Antígona viola el edicto oficial, su lengua dobleja el desafío dirigiéndose hacia quien emitió aquel edicto. Antígona no se limita a trasgredir el edicto de prohibición del entierro, sino que reconoce y reafirma la validez de sus actos en un plano público.

> Este reconocimiento, paradójicamente, requiere un sacrificio de autonomía al mismo tiempo que se lleva a cabo: ella se afirma a sí misma a través de la voz del otro, de ese alguien a quien ella se opone. Entonces, su autonomía se obtiene a través de la apropiación de la voz autoritaria a la que ella se resiste (…). (Butler 27)

Un típico acto de habla performativo es al mismo tiempo palabra y acción: lo que se dice representa un cambio en el estado de cosas de la realidad. Decir y actuar están intrínsecamente asociados. Las palabras de Antígona implican un juego de poder que, en el mismo momento de pronunciarlas, ponen a ambos, tío y sobrina, en un mismo plano agentivo. La instancia física del entierro dejaba sin poder a Antígona, quien sólo era una desobediente a merced de la potestad de su tío. Era necesario reafirmar ese acto por medio de una declaración de intención y conciencia sobre lo que implicaba cometerlo. Era necesario demostrar control en el momento de cometer la transgresión, allí reside el mensaje encubierto de este acto performativo. Por eso, la segunda instancia de rebeldía es mucho más intensa que la primera: la agencia se potencia y Antígona habla desde su nueva naturaleza auto atribuida de ser político.

Como las hijas de genocidas, esta nueva Antígona se *pare* a sí misma en la necesidad de un enfrentamiento a la autoridad patriarcal de Creonte, quien interpreta lúcidamente el desafío verbal de su sobrina. De allí que se apura a

---

17. El concepto de *actos performativos* proviene de la teoría de actos de habla de John L. Austin, cuyos trabajos fueron reunidos en una publicación póstuma, *Cómo hacer cosas con palabras*. Austin presenta los actos performativos como una clase especial de construcciones de habla. Existen dos clases de actos performativos: los *explícitos* y los *implícitos*. La declaración de Antígona analizada en este capítulo corresponde al primer tipo, ya que ella pronuncia la *declaración de intención* de su acto ("Yo digo que…") para enmarcar su admisión de lo consumado ("lo hice"). John Searle retoma la teoría de Austin proponiendo cinco clases de acciones realizables al hablar, entre las cuales se hallan las *declaraciones*, el tipo de acto de habla pronunciado por Antígona: "Yo digo que lo hice y no lo niego".

anticipar que "ninguna mujer [lo] gobernará" (Butler 24) mientras él viva. Muertos los dos hijos varones de Edipo, Antígona se presenta a sí misma como una posible heredera del trono. Las palabras de Antígona, precisas y calculadas, contrastan con la verborragia de su tío, cuyo argumento se ve objetado primero por Antígona, luego por Ismena, más tarde por Hemón, luego por el adivino Tiresias y, finalmente, por el coro. Por un lado, a Antígona se la representa virilizada en distintas ocasiones, desde la acción de enterrar a su hermano y en adelante esa condición se va reforzando; por otro lado, el personaje de Creonte, en un movimiento opuesto, se va feminizando hasta la acción final del arrepentimiento –que es guiado más por el mandato del coro que por la voluntad propia–.[18] O sea, considerando la agencia como un continuo (un personaje podría aparecer como más o menos agentivo en diferentes momentos), se podría decir que, con el fluir de la trama, Antígona y Creonte experimentan un contraste entre aumento y disminución de agencia, respectivamente. Las acciones físicas de Antígona transgreden las leyes de los hombres, y las consecutivas acciones verbales y públicas hacen tambalear el patriarcado (el gobierno de Creonte) y a su vez, las normas de género: tal es la potencia del lenguaje en Antígona.

El lenguaje también cumple un rol protagónico y performativo en el caso de las hijas de genocidas. Por medio de la palabra articulada es que se rompe con el pacto de silencio y la "obediencia debida" perpetuada por sus padres y familias.[19] De modo similar a lo que apuntaba Alcoba sobre la relación problemática que ella y otros hijes de militantes tenían con el lenguaje (Capítulo III), aquí el lenguaje es el vehículo conductor y confirmador de la desobediencia. Y en el lenguaje emerge también algo sintomático. En el caso del colectivo

---

18. Con respecto a la virilización de Antígona, el mensajero que refiere a Creonte la violación del edicto oficial la describe como un hombre. Luego Creonte la acusa de actuar orgullosamente como un hombre, y afirma: "dejaría yo de ser hombre y ella me reemplazaría, si semejante audacia quedase impune" (13). Butler analiza este entrecruzamiento de géneros (24–25).

19. Me refiero a una de las leyes de impunidad, la Ley 23.521, sancionada en el año 1987 y conocida como "Ley de Obediencia Debida" que juzga no punibles los crímenes de lesa humanidad cometidos por el personal subalterno. El mandato de obedecer órdenes de una autoridad superior es el que se replica en la familia nuclear, que impone el silencio y el no cuestionamiento ante el accionar genocida del padre.

de hijas de genocidas, muchas coinciden en que su lengua escrita "padece" de constantes faltas de ortografía, de allí el primer nombre de "Historias Desobedientes y con faltas de ortografía". Si sus padres obedecían órdenes sin atreverse a cometer ninguna "falta", estas hijas se jactan de sus recurrentes "faltas" a la norma. Y su agencia también se entiende a partir de una negación a la autoridad patriarcal y un desafío al mismo lenguaje (no inclusivo). Así como Antígona tatuaba su transgresión primero valiéndose del discurso, y luego haciéndolo estallar en el grito como desborde del lenguaje, el lenguaje de las hijas también rebalsa en grito, no sólo en la convocatoria de Facebook de Kalinec, sino en el grito desatado de rabia de Vanina Falco que cierra *Mi vida después*.[20]

Retomando la lectura que del personaje trágico hace Butler, y poniéndola en relación con Estay Stange y su concepto de la condición trágica que experimentan hijes de victimarios, abordo en este capítulo una selección de narrativas feministas de hijas de genocidas centrando mi análisis en el funcionamiento del plano del parentesco y el plano del lenguaje. Estas narrativas consolidan el que identifico como el tercero y más contemporáneo de los sobregiros disensuales de la memoria, sistematizado desde la formación del colectivo Historias Desobedientes.

Narrativas de hijas de genocidas

Modificando la dinámica seguida en los Capítulos III y IV, donde estudié narrativas de pibas de la posdictadura abordando sus respectivas producciones artísticas de forma exclusiva, en este capítulo altero la propuesta metodológica. En vez de organizar el análisis por autora y obra, defino temáticas puntuales y recurrentes para estudiar transversalmente las narrativas de varias pibas. Si bien las narrativas de hijas de genocidas se fueron multiplicando –y se continúan formalizando en libros testimoniales, novelas, documentales y películas–, luego de su irrupción en la escena social, política y cultural, movidas por la urgencia de sumar sus voces de repudio ante los graves retrocesos del gobierno macrista en materia de justicia y derechos humanos, la mayoría de estos relatos se articularon a partir de una naturaleza fragmentaria e informal muy ligada, e incluso vehiculizada, por medio de las redes sociales y algunos medios periodísticos de comunicación. A esta fragmentación hay que

---

20. Ver Capítulo IV.

sumarle el impulso colectivo de estas hijas (primero exclusivamente mujeres) por entrelazar sus voces quebradas, sus genealogías destruidas, sus historias e identidades truncadas.

A la velocidad de los tiempos tecnológicos, en el 2019, sólo un año después de la consolidación del colectivo Historias Desobedientes, apareció una compilación titulada *Escritos desobedientes. Historias de hijas, hijos y familiares de genocidas por la memoria, la verdad y la justicia* coeditada por Carolina Bartalini y Verónica Estay Stange. El volumen es de una naturaleza versátil e híbrida que se resiste al formato canónico del libro, incluso en el desafío al lenguaje a partir del código inclusivo. En su mayoría, los textos incluidos surgieron como posteos en Facebook o en páginas web personales y grupales, publicados antes y después de la formación del colectivo. Cada uno va cargado de una característica dosis de actualidad y urgencia en la voz enunciadora.[21] La apuesta estética difiere en este sentido a la búsqueda por un lenguaje infantil o juvenil que marcó los dos primeros sobregiros disensuales. La infancia y la juventud serán todavía los tropos conflictivos narrados, pero la estética no se detiene particularmente en reconstrucciones posibles de códigos infantiles o juveniles. Como si para sobrellevar la condición trágica el sujeto enunciador tuviera que dividirse en dos y mirar desde una distancia segura a aquella niña, piba o adulta que vivió bajo la sombra de un padre genocida y una familia cómplice de ese genocidio.

Estay Stange, en el posfacio de *Escritos desobedientes...*, recurre al psicoanálisis y a los mecanismos psíquicos de desdoblamiento para definir el concepto de *clivaje lúcido* que incluye "(...) el impulso filial y el deber social... Es la copresencia lúcida de los dos términos de la contradicción –amor y repudio– (...)" (2019, III). Este clivaje, desde su lucidez, no se balancea equitativamente y la voz que predomina en los relatos es la adulta. La mayoría de las hijas de genocidas experimentan la revelación de la identidad del padre y el involucramiento con los crímenes de lesa humanidad en una etapa que coincide con la vida adulta; de allí la necesidad de anclar la voz a esa experiencia que, en ciertos casos, se hace posible a partir del clivaje.

---

21. De una u otra forma, las narraciones se enmarcan o relacionan estrechamente a partir del repudio a prácticas represoras del gobierno macrista que hicieron eco de las implementadas en la dictadura (entre ellas, el fallo del "2 x 1", la persecución a los pueblos mapuches, la prisión política a la líder indígena Milagro Sala, la desaparición forzada de Santiago Maldonado, la represión en las manifestaciones populares).

Haciendo eco de la tendencia comunitaria que caracteriza las narraciones de hijas de genocidas, en vez de organizar el análisis por autora y obra, defino tres temáticas para atravesar los textos: (I) el discurso feminista, (II) el desafío a la genealogía patriarcal y la adopción de la etiqueta de "hija de genocida", y (III) el establecimiento de lazos políticos de sororidad. En cada uno de estos ejes temáticos entrelazo las narrativas de distintas hijas, aclarando en una nota al pie de página la procedencia de los textos. La mayoría de ellos figuran compilados en el libro *Escritos desobedientes*... Son como voces dramáticas que, persistentemente, tienden a lo coral. No una sola Antígona enfrentando al gobernante tirano y al coro –este último en tanto voz del sentido común o del consenso ranceriano– sino múltiples Antígonas empoderadas en su lucha disensual contra el patriarcado. El análisis formal buscar acompañar, en este caso, la naturaleza del contenido.

I. Discurso feminista

El tercer sobregiro disensual de la memoria está encarado por mujeres cuyos relatos son discursos con perspectiva de género, perspectiva que queda simbolizada desde la primera aparición pública del colectivo Historias Desobedientes en el marco de la movilización feminista Ni Una Menos. Si las acciones físicas y verbales de Antígona hacían tambalear los esquemas sexistas inherentes al patriarcado, en el caso de las hijas de genocidas, un aspecto central en sus narrativas es la denuncia de la violencia de género sufrida en el seno familiar. Impuesta por la imagen autoritaria que era la figura paterna, el "jefe de familia", esa violencia repercutía a escala tanto en el barrio militar en el que estas hijas solían vivir, como en la sociedad dictatorial.

Liliana Furió, en el Primer Encuentro Internacional que organiza el colectivo, se presenta como militante feminista lesbiana y habla de su lucha contra lo que define como una cultura "*machofachocapitalista* y patriarcal" (2020, 48) que sentó raíces profundas durante la dictadura, pero que no deja de ser vigente.[22] Furió traza un camino de lo individual a lo colectivo, comenzando por la violencia física y psicológica ejercida por su padre desde la niñez.

---

22. Las jornadas se realizan el 23-24 de noviembre de 2018 y se edita luego el segundo libro del colectivo que documenta el encuentro, *Nosotrxs, Historias Desobedientes*. Las citas con número de página corresponden a esta edición. Las citas en formato de partes (e.g. Furió I) corresponden a su intervención incluida en el primer

Como en otras narrativas de hijas de genocidas, los insultos verbales del padre eran moneda corriente y venían sellados por cachetazos: "¡así no, inútil de mierda!" (2020, 48), dice Furió. "Tantas veces me dijo que era una mierda que ya ni recuerdo" (I), expone Lorna Milena.[23] "–¿Qué hacés, pelotuda?" (I) es la reacción violenta del padre alcohólico de Stella Duacastella, frente al intento de apartarle el vaso de whisky.[24]

Moviéndose a la esfera de lo colectivo, Furió realiza un ejercicio de memoria sobre los métodos militares de persecución, criminalización y castigo de las sexualidades no heteronormativas. A partir de dos testimonios de mujeres sobrevivientes que fueron detenidas-desaparecidas, expone el abuso ejercido sobre el cuerpo de la mujer, a quien se castigaba no sólo por ser militante, sino también por desafiar la heteronorma machista que le asignaba exclusivamente funciones reproductivas y domésticas. Los testimonios dan cuerpo y voz a los métodos implementados por el terrorismo de Estado para el "disciplinamiento de género" (2020, 50), donde la violación sexual fue una de las "técnicas de feminización".

Las denuncias de la violencia machista de los genocidas se repiten en las narrativas. Sumergida en el ámbito familiar de un genocida, Lorna Milena describe a su padre, "uno de los engranajes de la maquinaria de terror de la que se habla en los libros de historia" (I). La hija le pone palabras a los pensamientos del padre a la hora de secuestrar, torturar y hacer desaparecer a mujeres: "unas lástimas, las chicas (...) una carita de muñeca. Pero todas vestidas de jipis, y con esos mugrientos, gritan y pelean. Si una de mis hijas quiere hacer eso…yo te voy a enseñar cuántos pares son tres botas" (I). El accionar genocida *machofachocapitalista* y patriarcal se da fuera de la casa y sobre los cuerpos de otras, pero se perpetúa dentro del recinto familiar, en este caso mediante la amenaza del castigo corporal. La hija puntualiza que ella vivió "(...) en primera persona la pesadilla de estar a merced de uno de estos hijos

---

libro, *Escritos desobedientes. Historias de hijas, hijos y familiares de genocidas por la memoria, la verdad y la justicia.*

23. Lorna Milena, bajo su nombre artístico, publica primero sus textos en entradas a su blog personal hijademilico.blogspot.com, luego aparecen compilados en *Escritos desobedientes...*

24. La narrativa de Duacastella figura en su novela *La mujer sin fondo* (2013), y se incluye parcialmente en *Escritos desobedientes...*

del patriarcado imbuido de poder por un Estado, hijo también del Patriarcado" (2019, I).[25]

En la narrativa de Lorna Milena, es la violencia psicológica la que cala hondo. La hija describe las prácticas cotidianas del miedo disciplinador que se ahorraba los golpes físicos, aterrorizando y traumatizando al cuerpo entero. La violencia comienza con la escena del nacimiento: "Nací mujer (...) Con eso crecí, con el conocimiento de que era la gran desilusión de mi padre por ser mujer" (I). Las sucesivas experiencias de amedrentamiento ocurren para la hija por el hecho de que el padre, durante el transcurso de su vida, la culpa por haber nacido mujer, porque el padre quería que su hijo estudiara para marino y "una mujer no sirve para nada más que para tener hijos" (I). Como apuntaba Furió, para los militares las funciones de la mujer eran exclusivas a las de la reproducción. La narrativa de Lorna Milena reescribe el determinismo de su nacimiento y lo torna agencia ya que el inicio de su lucha contra el patriarcado lo marca desde el momento en que es parida mujer, oponiéndose a los deseos del padre. En su libro autobiográfico, Kalinec también expone los deseos del padre de tener un hijo varón que continuara el apellido; sin embargo, ella y sus tres hermanas nacen mujeres y a ninguna le puede poner por nombre Martín, en alabanza al padre de la patria José de San Martín.[26]

Volviendo a Lorna Milena, la vigilancia, el maltrato, la amenaza y el sometimiento del cuerpo y la psiquis se inician en la niñez y se perpetúan en la adultez. El golpe físico no era necesario, alcanzaba y sobraba con el "show del terror" que era romper y tirar todo: "nunca sabíamos cuándo iba a estallar, ni por qué motivo. Vivíamos con esa amenaza constante pesando sobre nosotras" (I). Otras dos hijas describen los arrebatos violentos de su padre en el espacio doméstico. Lydia Lukaszewicz habla de la "pesadilla recurrente, horror, tensión, mesa y sillas tiradas, libros desordenados y una figura con botas (...)" (I).[27] Falco en *Mi vida después* cuenta: "Luis 5, el hombre al que le gustaba romper vasos, muebles y huesos cuando estaba enojado" (Arias 46).

Falco cuenta que ella era la hija preferida de su padre (tal vez porque el padre pensaba que el hijo varón, el bebé que se había robado y apropiado, cargaba con la sangre del enemigo). La hija cuenta, en la obra de teatro, que

---

25. Texto escrito para *Diario Uno* de Mendoza, incluido en *Escritos desobedientes...*
26. La autobiografía de Kalinec (2021) se titula: *Llevaré su nombre. La hija desobediente de un genocida.*
27. *Escritos desobedientes ...*

ella era la que acompañaba al padre a todos lados, y aquí resuena la narrativa de Kalinec cuyo padre "jugaba" a ser su novio: "Me dijo que era su novia. Nos íbamos a pescar y me contaba cuentos, y me cantaba canciones" (2021, I). Por un lado, se da aquí la imposición de la sexualidad heteronormativa que queda tatuada en la hija adulta: "me casé y tuve un hijo: lo que había que hacer" (I); y en otro orden, figura una perversión adulta que linda la pedofilia. Falco sigue siendo la hija preferida hasta los veintiún años, cuando deja la casa paterna con un ojo morado porque su padre descubre que estaba enamorada de otra mujer (Arias 45). Esta misma imposición de la sexualidad heteronormativa reprime a Furió, que se asume como lesbiana a los treinta años, después de haberse casado y divorciado con un hombre (2019, I).

De la mano de la vigilancia de la sexualidad de las hijas iba la imposición sobre los futuros personales y laborales: volverse esposas (de un hombre militar preferentemente), tener hijos y, "a lo sumo" dedicarse a ser maestras. Cuenta Lorna Milena: "Nací mujer. Mi función en la vida era, a lo sumo, ser maestra (…) y, obviamente, tenía que casarme con un milico" (I). Siguiendo la lógica castrense, los alumnos de la primaria escolar eran extensiones de los hijos, por lo tanto, la escuela formadora de ciudadanos de la patria era una extensión del ámbito doméstico. La primera profesión de Kalinec es, en efecto, la de maestra, pero más tarde decide estudiar psicología. Para el padre de Kalinec y su familia, allí reside el germen de sus actitudes desobedientes: "Ahí tenés a mis hermanas, acompañando con su firma el escrito en el cual sostenés que fui *detectada por grupos activistas en la facultad de psicología*" (I).[28] Lorna Milena expone su deseo de estudiar e investigar ciencia, en contra del mandato paterno de que las mujeres no deben ir a la universidad. En su caso, el machismo exacerbado se transmitía chiste mediante: "–Llevé a un policía (…) y me contó que empezaron a entrar mujeres a la fuerza. Le pregunté para qué sirven (…) Están para diversión de la tropa… (esas carcajadas…)" (I). En contra de las expectativas, la hija se va de la casa y estudia en la facultad, pero la vigilancia no se extingue.

Durante la infancia, el padre amenazaba a Lorna Milena con echarla de la casa, luego se regocijaba del sufrimiento que provocaba la amenaza y, finalmente, le daba dinero con la intención de sofocar el llanto. Dichas torturas se volvían el material de las pesadillas nocturnas de la hija, que soñaba que

---

28. Kalinec se refiere al pedido judicial que el padre le hace para desheredarla y declararla "hija indigna".

se perdía y no podía regresar a su casa. La hija adulta deja la casa natal, pero la figura amenazante del padre se extiende en la forma de recurrentes visitas, no anticipadas ni consentidas, con la excusa de ofrecer ayuda económica. El grado de la violencia ejercida por el padre es tal que, al momento de su muerte, la hija se acerca al cajón que contiene el cuerpo inerte para ver el final de lo fue el miedo más grande de su vida. Cuando descubre que su padre tiene los labios pegados con "la gotita", encuentra alivio porque de su boca ya no pueden lanzarse más amenazas ni tormentos.

La violencia de género estalla en la narrativa de Lukaszewicz, en su poema "La niña que siempre muere". Esta hija describe el escalofriante juego del padre de las "cosquillas simulando la picana" (I), y unos versos más adelante, la perversión toma su forma más desgarradora: "Abuso/... la niña muere" (I). Lukaszewicz denuncia en los medios y en la justicia penal a su padre, por abuso sexual infantil hacia ella, sus hijes y su sobrina. El padre muere, impune, a los seis meses de iniciado ese juicio y los dos hermanos varones de Lukaszewicz la culpan por su muerte precipitada. Las redes transgeneracionales del patriarcado perpetuándose en su esplendor, en estos hijos varones cómplices de los crímenes del padre genocida cometidos dentro y fuera de la casa.

Estas pibas de la posdictadura se atreven a contar facetas de la violencia machista y patriarcal del padre genocida experimentada en sus cuerpos, en el interior del hogar. Las denuncias elevan sus voces contra el mandato de silencio y obediencia impuesto por el padre sin limitarse a la autovictimización. Cada hija revierte textualmente su pasada pasividad infanto-juvenil, tornándola agencia narrativa. Lorna Milena dice "Por fin te gané (...) te convertí en pañuelo blanco" (I). Lukaszewicz concluye el poema: "Rebeldía... la niña no se rinde y sigue" (I). Furió cuenta que la experiencia que lleva impregnada en el cuerpo la catapulta a la lucha por revertir la cultura "machofachocapitalista y patriarcal".

Kalinec abre *Escritos desobedientes...* con un posteo de Facebook del año 2016, "De Colita de Algodón, Obediencia Debida y otras cuestiones". Relata ahí una anécdota: su padre recitándole primero a ella y sus hermanas, luego a sus dos hijos, el cuento verseado de "Colita de Algodón". El protagonista es un conejo blanco que, por desobedecer a su mama coneja, se cae del monopatín y se lastima. Seguramente el padre había aprendido el cuento en su niñez. "Mamé de muy pequeña –incluso transgeneracionalmente, supongo– esta idea de *ser obediente*" (2019, I). Kalinec hereda el legado de la "obediencia debida" (siguiendo la terminología empleada en las dos leyes que ponen un "punto final" al Juicio de las Juntas, otorgando impunidad a todo el personal militar considerado subalterno), opta por su agencia y convierte el legado, performativamente a través del lenguaje, en una desobediencia como elección de-vida. Como una Antígona, Kalinec se vale de la lengua para enfrentar al patriarcado.

La hija hace alarde de sus "sintomáticas" faltas de ortografía que causan el reproche materno porque no se tolera que una maestra "escriba mal". El siguiente enunciado, como una repercusión del enunciado de Antígona ante Creonte, presenta una cláusula de negación que funciona como reafirmación de la acción que se niega: "(…) desde no hace mucho empecé a no callarme nada (¿callarme con "y" o con "ll"?)" (2019, I). La potencia del enunciado defiere mucho de la equivalente cláusula afirmativa: desde hace poco empecé a decirlo todo. El verbo "callar" alude al mandato de silencio paterno que aquí se retuerce por medio del mismo lenguaje. La hija, que por *mucho* tiempo se mandó silenciar, no solo *dice*, sino que *no se calla*. Asumiéndose como "persona con faltas ortográficas", Kalinec desafía las convenciones escriturarias del lenguaje paterno y patriarcal y las vuelve bandera en el primer nombre del colectivo: "Historias Desobedientes y con faltas de ortografía". Kalinec opta por el fin del mandato de obediencia como forma de-vida, y cuenta que sus hijos no escuchan más el verso del conejín, en cambio les cuenta "historias en las cuales los protagonistas (…) nunca hacen algo por ser obedientes" (2019, I). Contra la heteronormativa patriarcal que violentó sus cuerpos y buscó determinar su sexualidad, su profesión, su vida, el lenguaje vehiculiza la agencia narrativa desde donde resuena el coro feminista: *el patriarcado se va a caer*. Aquí las hijas lo derrumban con sus cuentos estéticos, políticos.

II. Contra las genealogías patriarcales: la etiqueta de "hija de genocida"

En el plano del parentesco normativo se ubica la experiencia de inflexión de todas las hijas de genocidas que optan por asumirse como tales. Asumir el peso de la etiqueta "hija de genocida" conlleva haber desafiado primero la autoridad paterna, haber transgredido el mandato de silencio, haber "traicionado" al padre y haber roto el vínculo con los miembros de la familia que condenan el camino del reconocimiento elegido. El momento de la inflexión, o del clivaje lúcido, acontece exclusivamente en la vida adulta, atestiguando la fuerza y efectividad del discurso político y cultural de los principales organismos de derechos humanos (Madres, Abuelas e H.I.J.O.S.). Las leyes de impunidad y amnistía dejaron libres a los padres genocidas de estas hijas que crecieron violentadas por estas figuras. Lorna Milena lanza un interesante reclamo a la justicia que cobra la siguiente forma: si todos los represores hubieran sido debidamente juzgados a tiempo, ella se habría salvado del padre (a quien se refiere como "su captor") y habría revelado la verdadera identidad genocida del mismo a una edad temprana.

El clivaje lúcido de la hija adulta permite resguardar la integridad ante la condición trágica que atraviesa. Partirse en dos intencionalmente: saberse niña y adulta; con una vida pasada y una presente; una vez silenciada, pero con voz clamada a gritos; sumida a la negación y/o complicidad, pero optando por el reconocimiento y la denuncia. Este clivaje se torna visual en Falco (quien revela la identidad genocida del padre a los veintiocho años) cuando una pantalla en el medio del escenario de *Mi vida después* proyecta fotografías familiares del álbum de su infancia. La hija adulta, una vez niña *mutada*, se mira a sí misma devolviéndose voz sin sumergir su narración en una temporalidad pasada, más bien anclándola en el presente de la enunciación. Su relato contextualiza las imágenes y las va cargado de interpretación actualizada. La narración del pasado es posible y mediada por el clivaje consciente. La primera foto del álbum es de la hija rodeada por el patriarcado: "Mi tío, mi abuelo y mi padre. Todos policías. Tienen cara de policías, bigotes de policías, actitud de policías" (Arias 24). En el proyector, una mano manipula en vivo las imágenes, remarcándolas con color rojo de acuerdo con el relato de la hija. El pasado se reescribe visual y textualmente. La hija, adulta y niña, siente los cuerpos vigilantes de los hombres de su genealogía biológica: "Y debajo de todo estoy yo, detrás de mi torta de cumpleaños con una rara línea que me corta la cabeza" (Arias 24). La línea es una sombra que atraviesa a la nena de la foto, indicando que allí algo nunca estuvo en su sitio. La narrativa de la hija se vale de señales materiales que habilitan su identidad dislocada. Si los hombres de su familia una vez la sometieron y condicionaron, en el presente ella elige partirse lúcidamente a sí misma.

El mismo proceso de clivaje se repite en las siguientes fotos de la obra de teatro. En la segunda aparece la hija de tres años mirando a la madre bañar al nuevo hermano bebé. La hija, adulta y niña, también se desdobla aquí: "En la foto se puede ver que yo estoy feliz pero confundida" (Arias 25). El relato se da a partir de la convivencia de sentimientos contradictorios, definiendo una identidad que se sostiene por sus tendencias anti-cohesivas. La hija reafirma el amor por su hermano de crianza, mientras repudia el accionar genocida familiar que sistematizó el robo y la apropiación de bebés. En la tercera foto una tijera traza un corte que quiebra el lazo de consanguinidad de les hermanes. En contra de la genealogía patriarcal biológica, la hija reinscribe un nuevo vínculo familiar: "Él es la persona que más quiero de mi familia" (Arias 25). En la última foto, la hija está sentada junto al padre en un trampolín de pileta. En la narración, Falco se describe sentada al borde, casi "a punto de caer". Si antes el padre había dejado su existencia en vilo, ahora ella decide el salto al abismo cuando el marcador rojo dibuja la línea direccional de la caída elegida, es decir el clivaje.

En la narrativa de Kalinec, el clivaje también acontece en la adultez y se describe detalladamente resaltando su carácter progresivo, impregnado de altibajos sentimentales y morales que van modelando –hasta suspender y/o aniquilar– la relación con el padre y la familia nuclear (la madre y tres hermanas). En su caso, el reconocimiento de la identidad genocida del padre se inicia a partir del accionar de la justicia que, en el año 2005, lo condena por los crímenes cometidos durante la dictadura militar. "Yo tenía 24 años y jamás se me hubiera cruzado por la cabeza poner en duda su integridad moral. Hoy, ya estoy pisando los 37 y llevo un largo recorrido en esto de desenmarañar mi historia" (2019, I). Su reconocimiento como "hija de genocida" no se desata inmediatamente a partir de la sanción penal, pero ésta es la que va permeando ese camino.

La hija acata primero la versión familiar y paterna de que se trata de "cuestiones políticas", y que la prisión preventiva se debe a una persecución a manos de un "gobierno de zurdos", y que el caso nunca alcanzará una instancia de juicio oral.[29] Kalinec recibe desde un primer momento el documento de la causa con ochocientas hojas y casi doscientos testimonios, pero al mirarla sin detenerse a leerla, piensa que no dice nada sobre su padre. Durante algunos años, visita al padre en una cárcel que mucho más se asemeja a una casa de veraneo donde la familia se sigue reuniendo los domingos para comer el asado en un quincho que tienen a su disposición y conversar "de nada, como siempre" (2021, III). El lenguaje familiar que sigue callando lo indispensable. Pasados tres años, y cuando la causa –contra toda predicción paterna llega a juicio oral,

---

29. La referencia al "gobierno de zurdos" alude a la presidencia de Néstor Kirchner (2003–2007) que, en el año 2003, vuelve nulas las leyes de impunidad y reabre los juicios contra los involucrados en los crímenes de lesa humanidad y genocidio.

es cuando consigue leer y empezar a saber–: "Me costó mucho abandonar el cómodo terreno del no saber" (2021, III).

Si Kalinec escribe su transgresión de los mandatos patriarcales valiéndose del lenguaje y a partir de una agencia narrativa, el clivaje lúcido que le permite reconocer y condenar los crímenes del padre se da también por medio de la textualidad.[30] La hija lee la causa, los testimonios, empieza a estudiar psicología y ahonda en bibliografía para orientar su búsqueda, y se encuentra interpelada por cada texto. Cita a Baltasar Garzón y Vicente Romero en *El alma de los verdugos*: "(...) los únicos que podrían explicar cómo se comportan realmente [los verdugos] en la intimidad de sus hogares, callan. Igual que callan ellos, guardando el lógico mutismo de quienes se saben culpables (...)" (en Kalinec 2021, III). La hija cada vez tolera menos ese callar, sumado a la versión familiar y negacionista que coloca al padre en un pedestal de héroe de la patria. Los testimonios de la causa judicial contra el padre lo nombran directamente, algunos detenides-desaparecides sobrevivientes lo han reconocido debido a que su padre continuó por mucho tiempo en un cargo público. La verdad le va estallando en los ojos y, en el año 2008, ya en la instancia del juicio oral que terminará condenando al padre a prisión perpetua, le escribe una carta abierta a su madre: "Es muy duro saber que mi papá empuñaba una picana con las mismas manos con las que me tocaba. Porque la empuñaba. Que no queden dudas al respecto" (2021, III). Se trata de un camino de no retorno que esta hija va atravesando por medio de la textualidad, leyendo y escribiendo compulsivamente durante el proceso.

En algún punto del recorrido de reconocerse "hija de genocida", Kalinec deja de visitar al padre preso, pero le escribe muchas cartas abiertas donde le pide que hable, que dé información sobre el destino de los cuerpos de desaparecides y de los bebés robados, que se arrepienta, que pida perdón, y también le dice que lo quiere. El padre no le contesta y deja de llamarla. A la hija le va urgiendo, cada vez más, no callar su historia y expresar su condena a los crímenes del padre socialmente, en su ámbito universitario y escolar. Mientras tanto, se enemista cada vez más con la madre y hermanas que la acusan y condenan a una suerte de exilio familiar. La hija exiliada de la familia vuelve

---

30. La autobiografía de Kalinec incluye textos de diversas fuentes sobre los que se va construyendo y sosteniendo el relato: mensajes de WhatsApp, de Facebook, cartas entre familiares, diarios personales, documentos de las causas, artículos y notas periodísticas.

a visitar a la madre cuando enferma. Internada en el hospital y a punto de morir, la madre se incomoda ante su presencia ya que su esposo, preso, puede aparecer en cualquier momento: "Andate Ana –me dijo–, es que no sé cómo puede reaccionar él" (2021, IV). La madre vive hasta la muerte en la negación, bajo el miedo y la amenaza. La herida causada por el exilio familiar es también medida por María Laura Delgadillo: "estas pérdidas afectivas no tienen retorno" (I).

Kalinec da su testimonio a unas periodistas, el cual aparece algunos años después en un libro cuyo objetivo se revela negacionista y con un discurso de la reconciliación.[31] La hija se aparta del grupo del libro y se gana los insultos y el desprecio de la hermana, que, después de haber leído su intervención, le escribe por WhatsApp: "Que mierda de persona que sos!!! (...) No nos hagas más daño. Cerrá la boca y hace tu vida. No nos expongas más a los medios porque te voy a demandar judicialmente" (2021, III). Irónicamente, la hermana cita a la justicia. El exilio familiar también es un camino de no retorno. El padre, que mantiene la relación con sus otras hijas, le dice a una de ellas: "Ahora que no está mamá, ustedes tres manténganse unidas" (2021, III). Analía es puesta fuera de la nueva ecuación familiar. La familia, en ese sistema patriarcal, debe permanecer fiel al padre, sin excepción de las circunstancias.[32] Y en este nuevo mandato paterno resuena la orden del padre de Lorna Milena: "Tu única amiga es tu hermana". (I).

En febrero del año 2020 se debate en una audiencia judicial si se le va a otorgar al padre de Kalinec el beneficio de las salidas transitorias. Dos de sus hermanas de acompañan el pedido y firman como garantes del cumplimiento de esas salidas. Kalinec habla en esa audiencia, con su padre sentado frente a ella: "Yo creo, señores jueces que si mi padre hoy tuviese una picana no dudaría en llevarme a un centro clandestino y suministrarme corriente" (2021, V). Han pasado doce años desde la carta que le escribe a la madre con la referencia de la picana. En ese entonces, la hija reconocía la identidad "pública" del padre genocida, y su accionar como torturador. Ahora reconoce que dicha identidad no deja lugar para el clivaje, el padre se convierte en un genocida "íntimo" dispuesto a torturar a una hija que piensa diferente y desafía su autoridad.

---

31. El libro se publica en el 2016, *Hijos de los 70: historias de la generación que heredó la tragedia argentina*, editado por Carolina Arenes y Astrid Pikielny.

32. El padre de Kalinec se esfuerza por impedir que esta hija herede parte del patrimonio de la madre, y hace un pedido ante la justicia para declararla "hija indigna".

Quien tiene que realizar el clivaje lúcido es la hija: "Dejar de ser la vizcachita es muy doloroso y muy necesario para mí. Dejar de ser para poder ser" (2021, III). "Vizcachita" es el apodo que le da el padre en su infancia. La hija reniega de ese sobrenombre paterno, renegando de un posible clivaje inconsciente que lo mantenga en la categoría del "buen padre" en el espacio íntimo del hogar. En cambio, decide conservar el nombre crucial en la cuestión y volverlo su bandera de lucha: el apellido. *Llevaré su nombre*, titula su autobiografía Kalinec. "Llevaré mi nombre con el tuyo a cuestas y lo haré bandera de desobediencia. Y contra todo mandato, y contra toda lógica voy a repudiar tu nombre, que es también el mío, para reivindicarlo" (2021, V). Como Antígona ante Creonte: "(...) se afirma a sí misma a través de la voz del otro, de ese alguien a quien ella se opone" (Butler 27). Kalinec reafirma el nombre del padre para poder repudiarlo y volver a construirse a partir de ese repudio, íntimo y público.

Lorna Milena se refiere a su proceso personal del clivaje lúcido, que la lleva a reconocerse "hija de genocida", como un habitar entre dos mundos: "Es un estado de contradicción permanente entre yo y el entorno (...)" (I). Por un lado, se identifica una escisión de esos dos mundos reafirmando lúcidamente la propia integridad; pero, por otro lado, el clivaje solo puede ser voluntario. Al padre se lo ve desde la necesaria correspondencia de su carácter genocida, dentro y fuera del hogar: "Toda esa crueldad, difícilmente la guardaba solo para nosotros" (I). No se trata de un momento preciso donde acontece el reconocimiento de la identidad genocida paterna, sino de un proceso irregular, doloroso y dificultoso al que todas las hijas aluden: "(...) yo tomé la decisión de preguntar. Ahora tengo que esperar la respuesta. Y mierda, que es un proceso muy conchudo" (I). Es a partir de ese mismo proceso que la hija vuelve a afianzar su integridad: "Por fin, a los 50 años, te gané (...) lo único que me diste fue odio, miedo, dolor/ y, yo, lo hice pañuelo" (I). Reconocer la identidad unísona del padre como genocida les permite a las hijas reafirmarse a partir de la denuncia y la condena de esa identidad.

La alusión al carácter procesual de "impacto devastador" está también en Furió: "Mi proceso interno por esta realidad demoledora fue bien largo. Recién cuando me divorcié –en 1994, a los treinta años– y me asumí como lesbiana, pude comenzar un camino crítico y de revisión de todo lo que me habían dicho mis padres y lo que circulaba en el ámbito de la familia militar (...)" (2019, I). En su narrativa, Furió nunca describe un lazo amoroso con el padre, más bien enfatiza la dificultad de un vínculo impedido o interrumpido por un machismo exacerbado que se valía de la violencia física y psicológica.

Como en Kalinec, para Furió el camino del reconocimiento de la identidad genocida paterna se acelera a partir de la instancia judicial, en el año 2008. Hasta entonces, la versión familiar no se derrumba por completo. Uno de los temores de interpelar al padre abiertamente se sostiene en el miedo a "reacciones desmedidamente violentas" (Furió 2019, I). Esta búsqueda de explicaciones, al igual que en la narrativa de otras hijas, guarda una cuota de ilusión por un arrepentimiento que implique revelar información. Cuando esa ilusión se cancela, el sufrimiento se duplica: la respuesta paterna no sólo muestra falta de arrepentimiento, sino que reafirma los crímenes, esta vez cometiéndolos, verbalmente, frente a los ojos de las hijas: "No estoy arrepentido de nada, si volviera a nacer haría lo mismo que hice" (Furió 2019, I). Allí deviene "otra vez, una ola de dolor insoportable (...) me tuvo en estado de angustia extrema, desorientada y aturdida" (Furió 2019, I).[33] Frente a la perpetuación de los crímenes de lesa humanidad, las hijas se ven arrojadas, una vez más, a su condición trágica de saberse hijas de padres genocidas orgullosos de sus crímenes. Falco lo expresa así: "Lo más triste para mí es que él va a seguir siendo mi padre siempre, aunque yo no quiera verlo nunca más" (Arias 58). Kalinec dice: "Y es mi papá, y soy su hija" (2021, I). Estas pibas reconocen y se apropian del legado genocida heredado, aceptan su condición trágica cual Antígonas. Pero no se conforman con la condena a la soledad del exilio familiar. Muchas de las hijas se apropian y resignifican la etiqueta de "loca", de "oveja negra" de la familia, de "hija indigna". Haciendo estallar lazos de parentescos biológicos, las hijas de genocidas, asumiéndose como tales, van contra la genealogía patriarcal formando nuevos vínculos no heteronormativos a partir de una sororidad feminista.

III. Lazos políticos de sororidad

Las hijas de genocidas aceptan su condición trágica, pero no se detienen en el proceso doloroso y auto destructivo que implica la apropiación de la etiqueta.

---

33. No es extraño que las reacciones desatadas por el reconocimiento de la identidad genocida paterna repercutan en la integridad corporal. En sus narrativas, muchas de las hijas describen enfermedades que atraviesan tanto ellas como miembros de su familia normativa. A la madre de Kalinec le crecen unas verrugas en las manos que la hija explica que se deben a que debía de tener las manos sucias. Lorna Milena cae en cama por una bronconeumonía después de haber ido por primera vez a la plaza el 24 de marzo, Día de la Memoria.

Trascienden sus circunstancias enunciando una reconstrucción genealógica propia, marcando su agencia política. Primero, se destruyen por elección – cual Antígonas–, para luego renacer de sus cenizas, como dice Delgadillo en *Escritos desobedientes*. Un "lugar de muerte" les dio la vida; la decisión de abandonar dicho sepulcro natal es la que les permite reafirmarse y resignificarse.

Redoblando el mandato paterno que dictaba "ser mujer para parir hijos", estas hijas reescriben la restricción a la función fisiológica asignada: algunas parirán hijes, pero todas se parirán primero a sí mismas. Sí Antígona era, según Kristeva, la anti-*engendración* (220), estas hijas optarán por la auto-*engendración*: "(...) seres pariendo, parientes, *partientes,* pariéndonos de nuevo desde el malestar (...)" (Delgadillo I). Primero, se alejan de los lazos patriarcales biológicos, reniegan de ellos: "*Partientes* dejando lugares, vínculos primarios, primitivos, fundantes (...)" (Delgadillo I). Como identidades *partientes* abrazan su condición trágica de 'hijas de genocidas', engendrándose a ellas mismas y emparentándose a partir de ese nuevo origen común, estableciendo nuevos vínculos de un parentesco no paternalista: "(...) emparentándonos desde una hermandad necesitada, buscada (...)" (Delgadillo I). Contra el determinismo del patriarcado, esta hermandad política será una sororidad feminista o no será.

Una hija, que en *Escritos desobedientes* firma Oscarina H., describe la agencia de parirse a una misma recurriendo a una suerte de clivaje lúcido para comprender la transformación del parentesco familiar, en este caso del vínculo con unos abuelos negacionistas: "(...) tengo miedo, tristeza y angustia de solo pensar que, ante las transformaciones, el lazo (...) se disuelva. A la vez, siento también que las transformaciones son consecuencia de algo positivo: mi nacimiento a mi propia vida" (Oscarina H. I). Apartarse de los vínculos fundacionales conlleva un costo altísimo, las hijas deben rescindir de lazos afectivos de parentesco, mientras van adoptando otras formas de interrelacionarse con el entorno elegido, haciéndose nacer a una nueva vida.

Una escena que condensa el establecimiento de nuevos lazos de un parentesco no-heteronormativo se da en *Mi vida después*, en la sección "El juicio contra mi padre". La hija (Falco) se encuentra primero sola, sentada en un sillón que parece extraído de un living familiar, de donde figuran sustraídos también los miembros de la familia. Falco está acomodando los legajos del expediente del juicio a su padre por la apropiación de su hermano mientras se empieza a conformar una nueva foto. Esta vez con les hijes hermanades que de a poco se van acercando y sentando en el sillón, muy cerca de ella, hasta que la terminan rodeando. Incluso el hijo de Mariano se suma a esta nueva foto familiar. Si la familia fundacional se encuentra sustraída, sus voces van a ser reencarnadas en el cuerpo de les hijes-hermanes. Falco, como asignándoles un vínculo de un parentesco político más que biológico, va repartiendo las carpetas con los legajos donde figuran las declaraciones de su padre, su madre y su hermano de crianza.[34] Entre esta nueva familia política, la hija de un genocida intenta organizar su historia, compartiéndola y encontrando no sólo el interés del grupo ante su relato, sino su apoyo afectivo.

Hacia el final de la escena, Falco cuenta el proceso por el que su hermano recupera su identidad y su familia de sangre, y enumera la cantidad de abuelas, tíes y primes ganados. La escena concluye con un desafío cómico a las normas heteronormativas de parentesco. Con el volumen de las voces ya casi apagado, y mientras se va iluminando la siguiente escena, se escucha que uno de les hijes, desconcertado, le pregunta a Falco: "¿Cómo que tiene tres abuelas?" (Arias 58). No hay lugar para la explicación de la transgresión a los lazos heteronormativos, solamente se da una reafirmación en boca de la hija: *sí, tres abuelas,* se escucha muy bajo, mientras la iluminación se apaga por completo. Falco secunda a Butler en su pregunta acerca de la posibilidad de leer la muerte de Antígona como una acción de poder político que cuestiona las formas de parentesco inteligibles, las maneras de vivir admitidas por el patriarcado. En el caso de Antígona, basándose en una relación tabú con Polinices, su hermano-sobrino. En el caso de Falco, por la exposición de los vínculos lésbicos.

Así como en la escena de Falco junto a les otres hijes-hermanes de la obra se expone la transformación de la soledad causada por el exilio de la familia patriarcal, la tendencia al plano colectivo se imprime en cada relato de las hijas de genocidas, y se afirma desde el plural del nombre bajo el que se agrupan, "Historias Desobedientes". Lorna Milena recalca en las entradas de su blog que "esto es de incumbencia colectiva, no solo personal" (I). El espíritu comunitario permea todas las narrativas. De allí la pertinencia de que la denuncia supere la instancia íntima familiar y se instale en el ámbito público.

---

34. En las primeras puestas en escenas de la obra la declaración que falta es la de Falco ya que, como explica ella: "Yo quería declarar pero dice la ley que un hijo no puede declarar contra sus padres" (Arias 58). El patriarcado y sus leyes machistas que imponen la obediencia indiscutible al padre. Sobre esta cuestión vuelve el colectivo Historias Desobedientes, reclamando en el plano judicial su derecho a denunciar legalmente a sus padres.

La condición trágica del reconocimiento como hijas de genocidas quebró la integridad propia y deformó todos los lazos de parentesco (afectivos o no) hasta entonces entablados. La ruptura con la familia las dejó solas con ellas mismas, exiliadas e insiliadas a la vez, transitando "el doloroso túnel de la soledad" (Delgadillo, I). El solipsismo encuentra una instancia transformadora cuando irrumpe en el escenario social del país Historias Desobedientes, y cada hija se reconoce en el recorrido de dolor de otra hija para conformar una especie de "logia de la misma desgracia" (Delgadillo I):

> (...) nos une un hecho doloroso, difícil de digerir y admitir, que es la filiación con personas con capacidad de secuestrar, torturar a otro mortal, violarlo, vejarlo, apropiarse de sus hijos arrancándoselos recién nacidos a sus madres para después asesinarlas, quizás 'piadosamente', con un tiro en la nuca, o tirarlas vivas de un avión al río, desapareciendo así *el cuerpo del delito*. Les comento, lectores, que esto no es algo que dé muchos amigos que digamos. Ni que dé orgullo, ni admiración, ganas de andar por la vida mostrándote feliz (...). (Delgadillo I)

Asumir la etiqueta del legado genocida es transitar el dolor que eso conlleva. La aparición del colectivo visibiliza historias del desgarro, permitiendo la identificación y ese saber que se repite: "no estaba sola". A la vez que se habilita el reconocimiento en el recorrido trágico de otras, el colectivo –hoy conformado por algunas decenas– apunta a promover más historias desobedientes, ya que se cuentan de a miles el número de genocidas que todavía cuentan con una familia que, obedientemente, los apoya.[35]

Las hijas de genocidas, en sus caminos transgresores, se van encontrando "hermanas", así se reconocen: "Y nos vemos hermanadas respecto a un padre genocida que nos lastima y nos obliga a reconstruirnos" (Kalinec I). Delgadillo se refiere a "un espacio que nos hermana desde el reconocimiento del sentir de compañero" (I). Furió apunta: "desde entonces nos adoptamos como hermanas" (I). En el poema de Lukaszewicz: "La niña abre los ojos grandes y ante la ofrenda de su hermana vuelve a la vida" (I). Se trata de historias de pibas que padecieron la violencia machista patriarcal en carne propia,

---

35. Después de su formación en Argentina, la fuerza del colectivo en la escena internacional alentó las ramificaciones del mismo primero en Chile, y más recientemente en Brasil, Uruguay, Paraguay y El Salvador.

violencia que buscó aniquilar su integridad física y psíquica y de la que renacen empoderadas desde el refugio feminista elegido.

Lorna Milena narra la prohibición de tener amigos impuesta por el padre a ella y a su hermana, y cómo estallaba en rabia si se enteraba que la madre las había dejado salir a jugar a la calle. La hija comprende de grande "lo peligroso que puede ser tener amigos, juntarse, hablar de la realidad que no se quiere, y buscar cambiarla" (I). Bibiana Reibaldi describe su "(...) urgente necesidad emocional de buscar refugios (...)" (I). Entre las hijas de genocidas se vuelven amigas políticas íntimas, hermanadas por elección y unidas en su lucha contra el patriarcado en tanto sistema de gobierno que engendró y avaló la identidad genocida del padre y que sigue imponiendo sobre sus cuerpos nuevas formas de violencia.

La última voz articulada por Antígona es el grito que un mensajero percibe desde la distancia. Ana Forcinito analiza la voz del grito en el cine de Carri y apunta que es "asociada al dolor [,] es la pulverización del discurso que la ignora, la oprime y la violenta" (2018, 141). La afirmación se ajusta para el caso de Antígona, cuyo discurso había desafiado públicamente las leyes del patriarcado y a su máxima autoridad, al reafirmar sus acciones transgresoras. El suicidio que sigue al grito puede ser leído no como final trágico sino como una acción mediante la que se inscribe una demanda política, como propone Butler. En el grito de Antígona estalla el lenguaje patriarcal disponible que la condena a ser enterrada viva por sus faltas. En el caso de las hijas de genocidas, una de ellas define a las y los desobedientes (agrupados en Historias Desobedientes) como: "los hijos del silencio que estalla, hijos de un mutismo heredado, impuesto, encarnado en nosotros (...)" (Delgadillo I). La violencia del mandato de silencio tatuada en el cuerpo es tal que no alcanza con contrapesarla con la palabra; el mutismo *debido* se rompe con un grito de-vida.

En el grito de Antígona queda pronunciada su transgresión y en él se agota su vida. Las hijas de genocidas, lanzadas a la condición trágica de haberse asumido como tales, vuelven a la vida a partir del grito. El grito de volverse a parir rompiendo el mandato de silencio: "*Al silencio nunca más,* es nuestro grito colectivo", expresa Historias Desobedientes en su manifiesto. Una hija agrega: "Somos *esos* que pudimos escapar, gritar, romper, rebelarse, indignarse y llorar (...)" (Delgadillo I). Y otra: "(...) con los dientes apretados y la garganta agarrotada, pero gritando (...)" (Lorna Milena I). El grito es el estallido del lenguaje genocida paterno. El grito desmantela los códigos lingüísticos patriarcales y sus normativas excluyentes. De allí que muchas de las narrativas de estas pibas recurran a la escritura inclusiva. El grito reverbera la desobediencia y crea nuevos espacios para la construcción de identidades fuera de la genealogía normativa de patriarcado. El grito se vuelve forma de-vida elegida.

El estallido de las voces de las hijas de genocidas contrasta con el estallido de la voz subterránea de Antígona gritando sola. Delgadillo describe que las voces de las hijas son "palabras sueltas (...) queriendo unirse" (I). Se trata de voces que tienden a lo coral, voces que buscan entrelazarse con otras sin que eso implique conformar una melodía resuelta. Esta naturaleza colectiva del reclamo marca la distancia frente a los reclamos de familiares de perpetradores en el contexto internacional.[36] La particularidad en los relatos de las hijas de genocidas argentinos es que sus voces, gritos corales de justicia, se sistematizan en una instancia colectiva. Hilvanadas, estas narrativas feministas desestabilizan los lugares comunes a los que tiende la memoria consensual poniendo sobre la mesa nuevas problemáticas que denuncian la reproducción de violencias machistas al interior de la institución familiar patriarcal.

---

36. Niklas Frank es el ejemplo emblemático de un hijo de nazi que dedica su vida a denunciar en distintas instancias públicas (charlas, documentales, notas periodísticas) los crímenes del padre, un oficial nazi de alto rango. En 1987 se publica su libro autobiográfico que se traduce al inglés en 1991, *In the Shadow of the Reich*.

CONCLUSIONES

Continuidades e irrupciones de la memoria

Encuentro en este cierre un espacio para puntualizar las motivaciones de las que nace este proyecto, que ejemplifican de manera situada los alcances y el impacto de las políticas de la memoria. Valorando el poder del giro subjetivo, me parece necesario definir mi lugar de escritura. No pertenezco a la generación de las pibas que *cuentan* a lo largo de las páginas de este libro; mi generación no nace ni crece bajo la sombra del período dictatorial y su horror genocida. Soy parte de una generación siguiente que transcurre la escuela primaria y secundaria en el momento del auge de las narrativas políticas y culturales de la memoria, consolidadas desde la presidencia de Néstor Kirchner, donde tiene lugar la institucionalización y estatización del recuerdo de los crímenes del terrorismo de Estado (Guglielmucci). "¿Te acordás que lo estudiamos en el colegio?", le dice la amiga a la protagonista del cuento de Mariana Enríquez.[1] Gracias a la lucha incansable de las organizaciones de derechos humanos que encontraron el apoyo gubernamental en los períodos kirchneristas, también fui atravesada por las historias de la dictadura en el colegio, en un momento donde el primer piso de consenso de repudio al accionar genocida comenzaba a pegar hondo a lo largo del entramado social. Asistí a la escuela pública en su versión elitista de los colegios universitarios de la ciudad de La Plata. En los actos escolares nunca faltaban las canciones de la memoria: "Los dinosaurios van a desaparecer", decía Charly García, dándole una vuelta de tuerca a la impunidad que gozaban los genocidas. "La memoria", de León Gieco nos contaba:

> El engaño y la complicidad
> De los genocidas que están sueltos.

---

1. Analizado en el Capítulo IV.

> El indulto y el Punto Final
> A las bestias de aquel infierno.
> Todo está guardado en la memoria
> sueño de la vida y de la historia.
> La memoria despierta para herir
> a los cuervos dormidos que no la dejan vivir (...)
> La memoria estalla hasta vencer
> A los pueblos que la aplastan y no la dejan ser
> libre como el viento (...)
> La memoria apunta hasta matar
> A los pueblos que la callan y no la dejan volar.

El tono conmovedor es, al mismo tiempo, combatiente: el despertar de la memoria es una espina que hiere a los pueblos, pero los hace libres. En la primaria hicimos un trabajo sobre el Premio Nobel de la Paz, Adolfo Pérez Esquivel, secuestrado y torturado en dictadura, y después recibimos su visita en el aula. En la secundaria, para la clase de dibujo, boceteamos y pintamos un mural colectivo del que guardo dos imágenes: la de grandes cadenas de la censura a la libertad de expresión y la de una mujer todavía enlazada a su bebé por el cordón umbilical, junto a una tijera genocida. Recuerdo los actos de homenaje a estudiantes detenides-desaparecides en la tristemente célebre "Noche de los Lápices"; muches habían transitado los mismos pasillos escolares que me llevaban a clase, y un día tuvimos la misma edad. Difícil no sentirse atravesada por los fantasmas que irrumpían en las marchas donde los lápices seguían escribiendo, y cuyas voces se oían en el coro de cientos de jóvenes reproduciendo la dinámica lectiva de tomar asistencia, respondiendo: "PRESENTE, ahora y siempre" cuando se pasaba lista con sus nombres.

Debido al desarrollo y la extensión de las políticas culturales de memoria y conmemoración de las víctimas, que dieron lugar a propuestas artísticas y discursivas a las que en el Capítulo I me referí como "memoria homenaje", aprendí sobre la dictadura militar un poco como las dos chicas del cuento "La hostería" de Enríquez. Estas experiencias, impresiones infanto-juveniles, no se cerraban al final de la jornada cuando volvía al recinto familiar y *contaba*. Ubicada en algún punto del entramado de la maraña de las zonas grises de la sociedad (analizada en el Capítulo IV), en mi casa se reproducía una versión de la sensación del cuento "Réplica en escala", de Paula Tomassoni, de que cualquiera podía haber caído en la redada y desaparecer, tal cual se desprende de la narrativa del *Nunca más*. En la rama materna hubo intelectuales comunistas y socialistas que habían enterrado "libros subversivos", en este caso con convicciones políticas pero inmovilizados frente a la efectividad de la maquinaria desaparecedora (Pilar Calveiro). En la rama paterna, conformando un sector de la clase media-alta que formó parte del engranaje de funcionarios estatales que apoyaron y colaboraron con el gobierno militar, un abuelo asumió un cargo oficial como rector universitario hacia el final de la dictadura. Remarco aquí la diferencia entre los grados de silenciamiento y parálisis, y los de consentimiento, complicidad y colaboración entre estos sectores.

Por medio de este recorrido busco enfatizar la potencia de las políticas de memoria y sus batallas en el campo cultural. Ya alcanzado el primer piso de consenso oficializado por el reporte del *Nunca más*, durante las administraciones kirchneristas fue decantando la imagen despolitizada de les desaparecides; lo que Hugo Vezzetti describió como "el crepúsculo de los 'dos demonios'" (2009, 115). Excepto en las casas militares donde a los genocidas se les veneraba como héroes de la patria (como cuentan las hijas de genocidas), la "teoría de los dos demonios" se vio contrarrestada por la fuerza del discurso hegemónico del Estado y los organismos gubernamentales (donde las organizaciones de derechos humanos estuvieron representadas). Las políticas públicas otorgaron a la memoria un sitio privilegiado que se constata en la resignificación de espacios militares claves del engranaje genocida, la creación de museos, monumentos y memoriales, la celebración de actos oficiales, la sanción de leyes reparatorias, la implementación de programas educativos, el establecimiento de un feriado nacional el 24 de marzo, entre otras medidas de carácter público. Si entonces la fuerza del relato de la memoria homenaje, informada e impulsada por las narrativas de Madres, Abuelas, hijes, exdetenidos y exdetenidas desaparecidas, hizo estallar la memoria, aún hoy es necesario defender lo conquistado sin consentir que los cuervos de los gobiernos derechistas la vuelvan a dormir, como dice Gieco.

A pesar de que en este libro abordé rasgos de la narrativa de Abuelas que ejemplifican tendencias adultocentristas y patriarcales de la memoria, estas voces fundacionales lejos están de limitarse a repeticiones literales de la memoria (Todorov en Jelin 2002, 59). En una de las últimas campañas de difusión viralizada en las redes sociales, #UnaDosisDeIdentidad, puede verse su espíritu de adaptación. En el contexto de la pandemia de coronavirus, en Argentina, la convocatoria a los centros vacunatorios se dio por sectores etarios.

Cuando llegó el turno de quienes habían nacido entre los años 1975-1980, apareció la propuesta: "Si te estás vacunando en estos días, podés ser uno de los nietos o nietas que buscamos. Vacunarte salva tu vida, si tenés dudas sobre tu identidad buscá tu verdad". La salud es entendida desde la complejidad no restrictiva del concepto donde la identidad ingresa al entramado semántico.

Como las narrativas de pibas que crecieron en los sectores grises de la sociedad estudiadas en el Capítulo IV, este libro también nace de un deseo personal y político de reconocimiento y denuncia de la postura familiar, y de posicionamiento y abrazo a las causas de los derechos humanos. Si las historias de la dictadura me atravesaron en la infancia y en la juventud en la escuela primaria y secundaria (a pesar de no haber tenido parientes directos desaparecidos), fue recién en mis estudios de posgrado cuando pude explorar los alcances de esa conexión. Mis cruces con un sinfín de producciones literarias, cinematográficas y artísticas de la generación posdictadura que proponían un protagonismo de las voces infantiles y juveniles en la construcción de la memoria fueron dando cada vez mayor peso a mi primer acercamiento afectivo siendo niña y adolescente. Sin embargo, así como Lola Arias comenta sobre la naturaleza cambiante y de reescritura de su obra *Mi vida después*, no quería estudiar y escribir sobre lo que ya había sido estudiado y escrito. Entonces encontré, primero en las propuestas de las hijas de sectores grises de la sociedad, como Lola Arias, a quién le preguntan "¿Quién o qué te da derecho a hablar de este tema? ¿Cuál es tu pedigree?" (15), y más tarde en las narrativas de las hijas de genocidas, puntos de entrada y de fuga que me permitían abordar el pasado dictatorial desde problemáticas presentes visibilizadas por la fuerza de la marea feminista, como las violencias del adultocentrismo.

Los sobregiros disensuales que estudio en *Cuentan las pibas*, especialmente los dos últimos, se ubican en una coyuntura distinta a la de la reapertura democrática donde las voces de las Abuelas enunciaron aristas centrales de lo que se oficializaría como relato hegemónico. El nuevo contexto es el de la visibilidad de los movimientos feministas de la "marea verde", así popularizada por el color de los pañuelos de la campaña por el derecho al aborto legal. Como apunta Verónica Gago, la marea feminista está marcada por una estrecha conexión con el legado de la militancia de las organizaciones de derechos humanos, "una trayectoria que en Argentina tiene una genealogía militante, no liberal, protagonizada por mujeres: Madres y Abuelas de Plaza de Mayo" (120). Sus pañuelos blancos se tiñen de verde, se atan al puño en las marchas y caminan por las calles bien ajustados a las mochilas el resto de los días: "Somos hijas de los pañuelos blancos y madres de los pañuelos verdes" (Gabriela Cerruti en Basile 2023, 79). La marea feminista impulsada por el Colectivo Ni Una Menos pone en el centro de la agenda "el hartazgo por la violencia machista, que tiene su punto más cruel en el femicidio (...) [y nombra] distintas dimensiones de la violencia (...) que recae con mayor peso entre las mujeres, lesbianas, transexuales y travestis" (en "Carta orgánica" del colectivo, 3 de junio 2017). Buscando nombres para denunciar las violencias sistémicas del patriarcado y la heteronorma, hay un especial énfasis en la educación feminista temprana en vistas a la construcción de una sociedad más libre "en la que desde la infancia no seamos empujadas a la aceptación de patrones de conducta que nos condenen a la subalternidad y obediencia" ("Carta orgánica"). De allí que una de las batallas sea por la defensa de la educación sexual integral en todos los niveles de los establecimientos educativos. El adultocentrismo, en tanto sistema de dominación inherente al patriarcado, "donde el control lo toman y ejercen lxs adultxs, mientras que la niñez, adolescencia y juventud son sometidas a un lugar subordinado y de opresión" (Morales y Magistris 25-26) es uno de los nombres que empieza a circular para dimensionar los alcances de las violencias machistas.

Los *cuentos* de las pibas de la posdictadura no vienen a acallar las voces fundacionales de la memoria, pero no por eso dejan de cuestionarlas. Mediante la categoría de "memoria homenaje" intenté visibilizar un componente selectivo que enalteció determinados "lugares comunes" (Aguilar 2006, 266) del pasado traumático y estuvo atravesado por una mirada conmemorativa patriarcal (adultocentrista, machista, heteronormativa) poco crítica del proyecto revolucionario de los setenta y del lugar ocupado por sus protagonistas. Mi propuesta en la selección de narrativas de pibas de la posdictadura puede pensarse como un caleidoscopio auditivo que se rehúsa a proyectar un coro de voces armónicas, como en el concierto de la obra de Lola Arias.[2] Para las pibas que *cuentan*, el repudio al accionar genocida es un incuestionable punto de partida que suma al centro de la discusión nuevas temáticas, visibilizando problemáticas pasadas y actuales, como la reproducción de violencias patriarcales y adultocéntricas. Las narrativas infanto-juveniles de las pibas de la posdictadura devienen feministas (Sara Ahmed) en este proyecto al ser abordadas en tanto redistribuciones de lo sensible que transgreden las reparticiones de las

---

2. Escena analizada en el Capítulo IV.

sociedades patriarcales, teniendo en cuenta y sumando a la cuenta la identidad política de infancias y juventudes y sus voces-agentes de memoria.

Las reformulaciones críticas de la memoria multiplican las opciones de transmisiones generacionales activas. Las nuevas generaciones traen a escena nuevas preguntas que no siempre encontraron un terreno abierto de discusión. Como apunta Ana Longoni y Teresa Basile, entre otras, no se ha dado aún un análisis autocrítico del fracaso del proyecto revolucionario de las organizaciones armadas de izquierda. Allí se ubicó el principal reclamo de hijes de militantes: la crítica ante la elección de reproducir la institución patriarcal de la familia, exponer a sus integrantes en la línea de fuego, y sacrificarse por la causa política "cuando estábamos con la mesa puesta esperándolos para comer" (Semán 145), dice un hijo, Ernesto Semán.[3] Ana Amado problematiza esta participación involuntaria, adultocentrista, de les hijes en los movimientos de la guerrilla (2004, 52). "Los hijos son nuestra retaguardia" (Firmenich en Amado 2004, 52) declaraba Mario Firmenich, jefe montonero, en el contexto de la "operación contraofensiva" que convocaba a integrantes de la agrupación, refugiados en el exilio, a volver al país para retomar la lucha armada. Les hijes eran una línea combativa de refuerzo; ante la inminencia del fracaso del proyecto revolucionario, eran una perpetuación posible del mismo.[4]

En las narrativas de hijes de desaparecides (tanto en las de la memoria homenaje, como en otras más críticas) figura una tensión: "un desajuste de emblemas (...) [que] deja[n] entrever una imagen indecible entre el perfil

---

3. En la novela *Soy un bravo piloto de la nueva China*.
4. Algunas familias montoneras se negaban a entregar la tutela de sus hijes a las abuelas y abuelos, como se muestra en el encuentro trigeneracional de la película *Infancia clandestina,* de Benjamín Ávila (miembro de H.I.J.O.S.), que ficcionaliza la operación contraofensiva desde la perspectiva de un hijo de militantes. A Juan, el protagonista, aunque se le explican muy bien las normas de la clandestinidad y los peligros de romperlas, no se le pregunta su opinión en el asunto de ser la retaguardia. En la escena, la abuela le pide a su hija y yerno que sus nietes vivan con ella. La hija responde con palabras igual de duras que las de Semán: "sos una cagona mamá (...) en tu puta vida hiciste algo por los demás (...) Si a mí me pasara algo, prefiero que a mis hijos los críen dos compañeros antes que entregártelos a vos" (Ávila 53'). Les hijes eran la garantía de la repercusión del ideal revolucionario. En donde termina la película de Ávila –después del secuestro de la madre y el padre– empieza la novela de Raquel Robles, comentada en el Capítulo III.

épico de padres protagonistas de una gesta histórica colectiva y el de desertores a la vez en la economía de los afectos privados" (Amado 2004, 54). Esta especie de *clivaje lúcido* (Estay Stange 2019, III) es distinto al de las hijas de genocidas. Les hijes de desaparecides experimentan una tensión entre los gestos afectivos de veneración, y los gestos críticos de denuncia por la exposición y el abandono de sus identidades infantiles. Amado apunta que el abandono mapaterno es, en cierto grado, conjeturado (2004, 78). Así llega al personaje de Antígona en otra obra de Sófocles, *Edipo en Colono*, para simbolizar el duelo de las hijas de desaparecides ante la ausencia del cuerpo del padre.[5] Como Edipo prohíbe a Teseo revelar el lugar de su tumba, "los padres guerrilleros (igual que Edipo [...]) se apartaron de estas hijas (...) por la fuerza de un deseo y una elección" (Amado 2004, 79). El deseo y la elección fue la lucha armada revolucionaria, aún ante la alta probabilidad del desenlace trágico.

Como en los anacronismos de la representación, en este libro recurrí a la figura de Antígona para analizar las narrativas de las hijas de genocidas. Dos de los paralelismos son la transformación del dolor en acción (estética, política), y la re-construcción de sí mismas ante la ausencia de las figuras maparentales. Aunque más interesante que trazar consonancias es constatar los *residuos* de la memoria, y su "fuerza crítica (...) [que] potencia[r] el recuerdo como *acontecimiento*" (Richard 2000, 172). El *acontecimiento* (Badiou) del que habla Nelly Richard pertenece al orden de lo que se presenta sin ser previsto ni pensado; es la desmesura de la memoria que irrumpe en los destiempos de la experiencia estética y política habilitando transmisiones generacionales a partir de recodificaciones disensuales como las estudiadas en este libro. Las narrativas infanto-juveniles de las pibas de la posdictadura *cuentan* ejercicios incesantes que propagan gritos corales de Memoria, Verdad y Justicia.

---

5. En este artículo, Amado está analizando las propuestas visuales de Albertina Carri, María Inés Roqué y Lucila Quieto.

BIBLIOGRAFÍA

Achugar, Mariana. "Mirando con otros ojos: memoria, justicia y cine en un filme uruguayo". *Generación Hijes: memoria, posdictadura y posconflicto en América Latina*. Eds. Carolina Añón Suárez y Ana Forcinito. *Hispanic Issues On Line* 30 (2023): 104–24.

Agamben, Giorgio. *Lo que queda de Auschwitz. El archivo y el testigo. Homo sacer III*. Pre-Textos, 2009.

———. "El país de los juguetes. Reflexiones sobre la historia y el juego". En *Infancia e historia*. Adriana Hidalgo, 2007.

Aguilar, Gonzalo. "Llevar la palabra al límite". *Revista Ñ*, 2016.

——— *Otros mundos. Un ensayo sobre el nuevo cine argentino*. Santiago Arcos Editor, 2006.

Ahmed, Sara. "Una armada feminista". *Lectora* 25 (2019): 417–25.

——— *Vivir una vida feminista*. Traducción de María Enguix. *Edicions Bellaterra*, S.l., 2018.

Alcoba, Laura. *Trilogía de la casa de los conejos*. Penguin Random House, 2021. Ebook.

———. "Volver al pasado: reflexiones sobre la casa de los conejos". *Vestigios del pasado: los sitios de la memoria y sus representaciones políticas y artísticas*. Eds. Megan Corbin y Karín Davidovich. *Hispanic Issues On Line* 22 (2019): 277–80.

——— *La casa de los conejos*. Trad. Leopoldo Brizuela. Edhasa, 2018.

Amado, Ana. *La imagen justa. Cine argentino y política (1980–2007)*. Colihue Imagen, 2009.

———. "Órdenes de la memoria y desórdenes de la ficción". En *Lazos de familia*, Amado, Ana y Nora Domínguez (comps.). Paidós, 2004. 43–82.

Añón Suárez, Carolina y Ana Forcinito. "Introducción". *Generación Hijes: memoria, posdictadura y posconflicto en América Latina*. Eds. Carolina Añón Suárez y Ana Forcinito. *Hispanic Issues On Line* 30 (2023): 1–12.

Arenes, Carolina y Pikielny, Astrid. *Hijos de los 70. Historias de la generación que heredó la tragedia argentina*. Sudamericana, 2016.

Arfuch, Leonor. "Nuevas voces de la memoria. Las otras infancias clandestinas". *Revista Anfibia*, 2017.

———. "Narrativas en el país de la infancia". *ALEA* 18/3 (2016): 544–60.
———. "Memoria, testimonio, autoficción. Narrativas de infancia en dictadura". *Kamchatka* (2015): 817–34.
Arias, Lola. "Sobre vidas ajenas. El teatro como remake del pasado". Masterclass, Centro Dramático Nacional, 12 mayo de 2020, https://www.youtube.com/watch?v=BW8J9z8aJQA.
———. *Mi vida después y otros textos*. Penguin Random House, 2016.
Aschcroft Bill, Gareth Griffiths, y Helen Tiffin. *Post-Colonial Studies. The Key Concepts. Second Edition*. Routledge, 2007.
Austin, John. *How to Do Things with Words*. Oxford Clarendon Press, 1962.
Badiou, Alain. "El recurso filosófico del poema". *Condiciones*. Siglo XXI, 2012. 83–96.
Bartalini, Carolina, y Verónica Estay Stange (eds). *Escritos desobedientes. Historias de hijas, hijos y familiares de genocidas por la Memoria, la Verdad y la Justicia. Colectivo Historias Desobedientes*. Marea Editorial, 2019. Ebook.
Basile, Teresa. "La revolución después de la revolución: los hijos de la revolución". *Generación Hijes: memoria, posdictadura y posconflicto en América Latina*. Eds. Carolina Añón Suárez y Ana Forcinito. *Hispanic Issues On Line* 30 (2023): 68–87.
———. *Infancias: la narrativa argentina de HIJOS*. Eduvim, 2019. Ebook.
———. *El desarme de Calibán. Debates culturales y diseños literarios en la posdictadura uruguaya*. Instituto Internacional de Literatura Iberoamericana, 2018.
Benjamin, Walter. *Escritos. La literatura infantil, los niños y los jóvenes*. Nueva Visión, 1989.
Bernal, Eduardo Rubén. "Sobre algunos términos tangueros. Hoy: Pibe". Academia Nacional del Tango, 2 de abril de 2015, https://web.archive.org/web/20150402143720/http://www.anacdeltango.org.ar/chamuyo_articulo.asp?id=42.
Blejmar, Jordana. *Playful Memories. The Autofictional Turn in Post-Dictatorship Argentina*. Springer International Publishing, 2018.
Boix, Verónica "Mariana Enríquez: simpatía por los demonios", *Revista Ñ*, 31 de enero de 2020, https://www.clarin.com/revista-n/simpatia-demonios_0_vE7c0RiW.html.
Bruzzone, Félix y Máximo Badaró. "Hijos de represores: 30 mil quilombos". *Revista Anfibia*, 2014.
Butler, Judith. *El grito de Antígona*. Trad. Esther Oliver. El Roure Editorial, 2001.
Calveiro, Pilar. *Política y/o violencia. Una aproximación a la guerrilla de los años 70*. Norma, 2005.
———. *Poder y desaparición: los campos de concentración en Argentina*. Colihue, 1998.

Caruth, Cathy. *Unclaimed experience: Trauma, Narrative, and History*. John Hopkins University Press, 1996.

Crenzel, Emilio. *The Memory of the Argentina Disappearances: The Political History of Nunca Mas*. Taylor & Francis Group, 2011.

Daona, Victoria, "Había una vez una casa de los conejos. Una lectura sobre la novela de Laura Alcoba". *Aletheia* 3.6 (2013).

Declaración Universal de los Derechos Humanos (DUDH). Edición ilustrada, Naciones Unidas, 2015.

Didi-Huberman, Georges. *Ante el tiempo: Historia del Arte y anacronismo de las imágenes*. Trad. Antonio Oviedo. Adriana Hidalgo, 2011.

Drucaroff, Elsa. *Los prisioneros de la torre. Política, relatos y jóvenes en la postdictadura*. Planeta 2011.

Dufays, Sophie. *El niño en el cine argentino de la posdictadura (1983–2008): alegoría y nostalgia*. Támesis, 2014.

Enríquez, Mariana. "La hostería". En *Las cosas que perdimos en el fuego*. Anagrama, 2016.

Escalona, Fernanda Bustamante. "Cuerpos que aparecen, 'cuerpos-escrache': de la posmemoria al trauma y el horror en relatos de Mariana Enríquez". *Taller de letras* 64 (201): 31–45.

Estay Stange, Verónica y Carolina Bartalini (eds). *Nosotrxs, Historias desobedientes*. Primer encuentro internacional de familiares de genocidas por la Memoria, la Verdad y la Justicia. Ediciones AMP, 2020.

Estay Stange, Verónica. "'No fue tan así…': memoria transgeneracional y zonas paradójicas". *Generación Hijes: memoria, posdictadura y posconflicto en América Latina*. Eds. Carolina Añón Suárez y Ana Forcinito. *Hispanic Issues On Line* 30 (2023): 50–67.

———. "Posfacio. El desgarro en la palabra". En *Escritos desobedientes. Historias de hijas, hijos y familiares de genocidas por la Memoria, la Verdad y la Justicia*. Colectivo Historias Desobedientes. Bartalini, Carolina, y Estay Stange, Verónica (eds). Marea Editorial, 2019.

Feierstein, Daniel. *Genocide as Social Practice: Reorganizing Society under the Nazis and Argentina's Military Juntas*. Rutgers University Press, 2014.

Forcinito, Ana. "Cicatrices que arden: horror, espectralidad y memoria en *Nuestra parte de noche*, de Mariana Enríquez". *Generación Hijes: memoria, posdictadura y posconflicto en América Latina*. Eds. Carolina Añón Suárez y Ana Forcinito. *Hispanic Issues On Line 30* (2023): 202–18.

———. *Intermittences: Memory, Justice, & the Poetics of the Visible in Uruguay*. University of Pittsburgh Press, 2018.

———. *Óyeme con los ojos: cine, mujeres, visiones y voces*. Fondo Editorial Casa De Las Américas, 2018.

———. "Las batallas de la memoria. Los testimonios de ex detenidas frente a las marcas sexuadas de la violencia en Argentina". *Letras Femeninas* 39, N° 2 (2013): 93–111.

———. *Los umbrales del testimonio. Entre las narraciones de los sobrevivientes y las señas de la posdictadura*. Iberoamericana, 2012.

———. "Narración, testimonio y memorias sobrevivientes: hacia la posmemoria en la posdictadura uruguaya". *Letras Femeninas* 32, N° 2 (2006): 197–217.

Furió, Liliana. "Destruyendo el patriarcado". En *Nosotrxs, Historias desobedientes*. Primer encuentro internacional de familiares de genocidas por la Memoria, la Verdad y la Justicia. Estay Stange, Verónica y Carolina Bartalini (eds). Ediciones AMP, 2020. 48–51.

Gago, Verónica. *La potencia feminista. O el deseo de cambiarlo todo*. Madrid, Tinta Limón y Traficantes de Sueños, 2019.

Garibotto, Verónica I. "Temporalidad e historia: hacia una reformulación del marco interpretativo del testimonio posdictatorial". *Chasqui: Revista de Literatura Latinoamericana* 39, N° 2, (2010): 99–113.

Guglielmucci, Ana. *La consagración de la memoria: una etnografía acerca de la institucionalización del recuerdo sobre los crímenes del terrorismo de Estado en la Argentina*. Antropofagia, 2013.

Gutiérrez Mouat, Ricardo. "Postdictadura y Crítica Cultural Transatlántica". *Iberoamericana* Vol. 6, No. 21 (2014): 133–50.

Gómez, Andrés. "Mariana Enríquez: El horror de la dictadura me formó literariamente". *La tercera*. 22 de agosto de 2020, https://www.latercera.com/culto/2020/08/22/mariana-enriquez-el-horror-de-la-dictadura-me-formo-literariamente/.

Goñi, Uki. "Argentina Death Flights: A Son's Fight for the Right to Testify Against His Father". *The Guardian*, 2017.

Granero, Ignacio E. *Sófocles: Antígona*. Eudeba, 2009.

Hirsch, Marianne. *The Generation of Postmemory. Writing and Visual Culture After the Holocaust*. Columbia University Press, 2012.

Informe de la Comisión Nacional por la Desaparición de Personas. *Nunca más*. Eudeba, 2003.

Jeftanovic, Andrea. *Hablan los hijos. Discursos y estéticas de la perspectiva infantil en la literatura contemporánea*. Cuarto Propio, 2011.

Jelin, Elizabeth. *La lucha por el pasado: cómo construimos la memoria social*. Siglo XXI, 2017.

———. *Los trabajos de la memoria*. Siglo XXI, 2002. Ebook.

Jones, Owain. "Children's Right to Space, Place and Home". En *The Child in Cinema* de Karen Lury. The British Film Institute (2022), 35–48.

Kalinec, Analía. *Llevaré su nombre. La hija desobediente de un genocida*. Historia Urgente N° 85. Marea Editorial, 2021. Ebook.
Kant, Immanuel. *Filosofía de la historia. Qué es la Ilustración*. Terramar, 2004.
Kohan, Martín. "La apariencia celebrada". *Punto de Vista* 78 (2004a).
———. "Una crítica en general y una película en particular". *Punto de Vista* 80 (2004b).
Kristeva, Julia. "Antigone. Limit and Horizon". En Söderbäck, Fanny. *Feminist Readings of Antigone*. State University of New York Press (2010): 215–29.
Landsberg, Alison. *Prosthetic memory: The Transformation of American Remembrance in the Age of Mass Culture*. Columbia University Press, 2004.
Laub, Dori. "Bearing Witness or the Vicissitudes of Listening". En Felman, Shoshana, y Dori Laub. *Testimony: Crises of Witnessing in Literature, Psychoanalysis, and History*. Routledge (1992): 55–74.
Lee, Nick. *Childhood and Human Value: Development, Separation and Separability*. Open University Press, 2005.
———. *Childhood and Society: Growing Up in an Age of Uncertainty*. Open University, 2001.
Longoni, Ana. *Traiciones: la figura del traidor en los relatos acerca de los sobrevivientes de la represión*. Norma, 2007.
———. "Traiciones. La figura del traidor (y la traidora) en los relatos acerca de los sobrevivientes de la represión". En *Escrituras, imágenes y escenarios ante la represión*. Jelin, Elizabeth y Ana Longoni (eds.). Siglo XXI, 2005.
Lury, Karen. *The Child in Cinema*. British Film Institute, 2022.
———. *The Child in Film: Tears, Fears, and Fairy Tales*. I. B. Tauris, 2010.
Macón, Cecilia. "*Los rubios* o del trauma como presencia". *Punto de Vista* 80 (2004).
Magistris, Gabriela Paula. "La construcción del 'niño como sujeto de derechos' y la agencia infantil en cuestión". *Journal de Ciencias Sociales* 11 (2018).
Mannarino, Juan Manuel. "Marché contra mi padre genocida". *Revista Anfibia*, 2017.
Malabou, Catherine. *The New Wounded: From Neurosis to Brain Damage*. 1st ed., Fordham University Press, 2012.
Meruane, Lina. *Contra los hijos*. Penguin Random House, 2017. Ebook.
Millet, Kate. *Política sexual*. Traducción de Ana María Bravo García. Ediciones Cátedra, 1995.
Morales, Santiago y Gabriela Magistris (comp). *Educar hasta la ternura siempre. Del adultocentrismo al protagonismo de las niñeces*. Chirimbote, 2021.
———. *Niñez en movimiento. Del adultocentrismo a la emancipación*. Chirimbote, 2020.

Ni Una Menos. "Carta orgánica", 3 de junio 2017, https://niunamenos.org.ar/quienes-somos/carta-organica/

Nouzeilles, Gabriela. "Postmemory Cinema and the Future of the Past in Albertina Carri's *Los Rubios*". *Journal of Latin American Cultural Studies* 4, 3 (2005): 263–78.

Paredero, Hugo. *¿Cómo es un recuerdo? La dictadura contada por los chicos que la vivieron*. Libros del Zorzal, 2007.

Peller, Mariela. "Memoria, infancia y revolución. Reescrituras del pasado reciente en la narrativa de la generación de la post-dictadura". VIII Jornadas de Sociología de la Universidad Nacional de La Plata, 2014.

Pérez, Mariana Eva. "Their Lives After: Theatre as Testimony and the So-called 'Second Generation' in Post-Dictatorship Argentina". *Journal of Romance Studies* 13, 3 (2013): 6–16.

Piedras, Pablo. *El cine documental en primera persona*. Paidós, 2014.

Reati, Fernando Oscar. "Entre el amor y el reclamo: la literatura de los hijos de militantes en la posdictadura argentina". En dossier *Las tramas de la memoria*. Eds. Teresa Basile y Abril Trigo. *Alternativas Latin American Cultural Studies Journal*, Autumn 5 (2015).

Rancière, Jacques. *Política de la literatura*. Libros del zorzal, 2011.

———. "Las paradojas del arte político". *El espectador emancipado*. Bordes Manantial, 2010.

———. "La política de la estética". *Otra Parte. Revista de Letras y Artes* 9 (2006): 1–15.

Richard, Nelly. *Políticas y estéticas de la memoria: ponencias*. Cuarto Propio, 2006.

———. "Las reconfiguraciones del pensamiento crítico en la postdictadura". En Jáuregui, Carlos y Juan Pablo Davobe, (eds.). *Heterotropías: narrativas de identidad y alteridad latinoamericana*. Instituto Internacional de Literatura Iberoamericana, 2003. 287–300.

———. *Residuos y metáforas: ensayos de crítica cultural sobre el Chile de la transición*. Santiago de Chile: Cuarto Propio, 1998.

———. *Masculino/Femenino. Prácticas de la diferencia y cultura democrática*. Francisco Zegers Editor, 1993.

Richard, Nelly y Alberto Moreiras. *Pensar en/la postdictadura*. 1a ed., Cuarto Propio, 2001.

Ricoeur, Paul. *Tiempo y narración. Configuración del tiempo en el relato histórico*. Trad. Agustín Neira. Siglo XXI, 2004.

Robles, Raquel. *Pequeños combatientes*. Alfaguara, 2013. Ebook.

Rocha, Carolina y Georgia Seminet (eds.). *Representing History, Class, and Gender in Spain and Latin America: Children and Adolescents in Film*. Palgrave Macmillan, 2012.

Ros, Ana. *The Post-Dictatorship Generation in Argentina, Chile, and Uruguay. Collective Memory and Cultural Production*. Palgrave Macmillan, 2012.

Russell, Benjamin P. "Mariana Enríquez y el 'verdadero horror' de la vida cotidiana". *The New York Times*. 6 de febrero de 2023, https://www.nytimes.com/es/2023/02/06/espanol/mariana-enriquez.html.

Sarlo, Beatriz. *Tiempo pasado: cultura de la memoria y giro subjetivo: Una discusión*. Siglo XXI, 2005.

Searle, John. *Speech Acts*. Cambridge University Press, 1969.

Segato, Rita. *Las estructuras elementales de la violencia. Ensayos sobre género entre la antropología, el psicoanálisis y los derechos humanos*. 3a ed revisada. Prometeo, 2021.

Semán, Ernesto. *Soy un bravo piloto de la nueva China*. Mondadori, 2012.

Scocco, Marianela. "Historias desobedientes. ¿Un nuevo ciclo de memoria?". *Revista Sudamericana*, 2017.

Sosa, Cecilia. *Queering Acts of Mourning in the Aftermath of Argentina's Dictatorship: The Performances of Blood*. Tamesis, 2014.

Stern, Steve J. "De la memoria suelta a la memoria emblemática: hacia el recordar y el olvidar como proceso histórico (Chile, 1973–1998)". En Garcés, Mario, et al. (eds.). *Memoria para un nuevo siglo: Chile, miradas a la segunda mitad del Siglo XX*. LOM Ediciones, 2000. 11–33.

Tarducci, Mónica. "Política sexual y crítica al capitalismo". Trabajo exclusivo del seminario virtual Introducción a la historia del movimiento feminista, Facultad de Filosofía y Letras, Universidad Nacional de Buenos Aires.

Taylor, Diana. "*You Are Here*: The DNA of Performance" En *The Archive and the Repertoire: Performing Cultural Memory in the Americas*. Duke University Press, 2003. 161–89.

Thiong'o, Ngũgĩ wa. *Moving the Centre: The Struggle for Cultural Freedom*. James Currey, 1993.

Tomassoni, Paula. "Réplica en escala". En Torres, Victoria y Miguel Dalmaroni (eds). *Golpes: relatos y memorias de la dictadura*. Seix Barral, 2016.

Torres, Victoria y Miguel Dalmaroni (eds). *Golpes: relatos y memorias de la dictadura*. Seix Barral, 2016.

UNICEF. *Convención sobre los Derechos del Niño*. Unicef comité español, 2006.

Vezzetti, Hugo. *Pasado y presente. Guerra, dictadura y sociedad en la Argentina*. Siglo XXI, 2003.

Walker, Stephen y Len Barton (eds.). *Gender, Class and Education*. The Falmer Press, 1983.

White, Hayden. "The Historical Text as Literary Artifact". En Canary, Robert H. y Henry Kozicki. *The Writing of History: Literary Form and Historical Understanding*. University of Wisconsin Press (1978): 41–62

Filmografía

Ávila, Benjamín, dir. *Infancia clandestina*. Historias Habitación 1520 RTA, 2012.
Carri, Albertina, dir. *Los rubios*. Primer Plano Films-Women Make Movies, 2003.
Colom, Miguel y Diego Sánchez, dir. *Televisión por la identidad*. Telefé Contenidos, 2007.
Habegger, Andrés, dir. *(H) Historias cotidianas*. 2001.
Markovitch, Paula, dir. *El premio*. Mille et Une Productions, FOPROCINE, IZ Films, Kung Works, NiKo Film, Staron Film, 2010.
Mitre, Santiago, dir. *Argentina, 1985*. La Unión de los Ríos, Kenya Films, Infinity Hill, 2022.
Puenzo, Luis, dir. *La historia oficial*. Historias Cinematográficas Cinemania, Progress Communications, 1985.
Roqué, María Inés, dir. *Papá Iván*. Centro de Capacitación Cinematográfica, CONACULTA- Fondo Nacional para la Cultura y las Artes, 2004.

www.ingramcontent.com/pod-product-compliance
Lightning Source LLC
Chambersburg PA
CBHW021842220426
43663CB00005B/371